KB240243

조선시대 양잠업 연구

조선시대 양잠업 연구

남미혜(南美惠)

동덕여대 국사학과를 졸업하고, 이화여대 대학원 사학과에서 석사, 박사학위를 받았다.
이화여대·국민대·동덕여대에서 강의했으며, 이화여대 한국문화연구원 선임연구원을 지냈다.
현재 베트남 하노이 국립외국어대학교 동방학부 한국어한국문화학과에 객원 한국학 교수로 있다.
주요 논저로는 《조선후기 예학과 일상문화》(공저), 〈16세기 권잠정책과 양잠업에 대한 일고찰〉,
〈16세기 사대부 이문건가의 양잠업 경영에 대한 연구〉, 〈18세기 영조대 양잠정책과 양잠업〉,
〈18세기 잠상으로 치산한 전주이씨〉 등이 있다.

조선시대 양잠업 연구

———

초판 제1쇄 인쇄 2009. 9. 1.
초판 제1쇄 발행 2009. 9. 5.

———

지은이 남미혜
펴낸이 김경희
펴낸곳 ㈜ 지식산업사
　　　　본사 • 경기도 파주시 교하읍 문발리 520-12
　　　　　　전화 (031)955-4226 • 4227 팩스 (031)955-4228
　　　　서울사무소 • 서울시 종로구 통의동 35-18
　　　　　　전화 (02)734-1978 팩스 (02)720-7900
　　　　인터넷한글문패 지식산업사
　　　　인터넷영문문패 www.jisik.co.kr
　　　　전자우편 jsp@jisik.co.kr
　　　　등록번호 1-363
　　　　등록날짜 1969. 5. 8.

———

책값은 뒤표지에 있습니다.

———

ⓒ 남미혜, 2009
ISBN 978-89-423-1125-5 93910

———

이 책을 읽고 지은이에게 문의하고자 하는 이는
지식산업사 전자우편으로 연락 바랍니다.

솔벗한국학총서 13

조선시대 양잠업 연구

남 미 혜 지음

지식산업사

책을 내면서

　이 책은 필자의 박사학위 청구논문인 〈조선전기 양잠업 연구〉(이화여대, 2002)를 바탕으로 하고, 그동안 쓴 조선후기 논문을 모아 엮은 것이다. 필자는 석사과정 때부터 양잠업에 관심을 가졌는데, 그까닭은 맹자의 '항산(恒産)이 없으면 항심(恒心)이 없다'는 구절을 읽으며 조선시대 위정자들이 생각했던 항산은 과연 어떤 것이었을까 하는 의구심에서였다.

　조선시대에 국가에서는 남녀의 직업을 '남경여직'(男耕女織; 남자는 농사짓고 밭 갈며 여자는 길쌈을 함)으로 규정하였다. 이는 백성들이 농업경영만으로는 생계를 이어가기 어려울 경우, 그 모자라는 부분은 여성 부업을 지속적으로 경영해 보충하라는 뜻에서였다. 이런 사실을 염두에 두고 《조선왕조실록》을 읽어가다가, 조선전기 실록에 '권잠'(勸蠶), '친잠'(親蠶)이라는 용어가 자주 나타난다는 것을 알았다. 그래서 조선전기 양잠업에 관심을 가지고 공부를 시작해 석사학위논문으로 〈16세기 권잠정책과 양잠업에 대한 일고찰〉을 제출하였다. 이 논문에서 조선전기 양잠정책의 내용과 양잠업이 16세기 향촌부업으로 성장하는 과정을 밝혀보고자 하였다.

박사과정에서도 필자는 양잠업을 주된 연구과제로 삼고 정책사적 사회사적 여성사적인 입장에서 연구를 진행하였다. 조선시대에는 왕과 왕비가 백성들에게 몸소 농사짓고 누에치는 모범을 보이기 위하여 친경례, 친잠례를 거행하였다. 친잠례는 왕비가 직접 주관하는 국가의 공식 의례로서, 백성들에게 누에치는 모습을 보임으로써 양잠을 장려하려는 목적에서 치러졌다. 조선시대에는 왕비의 친잠례 거행을 위해 궁궐에 잠실을 설치하였고, 한양 부근과 각 도에 국영 잠실을 설치 운영하였다. 이처럼 조선시대에 양잠은 여성과 관련된 산업으로서 주요한 자리를 차지하고 있었다.

잘 알려져 있듯이, 명주라는 직물은 계급성이 반영된 의복재료이다. 신분제 사회인 조선시대에는 개인의 의식주, 혼인 및 기타 생활이 신분에 따라 제한되어 있었다. 신분에 따라 사용할 수 있는 물품이 법전에 밝혀져 있었던 것이다. 조선 사회에서 양반층만이 사용할 수 있는 옷감이 명주였다. 따라서 명주는 일반 백성들에게 평생 동안 한 번쯤은 입어보고 싶은 욕망을 불러일으키는 옷감이었다. 이러한 욕망은 그들이 경제력을 갖추었을 때 분출될 수 있었다. 이에 필자는 조선후기 양잠의 역사적 조건은 조선전기와는 매우 다르다는 생각에서 조선후기 양잠업에 대한 연구를 진행하였다. 그래서 박사학위논문과 이후 공부한 조선후기 양잠 관련 논문을 모아 《조선시대 양잠업 연구》라는 제목으로 책을 내게 되었다.

필자는 양잠업을 연구하면서 조선시대 국가의 산업 정책의 큰 그림과 그 이면에 담겨 있는 성별, 계급별 특징들을 밝혀보고 싶었다. 그러나 이러한 작업은 필자의 능력 범위를 넘는 작업임을 새삼 깨닫게 된다. 변명 같지만, 관련 연구자가 거의 없다는 점도 연구의 어려움을 더하는 요인 가운데 하나였다. 여기저기 모자라는 점들이 많은 책이지만, 이는 앞으로 꾸준히 연구하면서 보완해 가려 한다.

필자의 많은 부족함에도 그래도 이 정도나마 모양을 갖추게 된 것은 여러 선생님들의 가르침 덕분이다. 학부인 동덕여대 국사학과의 김의규, 신동하, 김항수, 고(故) 이균영 선생님은 넓고 깊게 공부할 것을 일러주셨고, 학자의 길에 대해 몸소 행동으로 보여주셨다. 필자가 학부 2학년이 되던 해 국민대학교로 옮겨가셔서 직접 가르침을 받은 시간은 그리 많지 않았지만, 정만조 선생님께서는 늘 필자를 격려해 주시고 연구방향을 제시해 주셨다. 그동안 미처 표현하지 못한 선생님들에 대한 고마움을 이 책으로 대신하고자 한다. 그리고 김명숙 선생님은 선배로서 그리고 같은 길을 걷는 연구자로서 모범을 보이시며 따뜻이 격려해 주셨다. 연구자의 길을 걷는다는 것이 늘 외롭고 힘들지만 필자는 좋은 선생님들 덕택에 꾸준히 앞으로 나갈 수 있었다.

지금은 이화여대 총장님이 되신 필자의 지도교수 이배용 선생님께서는 여러모로 부족한 필자에게 늘 깊은 가르침을 주시면서 큰 사랑을 베풀어 주셨다. 처음 공부를 시작하던 대학원 시절, 학부와는 다른 낯선 분위기에 적응하지 못해 방황하던 필자를 따뜻이 품으시며 격려해 주셨다. 선생님의 학은과 크신 사랑에 진심으로 감사드린다. 그리고 필자의 박사학위논문을 심사해주신 신형식 선생님, 오성 선생님, 이영학 선생님, 오수창 선생님께 다시 한 번 감사드린다. 신형식 선생님께서는 논문의 큰 틀을 제시해 주시고, 자상한 말씀으로 격려해 주셨다. 오성 선생님께서는 필자 논문의 핵심을 짚어주셨고, 자꾸 위축되는 필자에게 자신감을 가지라고 말씀해 주셨다. 이영학 선생님께서는 필자의 부족한 논문을 하나하나 점검해 주시고 바로잡아 주셨다. 오수창 선생님께서는 특유의 꼼꼼함과 철저함으로 필자를 매번 일깨워 주셨다. 여러 선생님들의 은혜에 고개 숙여 감사드린다.

필자는 지금까지 공부를 해오면서 많은 선생님들로부터 학은을 받았다. 이은순 선생님께서는 필자가 처음 양잠업 연구에 관심을 갖고 공부를 시작할 때부터 박사학위논문을 완성할 때까지 많은 도움을 주셨다. 또한 필자에게 한문을 가르쳐 주신 사단법인 유도회의 고(故) 권우(卷宇) 홍찬유(洪贊裕) 선생님, 장재한 선생님, 정후수 선생님께도 감사의 말씀을 드린다. 유도회 한문연수원을 다니는 3년 동안에 좋은 벗들을 많이 사귈 수 있었고, 공부뿐 아니라 연구자가 지녀야 할 자세에 대해서도 배울 수 있었다.

또한 학위논문과 이 책을 쓰는 데는 많은 선후배들과 동학들의 도움이 있었다. 많아서 하나하나 다 짚기는 힘들지만, 이화여대 사학과 교수님·선후배·동학들은 논문 구상에서부터 마무리에 이르기까지 아낌없는 조언과 격려를 해주었다. 수많은 논문과 자료더미 속에서 필자가 길을 찾지 못하고 헤맬 때, 방향을 제시해 주었고 필자에게 힘을 주었다. 필자는 이렇게 마음이 따뜻한 선후배·동학을 만

났다는 사실에 대해 인생의 커다란 행운으로 여긴다. 아울러 필자가 재직했던 한국문화연구원의 원장님과 부원장님, 그리고 연구원의 식구들에게도 감사드린다.

필자가 지금까지 공부를 할 수 있었던 것은 아낌없는 부모님의 지원과 격려 덕분이었다. 필자의 더딘 걸음에도 재촉하지 않고 늘 기다려 주셨고, 정신적 물질적 후원을 아끼지 않으셨다. 한 해 한 해 늙어 가시는 부모님께 자식으로서 해 드릴 게 없다는 사실이 마음 아플 뿐이다. 그리고 늘 든든한 지원을 해 주는 오빠와 동생들에게도 고마움을 전한다.

대부분의 연구자가 한 번쯤 경험했듯이, 학위논문을 작성한 뒤 필자는 정신적 육체적으로 약해져 한동안 슬럼프에 빠져 있었다. 그때 솔벗재단의 연구비 지원은 깜깜한 동굴 속에서 한 줄기 빛을 발견한 것처럼 필자에게 큰 희망으로 다가왔다. 필자의 논문이 책으로 출간될 수 있도록 지원해 주신 솔벗재단 이온규 이사장님께 진심으로 감사드린다. 그리고 필자의 난삽한 글을 깔끔히 정리해 어엿한 책으로 만들어 주신 지식산업사 김경희 사장님을 비롯한 편집부 직원들께도 감사의 말씀을 드린다.

2009년 8월
남 미 혜

차 례

표, 그림 차례

1. 연구 성과 정리와 문제제기

조선시대는 경제의 중심이 농업이었기 때문에 국가의 경제정책
또한 농업을 진흥시키는 데 중점을 두었다. 국가에서는 중농(重農)
정책을 표방하고, 이와 관련하여 권농(勸農)과 역농(力農)을 강조하
고 제도나 정책을 수시로 펼쳐 나갔다. 전근대 농업정책은 '권농상'
(勸農桑)으로 표현되었다. 권농상이란 농업과 길쌈업을 가리키는 것
으로,1) 조선시대 농정이 권농상으로 표현될 만큼 당시 직물산업은

---

1) '권농상'(勸農桑)의 실제 내용은 농업과 목면업(木綿業)의 생산을 권장하는 것이라
는 의견(권태억, 1989, 《한국근대면업사연구》, 일조각, 12쪽)과, 시기에 따라 권농상
이 의미하는 직조업의 내용이 달라질 수 있다는 견해(이순구, 1993, 〈조선초기 여성
의 생산노동〉, 《국사관논총》 49, 79쪽)가 있다. 조선전기 실록에 등장하는 권농상의
용례를 살펴보면, 대체로 16세기까지 농상(農桑)의 의미는 크게는 길쌈 전체를 가리
키기도 하고, 때로는 뽕나무 즉 양잠을 의미하기도 하였다. 조선전기에는 '농상'을 권
장하려는 목적에서 잠실을 설치하고 선잠제·친잠례를 거행하는 등 양잠의 활성화를
촉구하는 여러 정책과 의례가 시행되었다. 따라서 조선전기에 농상의 의미는 양잠업

국가적으로 큰 의미를 가지고 있었다. 잘 알려져 있듯이, 전근대 사회에서 직물은 의복의 원료인 동시에 화폐 대용으로 사용되었다. 그러므로 국가에서는 재정의 근간이 되는 쌀[米]과 삼베[布]의 안정적 수취를 위하여 농업뿐만 아니라 의료작물(衣料作物)[2] 재배에도 상당히 많은 관심을 가지게 되었다.

전근대 사회에서 직물산업이 차지하는 중요성이 이러함에도 현재까지 직물업에 대한 연구는 매우 부진하다. 전통시대의 직물로는 무명·삼베·명주·모시를 들 수 있는데, 이 네 가지의 직물 가운데 현재까지 연구가 비교적 활발히 이루어진 분야가 목면(무명)업이다. 목면업은 비교적 이른 시기부터 주목되어 조선 면업(綿業)의 성립과정, 목면업의 전래로 인한 의료산업의 재편성 과정, 북방 면업의 진전 과정 등 여러 부분이 밝혀졌다.[3] 이후 목면업은 주로 농업사를 연구하는 학자들에 의해 연구가 진행되어 16세기 목화의 재배기술이 발전하고 있음이 논증되었다.[4] 한편, 국가의 목면업 확대정책의

을 가리키는 경우가 많았다. 조선후기에 면직물 생산이 활발해지면서 농상의 의미는 양잠업을 가리키기도 하고, 경우에 따라서는 길쌈 전체를 뜻하는 것으로 변해 갔다고 생각한다.

2) 목화(木花)·뽕[桑]·삼[麻]·모시풀[苧] 등 의복의 원료가 되는 작물에 대한 명칭은 섬유작물, 의료(衣料)작물, 의류(衣類)작물 등 다양하게 일컬어지고 있다. 필자는 박사학위논문(〈조선전기 양잠업 연구〉, 이화여대 사학과 박사학위논문, 2002)에서 의류작물로 통칭하였으나, 옷감이나 옷을 통틀어 가리키는 말로는 '의류'보다는 '의료'가 더 적합하다 생각하여 이 책에서는 '의료작물'로 통칭하였다.

3) 고승제, 1959, 《근세한국산업사연구》, 대동문화사; 澤村東平, 1985, 《近代朝鮮の棉作·綿業》, 未來社.

4) 김용섭, 1988, 〈《농사직설》과 《사시찬요》의 목면경종법(木綿耕種法) 증보〉, 《동방학지》 57; 민성기, 1988, 〈《사시찬요》의 종목면법(種木綿法)과 조선면작법(朝鮮棉作法)〉, 《조선농업사연구》, 일조각.

전개과정과 목면업 보급의 주도세력,5) 그리고 목면의 보급이 의생활 문화에 끼친 변화에 대한 연구도 진행되어, 면포가 대중적인 옷감으로 자리 잡았음이 입증되었다.6)

목면업을 경제사적인 측면에서 접근하여 살펴본 연구 성과도 있다. 조선전기에 면포가 대량생산되면서 대왜(對倭) 무역의 주요 수출품목으로 등장하였으며, 면포가 마포(麻布) 대신 정포(正布)의 지위를 차지하게 되었음이 밝혀졌다.7) 특히 16세기 화폐 단위의 소액화를 수반하는 상업 영역권이 확대되면서, 면포의 승척(升尺) 감축 현상이 일어나 소액화폐도 출현하고 있었음이 확인되었다.8) 이어서 쌀값[米價]의 변동을 면포가격의 변화를 살펴보는 방법으로 규명한 물가사적인 시각의 연구와,9) 길쌈노동이 여성의 주요 생산노동으로서 행해졌음을 논증한 여성사 분야의 연구도 등장하여10) 연구 영역이 확대되었다.

---

5) 박성식, 1979, 〈여말선초의 목면업에 대하여〉, 《대구사학》 17; 이재호, 1982, 〈을지문덕과 목면의 이론(異論)에 관한 일고찰〉, 《한국사연구》 39; 권병탁, 1991, 〈무명문화의 도입과 정착〉, 《문익점과 무명문화》, 국립민속박물관; 민길자, 1991, 〈면직물 제직 연대에 대한 고찰〉, 《문익점과 무명문화》, 국립민속박물관; 이경식, 1992, 〈조선초기 북방개척과 농업개발〉, 《역사교육》 52; 최영호, 1990, 〈고려말 경상도지방의 목면보급과 그 주도세력〉, 《고고역사학지》 5·6합집; 김성준, 1991, 〈문익점과 목면씨 전파의 역사적 배경〉, 《문익점과 무명문화》, 국립민속박물관.

6) 장철수, 1991, 〈목면이 생활문화에 미친 영향〉, 《문익점과 무명문화》, 국립민속박물관; 남미혜, 1998, 〈조선전기 면업정책과 면포의 생산〉, 《국사관논총》 80.

7) 김병하, 1969, 〈직물생산과 대일수출〉, 《이조전기 대일무역연구》, 한국연구원; 이종영, 1962, 〈조선초 화폐의 변천〉, 《인문과학》 7, 연세대.

8) 송재선, 1985, 〈16세기 면포의 화폐기능〉, 《변태섭박사화갑기념 사학논총》, 삼영사.

9) 이정수, 1993, 〈조선전기의 미가(米價) 변동〉, 《부대사학》 17.

10) 이순구, 1993, 〈조선초기 여성의 생산노동〉, 《국사관논총》 49.

이와 같이 목면업에 대한 연구는 비교적 활발하게 진행되었지만, 다른 의료직물 분야에 대한 연구는 거의 공백상태다. 특히 전근대 농정이 '권농상'(勸農桑)으로 표현될 만큼 중요한 의미를 가졌던 양잠업에 대한 연구는, 조선 전·후기를 통틀어 연구의 부진을 면하지 못하고 있다. 우리나라 양잠업의 역사는 상당히 오래되어, 이미 2, 3세기 무렵에 잠상(蠶桑)이 행해졌으며, 신라촌락문서에도 뽕나무 숫자가 기록되어 있어 고대에도 국가적 차원의 장려정책이 있었음을 보여준다. 신라시대의 견직물업은 상당히 발전하여 조하주(朝霞紬)나 어아주(魚牙紬) 같은 직물은 중국에 조공품으로 보내졌으며, 명주는 일본에 수출되는 주요 품목 가운데 하나였다.11) 고려시대에도 양잠업은 국가경제의 근간으로 여겨져 농상정책이 추진되었으며,12) 조선시대에도 이러한 농정(農政) 이념은 크게 변하지 않았다. 전근대 사회 국가경제의 큰 줄기는 바로 '농상'이었던 것이다.

양잠업에 대한 연구는 비교적 일찍부터 시작되었으나 크게 주목받지는 못하였다. 조선 초기 양잠업에 대한 이광린 교수의 개척적인 연구로 조선 초기 국가의 잠실 운영의 모습과 양잠 서적의 간행 현황이 밝혀졌다.13) 이후 양잠업에 대한 연구는 잠실의 설치에 대한

---

11) 삼국시대 견직물 발달에 대해서는 위은숙, 1995, 〈장적문서를 통해서 본 신라통일기 농가의 부업경영〉, 《부대사학》 19; 위은숙, 1998, 〈신라장적문서의 우마(牛馬), 마전(麻田), 상(桑), 백자목(柏子木), 추자목(秋子木)―신라통일기 소농민경영의 성격과 관련하여〉, 《고려후기 농업경제연구》, 혜안; 민길자, 1983, 〈우리나라 고대 직물 연구―견직물을 중심으로〉, 《교육논총》 2, 국민대; 민길자, 1986, 〈직물의 종류에 관한 연구―고대로부터 조선시대까지〉, 《교육논총》 6, 국민대 등이 참조된다.
12) 조효숙, 1994, 〈고려시대 직조수공업과 직물생산의 실태〉, 《국사관논총》 55.
13) 다음 두 편의 논문이 참조된다. 이광린, 1965, 〈선초의 양잠업〉, 《조명기(趙明基)박사

제도적 차원의 고찰과 양잠 정책에 중점을 둔 연구가 진행되었다.14) 그 결과 잠실의 설치와 운영 모습, 그리고 조선전기 권잠정책의 내용에 대해서는 비교적 자세한 내용이 밝혀졌다. 이처럼 현재까지 조선시대 양잠업에 대한 연구는 주로 조선전기 잠실 설립의 제도적인 측면과 정책적인 측면에 중점을 둔 연구가 진행되고 있다. 그러나 각 연구자 사이에 잠실의 설립시기와 위치에 대한 의견이 서로 달라 재고찰의 필요성이 제기되고 있다.

한편, 양잠업에 대한 연구를 한 단계 진전시키는 연구가 새로이 등장하였다. 이태진 교수는 16세기 향촌 안정책의 일환으로 양잠업이 사림계에 의해 적극적으로 권장되었음을 밝혔다.15) 또한 15세기 잠실 경영의 부실화를 초래한 원인이 노동력의 집단적 사역에 의한 비능률성과 비생산성 때문이었다고 본 연구도 등장하였다.16) 이어서 조선전기 권잠정책의 영향으로 양잠업이 16세기 농가의 부업으로 등장하였음을 시사한 연구와,17) 이를 16세기 말 사대부의 일

화갑기념논총》과 1965, 〈양잠경험촬요(養蠶經驗撮要)에 대하여〉, 《역사학보》 28.

14) 조선전기의 잠실(蠶室)제도와 잠업(蠶業)에 대한 연구로는, 이숭녕, 1983, 〈잠실연구〉, 《한국학 문헌연구의 현황과 전망》, 아세아문화사; 박경룡, 1985, 〈잠실고〉, 《향토서울》 43; 박경룡, 1990, 〈조선전기의 잠업연구〉, 《국사관논총》 12 등이 있다.

15) 이태진(李泰鎭) 교수는 사림파의 향약보급운동과 관련하여 사림계의 양잠업에 대한 관심을 부분적으로 언급하고 있다. 이태진, 1986, 《한국사회사연구》, 지식산업사, 274~288쪽.

16) 한춘순, 1995, 〈조선초기 잠상정책에 대한 고찰—15세기의 잠실경영을 중심으로〉, 《경희사학》 19.

17) 15 · 16세기 잠업정책에 관해서는, 이의명, 1985, 〈15 · 16세기 양잠의 발달과 권잠정책〉, 《육사논문집》 29와 1991, 〈15 · 16세기 양잠정책과 그 성과〉, 《한국사론》 24 등이 참고된다. 이의명은 후자의 논문에서 양잠서적을 통해 양잠기술의 검토를 시도하고 있다.

기인 《쇄미록》을 통해 실증한 연구도 등장하였다.18)

　조선후기 양잠업의 경우에는 특히 연구 부진이 심해서, 양잠사에서 조선후기는 공백기나 다름없다. 조선후기 양잠업 연구로는 영조대에 관한 연구가 있으나19) 주로 친잠례의 시행과 정책내용을 개괄적으로 서술하는 수준에 머물러 양잠업의 전체상을 그리는 데 미흡하다. 영조대의 친잠의식을 기록한 《친잠의궤》 국역본과 영인본이 각각 출간되면서 이와 관련된 연구들이 등장하였으나, 모두 의례적인 측면에서 접근하였다.20) 한편 개항 이후의 양잠업에 대한 연구는 일제의 식민지 지배정책과 관련되어 연구가 진행되었다.21) 양잠업에 대한 연구는 직물업을 전공하는 연구자들에 의해서도 진행되었으나22) 역사학계의 연구 성과와 크게 차이를 보이지는 않는다.

　조선시대 양잠업에 대한 연구가 이렇듯 부진한 이유는, 조선중기

---

18) 남미혜, 1992, 〈16세기 권잠정책과 양잠업에 대한 일고찰〉, 《이대사원》 26.

19) 최임순, 1998, 〈18세기 영조대의 양잠업 연구〉, 고려대 교육대학원 석사학위논문.

20) 《친잠의궤》는 현재 국역본과 영인본이 각각 출간되어 있다. 박소동 역, 1999, 《국역 친경·친잠의궤》, 민족문화추진회와 《친잠의궤》, 2001, 규장각 참조. 영조대 친잠례에 대해서는 다음의 논문이 참조된다. 김지영; 2001, 〈《친경의궤》 해제〉, 《친경의궤》 (규장각자료총서 의궤 편), 규장각; 김지영, 2002, 〈영조대 친경의식의 거행과 《친경의궤》〉, 《한국학보》 107; 김세은, 2004, 〈고종초기(1863~1873) 국가의례 시행의 의미〉, 《조선시대사학보》 31; 이욱, 2004, 〈조선시대 친경례(親耕禮)의 변천과 그 의미〉, 《종교연구》 34.

21) 김영희, 1986, 〈개항후(1876~1905) 잠업진흥책의 일연구〉, 이화여대 대학원 석사학위논문; 須川英德, 1988, 〈開港期朝鮮における絹業について―その商品生産の實狀の解明〉, 《朝鮮學報》 127; 김혜수, 1989, 〈일제하 양잠농민의 사회적 존재형태―일본 독점자본의 조선농촌지배와 관련하여〉, 이화여대 대학원 석사학위논문.

22) 조효숙, 1994, 〈방직업〉, 《한국사》 24, 국사편찬위원회; 조효숙, 1995, 〈조선전기 견직물발달에 관한 연구 I〉, 《생활과학지》 1, 경원대; 장현주·권영숙, 1998, 〈조선시대 견직물의 생산과 유통〉, 《복식》 40.

이후 목면이 대중화됨에 따라 양잠을 비롯한 여러 의료직물의 생산이 쇠퇴되어 갔다고 보는 기존의 견해 때문인 듯하다.23) 목면업에 비해 생산이 위축되기는 하였지만, 의료직물의 생산이 전적으로 위축된 것은 아니었다. 목면의 도입과 대중화는 의복 원료의 다양화와 풍부화를 초래하는 것이었고, 조선시대 의생활의 수준을 향상시킬 수 있었다. 또한 좀 더 고급직물에 대한 대중적 요구를 불러 일으켜 직물의 질적 수준을 향상시킬 수 있었다. 그러므로 조선시대 직물산업의 전체상을 객관적으로 파악하기 위해서는 기존의 연구방법과 시각을 달리하는 새로운 접근방법이 필요할 것이다.

이 책에서는 선학의 연구 성과를 수용하면서 다음 몇 가지 점에 유의하여 조선시대 양잠업에 주목하였다. 첫째, 조선 초기 양잠업이 국가의 주목을 받게 된 이유와 권잠정책을 통해 국가가 의도한 목적은 무엇인가에 대한 문제다. 당시 권잠정책은 농업정책의 큰 틀 안에서 추진되고 있었는데, 면포·마·저와 같은 여러 의료직물 가운데 양잠이 주목을 받은 구체적인 이유는 해명이 되지 않고 있다. 이는 각 의료작물의 생육환경에 대한 고찰과 잠실이 설치된 지역에 대한 분석을 통해 설명될 수 있을 것이다. 즉, 잠실이 설치된 지역의 자연환경적 조건을 분석하면 국가의 잠실 설립 의도와 양잠정책을 추진한 이유가 밝혀질 수 있을 것이다.

---

23) 직물업을 다룬 대부분의 논고에서 조선전기 목면업이 보급됨에 따라 여타 의료직물의 생산이 위축되었고, 따라서 조선후기 직물업은 중국에 비해 낙후성을 면치 못하였다고 지적하고 있다. 중국의 직물업과 비교해 본다면 기술수준이 떨어지는 것은 사실이지만, 조선전기 이래 직물업은 꾸준한 성장을 보이고 있으며 조선후기에는 직물의 명산지가 형성될 정도로 점진적인 발전을 하고 있었다.

둘째, 잠실의 설립연대와 위치 고증에 관한 문제다. 잠실의 설립 시기에 대해서는 연구자들 사이에 그 견해가 다르며, 잠실의 명칭에 대해서도 이론(異論)이 있다. 따라서 관련 자료를 면밀히 재검토하여 조선전기 잠실의 설립연대와 명칭에 대해 새로이 정리할 필요성이 있다.

셋째, 조선전기에 적극적으로 추진된 권잠정책이 16세기 중엽 이후부터는 더 이상 추진되지 않는 문제에 대한 해명이다. 조선시대 농정 이념은 '권농상'으로 표현될 만큼 국가경제에서 양잠업이 차지하는 비중이 컸다. 그러나 16세기 중반 이후로 들어서면 강력히 추진되던 '권농상' 정책이 더 이상 적극적으로 추진되지 않는다. 이는 16세기 사회경제적인 변화와 밀접한 관련을 가진 것으로 보인다. 일반적으로 사회경제적인 변화는 국가의 정책 수립에 영향을 끼치고, 또 반대로 정책은 사회경제적 변화의 주된 동인(動因)이 되기도 한다. 이는 양잠정책에서도 적용된다고 생각하며, 따라서 16세기 사회경제적 변화와 양잠정책의 상관관계를 고찰할 필요가 있다.

넷째, 16세기 양잠업의 활성화를 가능하게 한 사회적 요인에 대해 살펴볼 필요성이 있다. 《조선왕조실록》에는 15세기 말엽부터 16세기에 걸쳐 거의 100년 동안 사치금지 논의가 여러 차례 펼쳐졌다. 사치 문제는 의식주·혼인·상장(喪葬) 등 여러 부분에 걸쳐 진행되고 있었지만, 그 가운데 가장 문제가 되는 것은 바로 복식 부분의 사치였다. 지금까지 사치풍조의 유행에 대한 이해는 물품의 무절제한 소비, 사치품 수입으로 인한 국부의 낭비 등과 같은 부정적인 인식이 지배적이었다. 그러나 소비는 산업과 교역을 활성화시키는 요인이며, 유통과 밀접히 관련되어 있다. 사치풍조가 유행되어 물품소비가 활발해지면 그에 따라 물품의 생산이 늘어나게 되고, 운반을 위한 유통체계가 발달할 것이다. 그러므로 사치의 유행을 부정적인 개념으로 이해할 것이 아니라 생산을 촉진시키는 요인으로 생각할 필요가 있다.

일찍이 조선후기 실학자 박제가는 "쓸 줄 모르면 물건을 만들 줄 모르고, 만들 줄 모르면 민생이 날로 곤해진다"고 하며 소비야말로 생산을 유지 진흥시킬 수 있다고 주장하였다.24) 이러한 관점에서 16세기의 복식 사치 현상을 이해한다면 사치풍조에 대한 긍정적인 해석이 가능할 것이다. 당시 사치 가운데 가장 문제가 되었던 것은 바로 중국에서 수입해 오는 사라능단(紗羅綾緞)의 사용이었다. 사라능단은 고급비단으로 신분적인 규제대상이 되는 옷감이었으며, 가격이 비싸서 일반인들은 착용하기 힘들었다. 따라서 사라능단의 대체물로 그보다 질이 떨어지는 국산 명주의 수요가 급격하게 증가하였다. 그러므로 사치풍조의 유행과 관련 산업과의 연관성 문제를 살펴볼 필요가 있다.

다섯째, 양잠업과 농가경제의 관련성 문제다. 조선전기 국가의 양잠정책은 공물인 명주의 안정적인 수취를 목적으로 시행된 측면이 있었다. 그러나 양잠의 원료인 뽕나무는 다른 의료작물인 목화·삼·모시풀과는 달리 따로 경작지가 특별히 필요하지 않은 작물이다. 따라서 국가의 권잠정책의 의도는 공물수취의 목적도 있었지만,

---

24) 朴齊家, 《北學議》 內篇 市井.

부업장려를 통해 소농 경제를 안정시키려는 의도도 가지고 있었다고[25] 보아야 할 것이다. 16세기 상품유통경제가 발달하면서 농업·수공업 생산품들이 전국의 장시를 통해 유통되기 시작하였다. 이는 양잠업에서도 예외가 아니었을 것이라 생각된다. 16세기 향촌의 양잠업 경영 실태를 분석하여 16세기 양잠업이 농가경제에 이익을 주는 산업으로 등장하였으며, 상품 생산 발달에 일정하게 기여하였음을 자료를 통해 실증할 필요성이 있다.

여섯째, 현재 조선후기 양잠업에 대한 연구 시각 재정립의 필요성이다. 조선후기 양잠업에 대한 연구는 현재 매우 부진한데,[26] 그 이유는 조선중기 이후 면포가 대중화됨에 따라 명주를 비롯한 여러 의료직물의 생산이 쇠퇴되어 갔다고 보는 기존의 시각 때문이다. 양잠업이 목면업에 비해 생산이 활발하였던 것은 아니지만, 조선후기에 경제력이 향상되고 고급직물에 대한 수요가 늘면서 명주의 소비와 유통이 활발해졌다. 18세기 이후 도시의 성장과 부유한 상인층의 대두, 그리고 옷에 대한 신분 제한의 약화 등은 견직물 수요를 크게 증대시켰고, 고급직물에 대한 대중적 요구를 불러일으킬 수 있었다. 따라서 면포에 비해 비대중적인 명주는 질적으로 고급화를 지향하였다. 즉, 목면의 대중화가 여타 직물의 생산을 위축시켰다는 기존의 시각은 다시 검토되어야 한다. 조선시대 직물업의 전체 모습을

---

25) 이의명, 1985, 〈15·16세기 양잠의 발달과 권잠정책〉, 《육사논문집》 29; 1991, 〈15·16세기 양잠정책과 그 성과〉, 《한국사론》 24.

26) 최근에 발표된 논문으로는 다음 연구가 참조된다. 남미혜, 2007, 〈17세기 양잠정책의 추이와 양잠업의 성장〉, 《사학연구》 88과 〈18세기 영조대 양잠정책과 양잠업〉, 《한국문화연구》 16, 2009.

객관적으로 파악하기 위해서는 조선후기 양잠정책의 내용과 실제를
살펴볼 필요성이 있다.

2. 연구의 방향

이 책은 이러한 문제의식을 바탕으로, 조선시대 양잠정책의 내용
과 변화과정, 그리고 양잠업이 농가의 주요 부업으로 경영되는 실태
를 검토해 보고자 한다.

1장에서는 조선 초기 농상정책의 수립과 의례의 정비과정을 살펴
보았다. 조선시대 농정 이념은 '권농상'으로 표현될 만큼 농업과 길
쌈업은 국가경제의 기본 산업이었다. 목화·삼·모시풀·뽕 등 다
양한 의료작물 가운데 양잠업은 원료재배 전담을 필요로 하지 않는
특성이 있었고, 뽕나무는 전국 어디에서나 재배가 가능하였기 때문
에 권장부업 우선순위에 놓였다. 따라서 권잠정책은 조선전기 국가
의 중요 정책으로서 꾸준히 추진되며, 양잠업과 관련된 국가의식인
선잠제와 친잠례의 제도적인 정비가 추진되었다. 이렇듯 민생과 직
접적으로 관련 있는 의례의 정비과정을 고찰하여, 양잠업이 조선전
기 국가정책에서 차지하는 위치를 확인해 보았다.

2장에서는 15세기 권잠정책의 시행과정과 양잠업 보급 상황에 대
해 고찰하였다. 15세기 권잠정책이 적극적으로 추진됨에 따라, 이를
지도하고 관리하는 기관으로서 대궐·경중(京中), 그리고 지방에 도
회잠실이 설치되었다. 아울러 독립된 양잠서적이 편찬·보급되어

양잠기술 보급에 영향을 끼쳤으며, 평안도·함경도 지역에까지 양잠업이 보급되었음을 살펴보았다.

3장에서는 16세기 권잠정책의 변화 과정과 양잠업 활성화의 사회적 요인, 그리고 그와 관련된 사회적 상황들에 대해 살펴보았다. 15세기 권잠정책이 잠실제도의 수립과 잠실의 외형적인 확대에 중점을 둔 것인 데 비해, 16세기 권잠정책은 농가의 자발적인 참여를 유도하는 방식으로 전개되었다. 이러한 정책의 변화과정은 당시 사치풍조의 유행과 밀접한 관련이 있었다. 15세기 말엽부터 시작해 16세기 전반에 걸쳐 일어난 복식 사치의 유행은 고급 옷감에 대한 수요를 증대시키고, 좀 더 질 좋은 옷감에 대한 요구를 불러 일으켰다. 복식 사치의 유행은 관련 산업인 양잠업에도 직접적으로 영향을 끼쳐 직조기술과 양잠기술을 발전시켰으며, 생산지역을 확대시켰다. 복식사치의 유행이 양잠업을 위축시킨 것이 아니라, 명주의 질적인 고급화를 추구해 나갔던 것이다. 의료직물에서 상품생산이 가장 활발하게 이루어진 것은 사치품의 성격이 짙은 모시와 명주에서 시작되었음이 이를 증명한다. 이러한 사실의 규명을 통해 조선시대 양잠업과 직물업의 발달에 부정적이었던 기존의 견해를 재고할 수 있을 것이다.

4장에서는 양잠업이 향촌의 주요 부업으로 경영되고 있는 사례를 16세기 사대부 이문건의 《묵재일기》를 통해 실증하였다. 16세기 향촌의 사대부가에서는 자가소비용이 아니라 판매할 목적으로 양잠업을 대량으로 경영하고 있었다. 양잠업의 경영 모습은 신분에 따라 다른 양상을 보이겠지만, 사대부가의 양잠업 경영실태를 고찰함으로써 16세기 향촌의 양잠업의 실제를 확인할 수 있을 것이다.

5장에서는 17세기 양잠정책의 추이와 양잠업의 성장에 대해 고찰하였다. 17세기에는 관 주도의 양잠정책은 추진되지 않았지만, 향촌에서는 그 지역 사정에 맞는 독자적인 양잠기술을 개발해 나가고 있었다. 17세기 향촌지식인 남급(南礏)에 의해 지역 양잠서적인 《잠농요어》(蠶農要語)가 저술되었으며, 양잠기술에도 변화가 있었음을 농서의 분석을 통해 논증하였다.

6장에서는 18세기 영조대 양잠정책과 양잠업의 실제에 대해 살펴보았다. 영조대는 조선전기만큼 강력한 양잠정책이 추진되지는 않았지만 친잠례가 시행되고 뽕나무 재배 장려정책이 시행되었다. 18세기의 사회·경제적 상황은 조선전기와 크게 달라져 있었다. 조선후기 상품화폐경제의 발달로 양잠업은 재화를 생산할 수 있는 산업의 한 영역으로 성장하고 있었으며, 양잠의 생산물들은 장시(場市)에서 활발히 유통되고 있었다. 따라서 영조대 양잠정책이 18세기 양잠업의 전업화(專業化)를 가져온 직접적인 원인은 아니지만, 당시상업적 분위기의 활성화와 함께 양잠업의 전업화를 가속화시킨 한요인이었음을 밝혀보았다.

전통적으로 길쌈은 부덕(婦德)의 기준으로 인식되었기 때문에 양잠업은 여성들의 생활과 밀접한 관계에 있다고 할 수 있다. 보론에서는 양잠업과 관련된 여성들을 다루었다. 먼저 조선시대 잠실에서근무하였던 기술직 여성인 잠모(蠶母)에 대해 살펴보았다. 조선시대잠모는 국가에서 체계적으로 양성한 기술직 여성은 아니었지만, 기술의 숙련도 면에서는 최고의 여성들이었다. 조선시대 잠모의 존재를 통하여 당시 여성들이 산업 분야의 발전을 이끌어 가는 데 선두 역할을 하였음을 확인하였다. 다음으로는 18세기에 양잠업을 통해 많은 재부(財富)를 축적한 여성에 대해 고찰하였다. 조선시대 여성들은 상업이나 산업의 영역에서 활발히 활동을 해서 부를 축적해 나갔는데, 평안도 성천 지방 목씨의 아내 전주이씨가 대표적 여성이다. 전주이씨는 관기와 양반 사이에서 태어난 서녀(庶女)였지만, 양잠업을 경영하여 많은 재산을 축적하였다. 전주이씨의 존재는 조선후기 상업뿐 아니라 산업의 영역에서도 여성의 경제활동이 활발하였음을 보여준다는 점에서 중요하다.

양잠업이 전근대사회에서 갖는 중요성이 큼에도 지금까지 연구가 활발하지 못한 이유는 자료의 한계 때문이기도 하다. 기존의 양잠업에 대한 연구는 중앙의 잠실 운영이라든지, 잠실제도의 정비과정 등 정책적인 내용을 밝히는 데는 일정하게 성과를 거두었다. 그러나 《조선왕조실록》 등 관찬사료를 주 자료로 이용하여 연구를 진행하였기 때문에 향촌의 양잠업의 실태나 양잠기술의 발전과정 등 양잠업의 활성화와 밀접하게 관련이 있는 내용들은 거의 규명되지 못하였다.

이 책에서는 기존의 관찬사료 위주의 연구방법에서 탈피하여, 농서와 최근에 발굴·영인된 사대부 일기27)·문집·간찰28)·지리지

---

27) 이 책에서는 16세기 양잠업의 실태를 살펴보기 위해 오희문(吳希文)의 《쇄미록》(瑣尾錄)과 이문건(李文楗)의 《묵재일기》(默齋日記) 등 사대부 일기를 주로 이용하였다. 조선시대 일기류 자료의 성격과 이용에 대해서는 정구복, 1996, 〈조선조 일기의 자료적 성격〉, 《정신문화연구》 19권 4호; 염정섭, 1997, 〈조선시대 일기류 자료의 성격과 분류〉, 《역사와 현실》 24 참조.

등 다양한 자료를 적극 활용하였다. 이 연구의 대상 시기는 조선의 건국부터 시작해 18세기 후반까지로 설정하였다.

---

28) 개인과 가정의 일상생활의 모습을 구체적으로 담고 있는 편지도 사료로서 적극 활용되어야 한다고 생각한다. 양잠업은 여성의 부덕과 관련되어 여성의 생산노동으로 수행되었기 때문에, 여성들의 한글편지는 중요한 사료로 이용될 수 있다.

1장

조선 초기 농상정책의 수립과
양잠의례의 정비

1.1. 농상정책의 수립과 의료작물 재배상황

1.1.1. 농상정책의 수립

조선시대의 주요 산업은 농업이었다. 농업이 가장 중요한 생업이었으므로 국가에서는 농업생산력을 발전시키기 위한 노력을 다각도로 전개하였다. 전농시(典農寺)를 두고 적전(籍田)을 설치하여 운영하였고, 수리시설과 농서 보급에 앞장섰으며, 개간지와 재해지에 대한 조세감면을 실시하였다. 또한 수우(水牛)를 양육하고, 수차(水車) 보급을 시도하였으며, 천방(川防) 개발을 추진하였다. 동시에 북방지역에 농지를 개간하고 인구를 증가시켜 농업생산을 확대하려는 정책도 추진되었다. 북방개간은 사민(徙民)사업과 직결되어 개척사업으로 추진되었으며, 농업개발을 동반하여 진행되었다. 맥작(麥作)을 비롯한 조곡(旱穀)의 재배 보급, 만종조숙곡(晩種早熟穀)의 개량과 보급, 목화 재배의 권장과 수도작(水稻作)의 개발과 장려 등 여러

방향에서 수행되었다. 특히 보리·목화·벼(水稻)는 국가정책으로 장기간 보급이 독려되고 권장되었다.1)

조선시대 농업정책은 대부분 '권농상'(勸農桑)2)이라는 용어로 표현되었다. 조선시대 농정이 '권농상'으로 표현된다는 것은 농업과 함께 뽕나무, 즉 양잠업이 국가의 주요 산업이었음을 의미하는 것이다. 전근대 사회에서 농업 못지않게 중요한 산업은 바로 직조업으로, 직물은 의복의 원료인 동시에 화폐 대용으로 사용되었다. 국가에서는 재정의 근간이 되는 미(米)와 포(布)의 안정적 수취를 위하여 농업뿐만 아니라 의료작물 재배에도 상당한 관심을 가지고 있었다. 따라서 조선전기 권농정책은 일차적으로는 농업뿐만 아니라 직물업, 즉 의료(衣料)작물 재배권장도 포함하는 것이었다. 백성들의 생활은 바로 의(衣)·식(食)의 생산 속에서 이루어지는 것이었고, 이것이 바로 근본이기 때문이었다.

조선시대에 '농상'은 의식과 왕정의 근본이며 백성의 생명에 관계되는 것, 그리고 민사(民事)의 소중한 것으로 여겨지고 있었다.3) 그

---

1) 조선전기 농업 분야에서 주요 연구성과는 다음과 같다. 박정자, 1970, 〈이조초기의 적전고(籍田考)〉, 《숙대사학》 5; 이광린, 1961, 《이조수리사연구》, 한국연구총서 8, 한국연구도서관; 이태진, 1979, 〈14·15세기의 농업기술의 발달과 신흥사족〉, 《동양학》 9; 이태진, 1984, 〈세종대의 농업기술정책〉, 《세종조문화연구 Ⅱ》, 한국정신문화연구원; 이태진, 1986, 〈조선시대 수우·수차 보급 시도의 농업사적 의의〉, 《천관우(千寬宇)선생환력기념 한국사학논총》; 김용섭, 1994, 〈조선전기의 권농정책〉, 《동방학지》 42; 이경식, 1992, 〈조선초기의 북방개척과 농업개발〉, 《역사교육》 52; 이호철, 1986, 《조선전기 농업사연구》, 한길사.
2) 〈시작하는 말〉의 주 1) 참조.
3) 《태조실록》 권2 태조 원년 9월 24일(임인), 태조 4년 10월 5일(을미), 태조 7년 9월 12일(갑신), 태종 17년 1월 19일(병오).

러므로 군주는 민생의 근본이 되는 농상을 적극 권장하고 이끌어야 할 의무가 있었고, 이러한 인식은 시기에 따라 표현의 차이가 조금 날 뿐, 조선왕조 전 시기를 통틀어 일관된 것이었다.

이처럼 농상이 민생과 왕정의 기본이 된다고 생각하였기 때문에, 국가에서는 권농정책과 함께 목화·삼[麻]·뽕[桑]·모시풀[苧] 등 의료작물의 재배 권장 정책을 지속적으로 추진하였다. 그런데 당시 민간에서는 농사에만 주력하고 다른 산업에 종사하는 사람들이 많지 않았던 듯하다. 세조 3년(1457) 각 도 관찰사들에게 의료작물의 재배를 권장하는 기사에 이와 관련된 내용이 보인다.

> 승정원에 전교하기를, "요사이 명나라 사신을 접대하는 일과 강무(講武) 등의 일로 인하여 농상에 전념할 수가 없었으나, 다행히 지금 국가가 한가하니, 경(卿) 등은 농상을 권장하는 방법을 의논하여 아뢰라" 하니, 승지 등이 아뢰기를 "권과하는 방법은 이미 계책에 실수가 없지마는, 농사일과 종상(種桑)은 한 쪽만을 버릴 수가 없습니다. 지금 소민(小民)들이 다만 농사에만 힘쓰고 상마(桑麻)와 목면(木綿)을 심는 것은 힘쓰지 않습니다. 대부분이 미곡으로써 포를 무역하여 옷을 만들고 있으니, 이로써 날로 빈핍한 지경에 이르게 되었습니다. 모름지기 속히 여러 도에 유시하여 더욱 권장하게 하소서." 하니, 전교하기를, "좋다." 하였다.4)

즉 농가의 습속이 뽕·삼·목화의 재배에 마음을 쓰지 않고 미(米)로 포(布)를 무역하고 있어, 곡식이 귀하고 날로 빈궁해진다고

---

4) 《세조실록》 권6 세조 3년 1월 6일(신미).

지적하였다. 농민 가운데서도 특히 소민(小民)들을 지적하는 것으로 보아 의료작물 재배 권장의 일차적인 대상이 바로 이들이었음을 짐작할 수 있다.

조선전기에 국역을 담당하던 일반 소농민의 보편적인 영농규모는 1결 미만이었던 것으로 추정된다. 조선전기 소농민들은 1결 미만의 경작지를 가지고 영세 경영에 종사하면서 호구지책에 골몰하였던 것으로 나타난다.[5] 이러한 소농민들은 농업만으로는 생계를 유지하기 쉽지 않았기 때문에 생계유지를 위한 부업을 경영할 수밖에 없었다. 국가의 입장에서도 농민들이 농업 외에 다양한 산업에 종사하여야 농가경제가 안정될 수 있었기 때문에 부업을 적극 권장하기 마련이었다.

조선전기 국가의 역농(力農)정책은 농가의 자급자족을 목표로 하였으며, 교환경제와 연계되어 추진된 것은 아니었다. 왜냐하면 조선 초기 국가는 농민의 몰락과 농업의 피폐를 방지하는 동시에 농업의 경영형태를 가능한 한 자급자족형으로 고정하는 역농관을 표방하고 있었기 때문이다.[6] 따라서 다른 어떤 산업보다도 농민생활의 안정과 국가재정의 확보라는 이중적 과제를 동시에 해결해 줄 수 있는 가장 좋은 산업은 바로 의료작물이었다.

따라서 조선 초기 국가에서는 양잠뿐만 아니라 목화 · 삼 · 모시

5) 김태영, 1997, 〈조선전기 소농민경영론〉, 《한국 고대 · 중세의 지배체제와 농민》(김용섭교수정년기념논총 2), 지식산업사, 465쪽.
6) 이경식, 1998, 《조선전기토지제도사연구Ⅱ—농업경영과 지주제》, 지식산업사, 507~508쪽.

풀 등 다양한 의료작물의 재배를 권장하였다. 특히 조선 초기에는 목화의 재배 권장정책을 적극적으로 추진하였다. 조선 초기 목면정책의 추진에 가장 적극적이었던 국왕은 세종이었다. 세종대에는 북방지역에까지 목화를 보급시키려는 정책이 추진되었고, 성종대 이후에는 함경도 북부를 제외한 전 지역에 면화가 재배되어 목면은 대중적인 옷감으로서 위치를 확고히 하였다. 따라서 시간이 흐를수록 목화의 생산지역은 점점 확대되기 시작하였고, 생산량도 급증하여 면포가격은 점점 떨어지고 있었다.7)

잘 알려져 있듯이, 목화는 씨를 뿌릴 전답이 필요한 작물이었다. 농서에서도 목화는 한전(旱田)작물로 분류되었으며 밭농사로 간주되었다. 목화는 3월 파종에서부터 7월의 수확에 이르기까지, 일곱 차례 정도의 김매기를 해주어야 할 정도로8) 많은 노동력을 필요로 하였다. 즉 목화 농사는 1년 농사짓는 것과 다를 바 없이 노동력이 많이 들었다. 이러한 까닭에 소유전답이 1결 미만이며 노비를 소유하지 못한 소농의 경우에 목화의 대량재배는 쉽지 않았으며, 소량의 목화 재배로는 많은 이익을 남기기 어려웠다. 따라서 시간이 흐를수록 목화는 대량의 토지와 노동력을 소유한 지주들이 경작하기 유리한 작물로 인식되었다.

반면, 양잠업은 여러 면에서 유리한 경영 조건을 가지고 있었다. 우리나라 양잠의 역사는 상당히 오래되었기 때문에 일반 백성들에게 친숙한 산업이었다. 일찍이 맹자는 '5묘의 택지의 담 밑에 뽕나무

---

7) 남미혜, 1998, 〈조선전기 면업정책과 면포의 생산〉, 《국사관논총》 80, 177~180쪽.
8) 민성기, 1985, 〈《농가월령》과 16세기의 농법〉, 《부대사학》 9.

를 심고 필부(匹婦)가 누에를 칠 것'을 말하고,9) '5묘(畝)의 택지에 뽕나무를 심으면 50대의 사람들이 명주옷을 입을 수가 있다'10) 하여 양잠의 중요성을 강조한 바 있다. 양잠업은 목화농사와는 달리 재배 전답이 필요하지 않으며, 농사기간도 3월부터 5월까지 약 40일에 이를 뿐이다. 약 40일 정도 노동력을 집중적으로 투여하여 단기간에 수확할 수 있는 농사였다. 게다가 양잠의 원료가 되는 뽕나무는 전국 각지에 자생하였기 때문에 양잠법만 습득하면 누구나 쉽게 종사할 수 있는 부업이었다. 즉 농경지를 따로 소유하지 않고서도 쉽게 시작할 수 있었으며, 적당한 시기에 뽕잎[桑葉]을 채취할 노동력만 동원한다면 누구나 경영할 수 있었다. 게다가 뽕잎 채취는 부녀자나 어린이·노인 등의 유휴노동력을 이용할 수도 있었다.

한편, 목화·삼·모시풀은 밭농사로 간주되었기 때문에 남성들이 농사를 지어 원료를 공급해 주어야만 길쌈이 가능하였다. 그런데 양잠업은 적상(摘桑)에서부터 누에를 쳐 고치를 수확하기까지 노동의 전 과정이 여성들의 손으로 이루어지는 경우가 많았다. 양잠업이 이와 같은 여러 가지 특성을 가지고 있었기에 조선전기 농상정책은 여러 의료작물 가운데서 양잠업을 중심으로 추진될 수 있었다.

조선 초기에 소농들은 곡물 위주의 농업경영만으로는 가계를 유지하기 어려웠을 것이다. 따라서 국가에서는 공물수취뿐만 아니라 부업생산물까지도 염두에 둔 농업정책을 수립하였으며, 의료작물의 재배를 적극 권장하였다. 농가에서 부업을 선택할 때 고려해야 할

---

9) 《孟子》 진심장구.
10) 《孟子》 양혜왕장구.

점은 바로 수세(收稅)의 대상이 되는가, 환금성이 높은가, 그리고 유휴노동력을 최대한 이용할 수 있는가, 원료 재배가 쉬운가, 토지가 필요한가 하는 점이었다. 모든 의료작물들이 수세의 대상이 되고 환금성이 높았지만, 삼의 경우 반년농사와 같아 갈고 거두기 힘들었으며, 목화는 1년 내내 가뭄·장마 걱정으로 재배하기가 쉽지 않았다. 그러나 양잠은 상대적으로 이러한 걱정 없이 단기간에 높은 수확을 올리는 농사였다.[11]

이와 같은 여러 조건들을 충족시킬 수 있다는 점에서 양잠업은 조선전기 부업 권장정책에서 우선순위에 자리하였다. 조선 초기에 국가에서는 남자는 밭 갈고 여성은 길쌈하는, 즉 '남경여직'(男耕女織)을 적극 권장하고 유도함으로써 여성노동의 적극적인 활용과 함께 취약한 소농경제를 안정시키려 하였다. 이러한 의도 아래 조선 초기부터 국가에서는 체계적으로 양잠업에 관한 정책을 수립하고 시행하였다.

1.1.2. 의료작물의 재배상황

조선 초기 국가는 안정적인 조세수취와 농가경제의 자립도를 향상시키기 위하여 농상정책을 수립하여 지속적으로 추진하고 있었다. 양잠업이 활성화되기 위해서는 원료가 되는 뽕나무가 풍부해야 하였다. 한반도는 기후와 토양으로 볼 때 뽕나무가 자라기 좋은 환

---

11) 《국역 다산시문집(茶山詩文集)》(1994, 민족문화추진회) 권1 詩 蚖珍詞七首贈內.
　　"半年麻枲勞耕翦　終歲棉花慮雨暘　最是蠶功收效疾　三旬贏得繭盈箱…."

경이었다. 뽕나무는 기후에 대한 적응력이 강하고 자연적인 제약이 적으며, 생육기 3개월 동안은 500밀리리터 이상의 강수량과 섭씨 12도 이상의 기온을 유지해야 한다. 뽕나무는 전국에 분포하지만 북부지방보다는 주로 남부지방에서 많이 재배되는데, 연평균 기온으로 따지면 남부와 중부가 최적이기 때문이다. 따라서 뽕잎이 피는 시기도 남부지방은 5월, 중부지방은 5월 중순, 북부지방은 6월 상순이다.12)

뽕나무와 같이 한반도 전체 지역에서 재배가 가능한 또 다른 의료작물로 대마(大麻)가 있다. 대마는 여름 기온이 높고 강수량이 조금 있으면 고위도 지방에서도 재배가 가능한 작물이다. 따라서 대마 재배지는 한반도 남쪽 지방에서부터 북부 산간지방까지 넓게 분포하여 예로부터 가장 보편적인 의복 재료였다. 반면에 모시풀[苧]은 기후나 입지조건에서 제한성이 있는 작물이다. 모시풀 생육에 필요한 최저 기온조건은 연평균기온이 섭씨 10.5도에서 12도이며, 1월 평균 최저기온은 영하 10도에서 영하 8도이다. 따라서 모시풀의 재배는 남쪽 지방으로 국한되어 있었고, 재배나 생산이 전국적인 작물은 아니었다.

한편 면화의 재배조건은 기온과 강수량 모두에서 까다로웠다. 면화의 생육조건은 섭씨 25도이며, 월평균기온 15도 안팎에서 파종하는 것이 안전하였다. 강수량은 생육 초기에 비교적 많아야 좋으나, 개화·성숙기에는 비바람이 적고 일조량이 많아야 하며, 특히 서리

---

12) 이명해, 1970, 〈한국의 잠업에 관한 연구〉, 서울대 대학원 석사학위논문, 8~9쪽.

에 약해 무상기일(無霜期日)이 길수록 좋은 작물이었다.13)

《세종실록지리지》 토의(土宜)조에는 각 지역에 적합한 의료작물에 대해 기재해 놓았는데, 전국 총 334개 고을 가운데 삼은 216개, 뽕은 204개, 목화는 43개, 모시풀은 29개, 산뽕(柘)은 7개 고을에서 재배되고 있었다. 《세종실록지리지》 토의조를 정리해 보면 아래 〈표 1-1〉과 같다.

표 1-1. 《세종실록지리지》 토의(土宜)조의 의료작물 재배 군현 수

지역(군현수) \ 토의	뽕(桑)	삼(麻)	목화(木花)	모시풀(苧)	산뽕(柘)
경기도(41)	36	36	0	0	
강원도(24)	24	24	0	2	
충청도(55)	22	8	3	10	7
전라도(56)	41	49	27	14	
경상도(66)	25	31	13	1	
황해도(24)	5	11	0	2	
평안도(47)	43	43	0	0	
함경도(21)	8	14	0	0	
계(334)	204	216	43	29	7

〈표 1-1〉에서 보듯이, 재배가 잘되는 기준으로 의료작물을 정리하면 삼 > 뽕 > 목화 > 모시풀 > 산뽕 순서가 된다. 경기·평안·함경도에서는 뽕과 삼만 재배가 가능하였으며, 모시풀과 목화는 이 지

---

13) 김연옥, 1985, 《한국의 기후와 문화》, 이화여대출판부, 218쪽.

역에서는 재배가 쉽지 않았다. 〈표 1-1〉을 보면 강원도는 뽕과 삼 재배에 적지인 고을이 24개로 각각 같고, 모시풀을 재배하는 고을이 두 군데였다. 충청도에서는 뽕·삼·목화·모시풀 모두 재배가 가능하여 기후나 생육조건이 모든 의료작물에 적합하였던 지역임을 알려준다. 게다가 산뽕나무의 일종인 자[14]가 자생하는 군현 수도 일곱 군데나 되어 양잠을 할 수 있는 유리한 조건을 가진 지역임을 보여준다.

한편 전라도와 경상도는 뽕과 삼 재배가 우세한 가운데 목화도 상당히 보급되어 있었다. 이는 고려 말에 목화가 경상도와 전라도를 중심으로 보급되기 시작하였으며, 이 지역의 기후가 목화 재배에 적합하였기 때문이다. 당시에는 경기·강원·황해·평안·함경도에서는 목화 재배가 불가능하였으며, 목화는 삼남지방에 국한되어 재배되고 있었다.[15]

이처럼 조선 초기에 전국적으로 가장 널리 재배된 작물은 삼과 뽕이었다. 가장 많이 재배된 의료작물은 삼[麻]으로, 삼은 전국의 64.7퍼센트, 뽕은 61.7퍼센트, 목화는 12.9퍼센트, 모시풀은 8.7퍼센트, 산뽕은 2.1퍼센트가 재배되고 있었다. 이와 같이 뽕과 삼의 재배지가 전국에 골고루 분포하였기 때문에 전국 농가 어디에서건 삼과 양잠

14) 자(柘)는 구지뽕나무이며 누에의 사료로 쓰인다. 뽕잎의 대용사료로는 닥나무, 왕고들빼기, 꾸지나무 등이 있으나 누에가 가장 잘 먹는 것은 구지뽕나무이다. 그러나 병잠(病蠶)이 많이 발생하는 단점이 있어 많이 쓰이지는 않는다 한다.(김문협, 1975, 《잠학개요》, 부민문화사, 126쪽)

15) 세종대의 적극적인 보급 노력과 함께 품종의 개량을 통해 16세기 무렵에는 함경도 일부 지역을 제외한 전 지역에 목화가 재배될 수 있었다.(남미혜, 1998, 〈조선전기 면업정책과 면포의 생산〉, 《국사관논총》 80 참조)

그림 1-1. 《세종실록지리지》의 의료작물 재배 군현 수

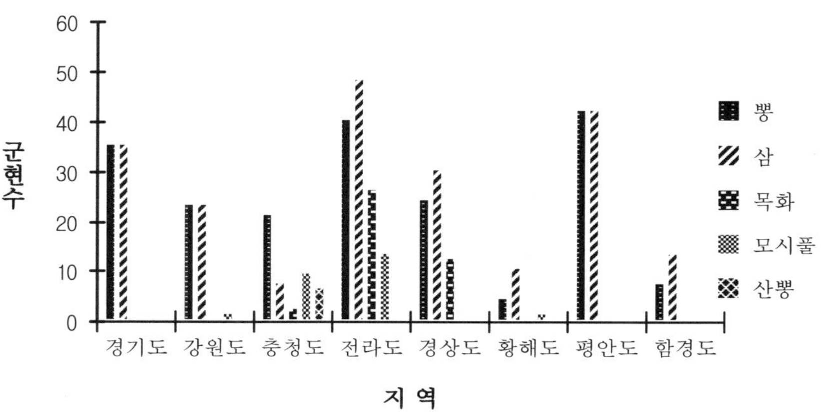

은 손쉽게 경영될 수 있었다. 〈표 1-1〉을 토대로 의료작물 재배 군현수를 그림으로 그려보면 위의 〈그림 1-1〉과 같다.

〈그림 1-1〉에서 보이듯이, 경기도와 평안도 지방은 뽕과 삼이 재배 적지인 고을이 같은 수로 나타나고, 전라도 지방에서는 삼이 재배 적지인 고을 수가 가장 많다. 그리고 충청·전라·경상도를 제외한 나머지 도에서는 목화는 전혀 재배되고 있지 않았다. 목면은 보온성과 흡습성이 뛰어난 옷감으로 인기가 있었으나 세종조까지만 해도 목화가 재배되고 있는 지역은 충청, 전라, 경상도 일부 지역에 한정되었던 것이다.

모시는 당시 고급 직물로 분류되었으나, 경기·평안·함경도에서는 전혀 재배되지 않았다. 〈그림 1-1〉에서 볼 수 있듯이, 전국적으로 재배가 가능한 작물은 뽕과 삼이다. 그런데 삼의 경우도 목화나

모시와 같이 재배전답이 필요한 한전(旱田)작물이었으므로, 토지를 많이 소유하지 못한 소농민들이 가장 쉽게 시작할 수 있었던 부업은 바로 양잠업이었음을 확인할 수 있다.

1.2. 양잠의례의 정비와 거행

1.2.1. 선잠제의 정비

조선왕조는 개국 초부터 유교를 중시하여 유교식 예제를 정비하였다. 유교식 예제는 태종 13년에 비로소 정비되기 시작하였으며, 국가의 기본 통치이념과 밀접하게 관련된 길례에 대·중·소사의 등급이 매겨졌다. 조선시대 국가제사는 대사(大祀)에는 사직(社稷)과 영녕전(永寧殿)이, 중사(中祀)에는 풍(風), 운뢰(雲雷), 우(雨), 악(嶽), 해(海), 독(瀆), 선농(先農), 선잠(先蠶), 운사(雩祀), 문선왕(文宣王), 역대시조(歷代始祖) 등이, 소사(小祀)는 영성(靈星), 노인성(老人星), 마조(馬祖), 명산(名山), 대천(大川), 사한(司寒), 선목(先牧), 마사(馬社), 마보(馬步), 마제(禡祭), 영제(禜祭), 포제(酺祭), 칠사(七祀), 독제(纛祭), 여제(厲祭) 등이 속하였다.16) 이러한 국가의례 가운데 농업과 관련된 의식이 선농제와 친경례이며, 양잠과 관련된 의식이 선잠제와 친잠례였다. 선농제와 선잠제는 고대 중국에서부터 시

---

16) 한형주, 2000, 〈조선초기 중사(中祀)제례의 정비와 그 운영〉, 《진단학보》 89, 89쪽.

작된 농상과 관련된 의식으로 조선시대에 국가의례로서 중요하게 인식되었다.

농업과 관련된 의식인 친경례(親耕禮)는 왕이 종친 이하 문무 대신을 대동하고 적전(籍田)으로 나가 선농단(先農壇)에 제사한 다음에 거행하는 의식으로 선농제와 함께 행해졌다. 선농제는 농업신인 신농과 후직에게 풍년을 기원하는 제사를 드리고, 제사 후에 국왕이 직접 적전에서 쟁기를 다섯 번 미는 예[五推之禮]를 행하는 2단계로 구성되었다. 선농의 명칭에서도 보이듯이 중농·후농의 관념도 있었으나 태종 14년에 폐지됨으로써 농업신의 제사는 선농만을 대상으로 거행되었다.17) 국왕이 직접 수행하는 친경의식은 국왕이 쟁기를 다섯 차례 밀고 나면 이하 대신들이 품계에 따라 일곱 차례, 아홉 차례 미는 형식으로 진행되었다.18) 선농제는 제사의 과정뿐 아니라 왕이 직접 농사의 시범을 보이는 실제적인 측면을 포괄하였으므로 조선에서는 중사(重事)로 간주되었다.

한편 선잠제는 중국의 잠신 서릉씨에게 제사를 지내는 것으로, 대개 섭사(攝祀)의 형태로 시행되었다. 고려시대에 선잠제는 중국의 잠신 서릉씨에게 제사를 지냈고 섭사의 형태로 시행되었지만,19) 친

---

17) 한형주, 앞의 글(2000), 100~101쪽. 조선 초기 제례의 정비와 운영에 대해서는 김태영, 1973, 〈조선초기 사전(祀典)의 성립에 대하여〉,《역사학보》58; 한형주, 1992, 〈조선 세종대의 고제(古制)연구에 대한 고찰〉,《역사학보》136; 김해영, 1994,〈《상정고금례》(詳定古今禮)와 고려조의 사전(祀典)〉,《국사관논총》55; 김해영, 1994, 〈조선 초기 사전에 관한 연구〉, 한국정신문화연구원 박사학위논문이 참조된다.

18) 박소동 역, 1999,《(국역) 친경(親耕)·친잠의궤》해제, 민족문화추진회, 1쪽.

19)《고려사》에는 선잠단의 규격, 거행일, 축판, 폐백, 헌관, 제사의식, 진설(陳設), 궤향(饋享) 등 선잠제와 관련된 제반 내용이 실려 있다.(《高麗史》권62 志16 禮4 吉禮

잠례는 거행되지 않았던 것으로 보인다. 그러나 조선시대에 이르러 선잠제에 대한 의식이 정비되어 매년 거행되면서 친잠례도 여러 차례 거행되었다. 조선시대에 치러진 대부분의 국가적 의례행사의 주재자는 국왕이었으나, 친잠례는 여성이 주체가 되어 치르는 유일한 의식이었다.

조선시대에 선잠제가 행해지기 시작한 것은 정종 때였다. 정종 2년에 처음으로 선잠에 제사를 올리고[20] 선잠제와 관련된 여러 의식들이 마련되었다. 태종 원년에는 선잠제의 악장을 만들게 하고[21] 폐백의 제도를 상정하여, 길이 1장(丈) 8척(尺)의 흑색으로 정하였다.[22] 이어서 태종 13년에는 선농·선잠의 등제(登第)를 중사(中祀)로 결정하였으며,[23] 제사에 사용되는 희생(犧牲)의 종류도 돼지 외에 양이 추가되는 등 의식이 정비되었다.[24] 이후 각 제사에 대한 재계기간도 제정되었다. 즉 사직단·영녕전·종묘의 대사(大祀)는 3일, 문선왕석전·풍운뢰우단·우사단·선농단·선잠단 등 중사(中祀)는 2일로 정해 임금이 친히 향과 축문을 전하게 하였다. 또한 재계일에는 궐내와 헌관과 모든 집사들이 잔치를 하거나 술 마시는 일들을 일절 금하고 근신하도록 하였으며,[25] 제관(祭官)의 직품도 초헌은 정1품, 아헌은 정3품 당상관, 종헌은 정3품으로 상향 조정되었

中祀 先蠶條 참조)
20) 《정종실록》 권3 정종 2년 3월 4일(기사).
21) 《태종실록》 권2 태종 원년 12월 21일(을해).
22) 《태종실록》 권22 태종 11년 8월 25일(갑인).
23) 《태종실록》 권25 태종 13년 4월 13일(신유).
24) 《태종실록》 권25 태종 13년 1월 21일(신축).
25) 《세종실록》 권106 세종 26년 12월 28일(계유), 세종 27년 2월 24일(무진).

다.26)

이렇듯 제사의 전체적인 의식이 정비되고, 이어서 사직·풍운뇌우·선농 등 국가 사전(祀典)의 공간이 확립되었다.27) 선농·선잠단은 조선 초 축조되었지만 그 체제가 완벽하지는 않았던 듯하다. 예조에서는 선농·선잠·노인성·북교·여제의 단유(壇壝)는 비록 축조되기는 하였으나 법식과 다르니 고제(古制)를 상고해 다시 축조할 것을 청하였던 것이다.28) 따라서 선잠단은 높이 3척(尺), 둘레 8보(步) 4척(尺), 그리고 사방으로 나가는 계단을 만드는 것으로 결정되었다.29)

이후 세종대에 집현전을 중심으로 한 고제(古制) 연구에 힘입어 국가제사가 더욱 더 체계화되면서30) 선잠단의 길이·넓이·치수에 대한 논의가 재개되었다.31) 세종 12년에 개축된 선잠단은 사방 2장 3척, 높이 2척 7촌, 그리고 작은 담을 두 개 두른 체제로 만들어졌다.32) 이후 선잠단은 세종 20년에 재개축이 다시 논의되고,33) 성종 4년에 다시 재개축되었다.

성종 4년에 예조에서는 세종 12년의 선잠단 개축에 관한 수교가

---

26) 한형주, 앞의 글(2000), 106쪽.
27) 이 욱, 2002, 〈조선전기 유교국가의 성립과 국가제사의 변화〉, 《한국사연구》 118, 169쪽.
28) 《태종실록》 권25 태종 13년 6월 8일(을묘).
29) 《태종실록》 권27 태종 14년 6월 13일(갑인).
30) 이 욱, 앞의 글(2002), 170쪽.
31) 《세종실록》 권47 세종 12년 2월 19일(경인).
32) 《세종실록》 권50 세종 12년 12월 8일(갑술).
33) 《세종실록》 권83 세종 20년 11월 13일(계사).

제대로 시행되지 않아 선잠단이 제도에 맞지 않다고 지적하면서, 우사단·선농단 곁으로 선잠단을 옮길 것을 주장하였다. 아울러 모든 제단의 곁에다가 집을 지어 신주를 안치하며, 창고를 만들어 제기와 악기를 간직해 두고, 단(壇)지기를 두어 단 옆에 살게 하면서 관리시킬 것을 건의하였다. 이러한 예조의 건의가 받아들여져 선잠단은 흥인문 근처로 이치(移置)되었다.34) 원래 선잠단은 동소문 밖 사한이(沙閑伊)에 있었는데,35) 예조의 건의에 따라 흥인문 밖 평촌에 있는 우사단·선농단 옆으로 옮겨 개축되었다. 선잠단을 옮긴 이유는 중사의 제단을 한곳에 모아 두어 체계적으로 관리를 함으로써 민생과 직접 관련이 있는 제사의 중요성을 부각시키려 하였던 의도로 파악된다.

이처럼 선잠단의 체제를 재정비하면서 동시에 친잠단도 마련하였다. 선잠단은 선잠제사를 올리는 단을 말하며, 친잠단은 왕비가 뽕잎을 따는[採桑] 단을 의미한다. 원칙적으로는 선잠단에서 제사를 지내고 그곳에서 채상하는 친잠례를 거행해야 했지만, 조선 초기 선잠단이 궁궐 안에 있지 않고 도성 밖에 있어서 선잠제와 친잠례가 동시에 이루어질 수 없었다. 따라서 선잠제는 관리를 보내 섭사(攝祀)하는 형식으로 거행되었고, 대궐 안에서 왕비가 친잠례를 거행하기 위해서는 따로 제단이 필요하였다. 이에 왕비의 친잠을 위한 채상단(採桑壇)이 성종 8년에 창덕궁 후원에 지어지면서36) 본격적으로 왕

---

34) 《성종실록》 권35 성종 4년 10월 25일(계미).
35) 사한이(沙閑伊)는 현재의 성북동이다. 《세종실록》 권148 地理志 京都 漢城府 참조.
36) 《성종실록》 권78 성종 8년 3월 3일(경오).

비가 주재하는 친잠례가 거행되기 시작하였다.

채상단, 즉 친잠단은 연산대와 중종대에 개·보축이 이루어졌다. 연산조에는 단(壇)이 매우 협소하여 내·외명부들이 섞여 앉을 수 없어 보축(補築)을 하였으며,37) 중종 8년에는 경복궁에도 친잠단을 만들게 하였다. 즉, 이전에는 친잠례가 주로 창덕궁에서 행해졌으므로 경복궁에 새로이 단을 신축하라 명한 것이다.38)

이와 같은 선잠제·선잠단·친잠단의 정비과정을 통해 조정에서는 농상의 중요성을 알릴 수 있었으며, 양잠업이 조선시대 주요 산업으로서 성장해 나가는 데 영향을 끼칠 수 있었다.

1.2.2. 친잠례의 시행

조선시대 친잠례는 국왕의 친경례와 짝하는 국가의례이다. 근본인 농상에 모범을 보인다는 의미와 함께 여성의 부덕과 관계되는 것으로39) 예로부터 중요한 의례로 간주되었다. 친잠례는 고려조에서는 사문화(死文化)되었던 것이나, 조선에서는 사전(祀典)에 포함되어 시행되고 있었다.40) 친잠례는 왕비가 내·외명부를 거느리고 친히 채상하는 의식을 거행하는 예로, 조선시대에 친잠례가 본격적으로 거행되는 시기는 성종 8년이다.41)

---

37) 《연산군일기》 권52 연산군 10년 3월 8일(기사).

38) 《중종실록》 권17 중종 8년 2월 11일(경술).

39) 《세종실록》 권78 세종 19년 9월 8일(을미).

40) 이범직, 1991, 《한국중세예(禮)사상연구—오례(五禮)를 중심으로》, 일조각, 316~317쪽.

41) 《성종실록》 권78 성종 8년 3월 14일(신사). 한편 박경룡은 왕비의 친잠례가 태종 11

친잠례가 처음 거행되었던 성종 8년 이전부터 대궐의 대비 및 중궁·후궁들은 양잠을 하고 있었다. 대궐 내 양잠은 태종 17년 전국에 잠실이 설치되면서 시작되었던 것으로 보이며,[42] 세종 5년에는 경복궁·창덕궁 두 잠실이[43] 동시에 운영될 정도로 대궐 내 양잠은 보편화되었다. 그러나 생산에 주목적을 두기보다는 내명부가 모범을 보여 적극 권장한다는 의미가 강하게 내포되어 있어서 생산량은 그다지 많지 않았다.[44] 이처럼 대비나 중궁·후궁의 양잠은 여성부덕과 관련되어 시행되고 있었지만 친잠례는 거행되지 않았다.

친잠례에 대한 논의가 본격적으로 시작되는 시기는 성종 7년부터이다. 성종 7년 8월에 후비의 친잠례에 대한 고례(古例)를 예문관으로 하여금 상고하여 아뢰도록 명하고,[45] 며칠 뒤 친잠 구례가 상세히 보고되자 친잠례를 후원에서 거행하는 문제를 논의하였다.[46] 이어서 친잠의 의제(儀制)가 조사되고,[47] 〈친잠응행절목〉이 마련되었다.[48] 성종대에 마련된 〈친잠응행절목〉은 총 6조목으로 구성되었는데, 각 조목의 내용을 간략히 살펴보면 다음과 같다.

년에 시작되었다고 보았다.(1990, 〈조선전기의 잠업 연구〉, 《국사관논총》 12, 116쪽) 그러나 태종대에 시작되었다는 근거가 미약하며 이후 세종대에도 친잠례에 관한 기록은 전혀 보이지 않는다. 국가의례인 친잠례에 대한 기록이 없다는 것은 친잠례가 시행되지 않았음을 의미하는 것이다.

42) 《태종실록》 권33 태종 17년 5월 24일(기유). 태종 17년 각 지역에 잠실이 설치되면서 대궐에서도 후궁들을 중심으로 양잠이 시작된 듯하다.

43) 《세종실록》 권19 세종 5년 2월 16일(정묘).

44) 《세종실록》 권78 세종 19년 9월 8일(을미).

45) 《성종실록》 권70 성종 7년 8월 22일(임진).

46) 《성종실록》 권70 성종 7년 8월 25일(을미).

47) 《성종실록》 권70 성종 7년 8월 30일(경자).

48) 《성종실록》 권71 성종 7년 9월 25일(을축).

첫째는 친잠 시기에 관한 내용이다. 《예기》 제의편이나 《두씨통전》에는 친잠을 계춘(季春)의 상사(上巳)에 행하나 이 시기에는 날씨가 추워 뽕잎이 나오지 않으므로 3월중 길사(吉巳)일에 친잠을 행한다는 내용이다. 《예기》나 《두씨통전》을 그대로 따르지 않고 조선의 기후를 고려하여 친잠 시기를 결정하고 있다.

둘째는 친잠 장소에 관한 것이다. 한(漢) 제도에 의거하여 후원에 채상단을 설치한다는 내용으로, 예조에서는 "이제 선잠단은 북교(北郊)에 있고, 채상단은 후원에 있으므로 친히 제사지내기가 어려우니……"라고 하며 한이나 송의 제도에 의해 채상단을 만들 것을 건의하였다.

셋째는 채상단의 규모에 대한 규정이다. 채상단은 송의 제도를 채용하여 사방 3장으로 하고 높이를 5척 4촌으로 하되, 위치는 한나라의 예를 따르고, 규모와 형태는 송의 제도를 따르기로 하였다.

넷째는 잠실 설치에 관한 내용이다. 채상단 옆에 잠실을 짓되 잠실은 건축물이 아닌 악전(幄殿)을 설치하여 임시로 사용하게 하라는 내용이다.

다섯째는 친잠 절차와 관련된 규정이다. 《통전》이나 《송사》에는 황후가 선잠제를 지냄과 동시에 친잠을 행하지만, 조선은 선잠단은 북교(北郊)에 있고 채상단은 후원에 있어 현실상 친히 제사지내기가 어려우므로 관원을 보내 선잠에 제사를 지내게 한다는 내용이다. 즉 선잠제는 왕비가 주재하는 것이 아니라 관리가 대신 섭사(攝祀)하도록 하고, 선잠제와 친잠례를 북교와 대궐에서 각각 따로 거행한다는 것이다.

　여섯째는 친잠례 거행시의 의식절차와 채상시 사용되는 광주리와 갈고리 등 집기의 제작에 관한 내용이다.

　이처럼 〈친잠응행절목〉은 《예기》, 《두씨통전》, 《송사》의 예제를 참고하면서 친잠례 날짜를 시기를 보아가며 정하는 등 조선의 현실을 고려하여 제정되었다. 이는 친경·친잠례가 민생과 관련한 중요 의식이었으므로 형식적인 국가 의례 차원에 그친 것이 아니라 현실적인 여건을 반영하여 시행될 수 있도록 규정을 마련하고 있음을 보여주는 것이다.

　성종 8년에는 창덕궁 후원에 친잠단 터를 살펴 정하게 하고[49] 〈친잠응행절목〉이 보완·추가되었다. 성종 7년에 만들어진 절목이 친잠례의 큰 틀을 제시한 것이었다면, 성종 8년에 만들어진 〈친잠응행절목〉은 친잠례 거행시 필요한 절차와 세세한 내용들에 관한 추가 항목들이었다. 총 9조로 구성되어 있는 절목의 내용은 왕비의 출궁·환궁, 단에 오르내릴 때의 음악 연주, 친잠시 왕비의 복식과 수식(首飾), 채상시 사용하는 집기, 악차(幄次)의 설치장소와 자리배치, 별잠실의 전장(專掌)과 담련내관(擔輦內官)의 복색, 의례 거행시 필요인력과 복색, 위패 사용 등에 관한 것이었다.[50]

　〈친잠응행절목〉은 성종 12년에 다시 한 번 논의되었는데, 그 내용은 성종 7년과 8년의 〈친잠응행절목〉의 내용을 다시 확인하여 결정하는 수준이었다.[51] 따라서 성종 8년에 비로소 친잠례제(親蠶禮制)

---

49) 《성종실록》 권77 성종 8년 윤2월 3일(신축).
50) 《성종실록》 권77 성종 8년 윤2월 25일(계해).
51) 《성종실록》 권125 성종 12년 1월 18일(계사).

의 모든 과정이 갖추어지고 친잠례가 거행되기 시작하였음을 알 수 있다.

다음의 〈표 1-2〉는 조선전기 선잠제와 친잠례의 거행시기를 《조선왕조실록》을 통해 정리한 것이다. 〈표 1-2〉에서도 볼 수 있듯이, 선잠제는 주로 사일(巳日)에 거행되었으며 거의 매년 시행되었다. 반면 친잠례는 조선 전·후기를 합쳐 총 여덟 번 거행되었다. 친잠례는 성종 8년 3월 14일에 처음 거행되는데, 이 해에는 선잠제와 친잠례가 같은 날 거행되었다. 친잠례 거행 전날인 13일에는 국왕이 선잠제에 쓸 향과 축문을 친히 전하여52) 관리로 하여금 선잠제를 대행하게 하고, 다음날 중궁이 내·외명부를 거느리고 창덕궁 후원에 신축한 채상단에 나가 의식을 거행하였다.53) 친잠례는 왕비를 비롯하여 1품에서 3품까지의 내·외명부와 공주·옹주 및 모든 종재(宗宰)와 다섯 승지의 처가 참석하고, 그 밖에 상의(尙儀), 상궁(尙宮), 상기(尙記), 상전(尙傳), 상공(尙功), 전제(典製), 전빈(典賓) 등 내·외명부 대부분이 참여하는 대규모 행사였다.

친잠례에서 왕비는 채상의식만 거행하며, 누에에게 뽕잎을 먹이는 의식은 내명부가 수행하였다. 왕비는 채상단에 올라가 뽕나무 다섯 가지에서 뽕잎을 따고, 내·외명부 1품은 각각 일곱 가지에서 채취하며, 내·외명부 2·3품은 각각 아홉 가지에서 잎을 채취하였다. 채상이 끝난 후 왕비가 단을 내려오면 내·외명부가 잠실로 들어가 뽕잎을 누에에게 뿌려 한 박을 먹이는 순서로 진행되었다.54) 친잠의

---

52) 《성종실록》 권78 성종 8년 3월 13일(경진).
53) 《성종실록》 권78 성종 8년 3월 14일(신사).

표 1-2. 조선시대 선잠제 · 친잠례

왕 \ 거행일	선잠제 (연/월/일)	친잠례 (연/월/일)	주재자 및 기타 사항	
			주재 왕비	기타(연/월/일)
정종	2/3/4(己巳)			
세종	6/3/5(辛巳)			
	8/3/11(乙巳)			
	17/3/9(辛巳)			
	21/3/9(丁巳)			
세조	2/3/12(辛巳)			
	3/3/6(己巳)			
	4/3/9(丙申)			
	5/3/11(癸巳)			
	6/3/4(辛巳)			
	7/3/16(丁巳)			
	8/3/10(乙巳)			
성종	3/3/9(乙巳)			
	4/3/3(癸巳)			
	5/3/8(癸巳)			
	8/3/14(辛巳)	8/3/14(辛巳)	폐비윤씨	선잠 · 친잠을 같은 날 거행. 창덕궁 후원에 친잠단(親蠶壇) 신축(8/3/3)
	9/3/7(己巳)			
	11/3/1(辛巳)			
	24/3/16(辛巳)	24/3/21(丙戌)	정현왕후	창덕궁 후원 채상단에서 친잠
연산군	10/3/8(己巳)	10/3/27(戊子)	폐비신씨	친잠단 보축(補築)
중종	8/3/12(辛巳)	8/3/26(乙未)	장경왕후	경복궁에 친잠단 개축(8/2/11), 친잠습의(親蠶習儀; 8/3/14), 반견(頒繭; 8/4/28)
	20/3/10(己巳)			
	24/3/22(丁巳)	24/3/27(壬戌)	문정왕후	친잠단의 위치를 옮겨 신축 (24/2/2), 창덕궁에서 친잠.

명종	5/3/5(己巳)		
	7/3/11(癸巳)		
	8/3/17(癸巳)		
	9/3/5(乙巳)		
	10/3/10(乙巳)		
	12/3/4(丁巳)		
	14/3/9(辛巳)		
	17/3/9(癸巳)		
	20/3/8(乙巳)		
선조	5/3/1(丙戌)	의인왕후	의식절차 기록 없음
광해군			선잠제 거행. 친잠제는 물려 거행할 것을 명함(9/1/26)
			친잠일을 물려 거행할 것을 명함(10/3/6)
	12/4/20(丁卯)	문성군부인 유씨	선잠·친잠 뒤 술과 악공 하사를 명함(12/4/16)
현종	10/3/12(乙巳)		관리를 보내 선잠제 거행
영조	28/3/20(辛巳)		영조 28년 3월 6일(정묘)에 3월 20일로 연기함
영조	43/3/5(己巳) 43/3/10/(甲戌)	정순왕후	경복궁 강녕전 옛 터에서 친잠
	46/3/4(辛巳)		
	47/3/4(乙巳)		
	48/3/10(乙巳)		
정조	20/3/11(丁巳)		

* 출전 : 《조선왕조실록》

식을 마친 뒤에는 선잠제의 집사(執事)와 헌관(獻官) 및 예조당상(禮

曹堂上), 예조낭청(禮曹郎廳), 축단낭청(築壇郎廳) 등에게 주악(酒樂)과55) 아마(兒馬), 표피(豹皮) 등 하사품을 내렸다.56) 성종 24년에 또 한 차례 친잠례가 거행되는데, 이 해의 친잠은 사일(巳日)이 아닌 병술(丙戌)일에 거행되었다.57) 친잠일이 가까워졌는데도 뽕잎이 나지 않자 경기도에서 따서 올리게 하여58) 친잠례를 거행하였다.

〈표 1-2〉에서 볼 수 있듯이 성종 8년의 친잠례를 제외하고는 친잠례는 모두 사일(巳日)이 아닌 다른 날에 거행되었다. 이는 조선전기 친잠례가 단순히 의례적인 행사로 거행된 것이 아니라, 당시 조선의 기후와 환경적인 여건을 고려하면서 시행되고 있음을 의미하는 것이다. 즉 해마다 뽕잎이 피는 시기가 조금씩 다르기 때문에 친잠례 거행일을 고정시켜 놓지 않고 매년 선택적으로 조정하고 있었다. 이는 육잠(育蠶)의 모습을 왕비가 직접 보여줌으로써 백성들이 보고 배우도록 하는 데 친잠례의 목적이 있었음을 말해준다.

한편 성종대에는 궐내에 직기(織機)를 두고 명주 직조를 하게 하여 길쌈을 장려하였다. 즉

전교하기를, "《예기》(禮記)에 친경·친잠의 글이 있다. 친경은 자성(粢盛)을 이바지하는 것으로써, 지금 동쪽이나 서쪽의 적전이 이것이니 약간의 그 실상이 있다. 친잠은 의복을 마련하기 위해 하는 것인데,

---

54) 《성종실록》 권77 성종 8년 윤2월 27일(을축).
55) 《성종실록》 권78 성종 8년 3월 14일(신사).
56) 《성종실록》 권78 성종 8년 3월 15일(임오).
57) 《성종실록》 권275 성종 24년 3월 21일(병술).
58) 《성종실록》 권275 성종 24년 3월 12일(정축).

비록 그 의식이 있다 하여도 그 실상이 없으므로, 이제 내전에서 직조
하려고 하니, 베짜는 기구 각각 하나씩을 만들고, 또 직비(織婢)를 뽑
아서 들여보내도록 하라.” 하였다.59)

라고 하여 궐내 양잠의 수확물로 명주를 직조하게 하였다. 이와 같
이 성종대 친잠례는 의례적인 행사로 거행된 것이 아니라 직조까지
동반하는, 즉 의식과 실제가 겸비된 국가의례로 정착되고 있었다.
　이후 친잠례는 연산조에 한 번, 중종대에 두 번, 그리고 선조대에
한 번 거행되었다. 중종 8년에 거행된 친잠례는 미리 친잠습의를 두
번이나 할 정도로 신중을 기하였으며,60) 친잠례를 하고 난 뒤 내양
잠(內養蠶)의 생견(生繭)을 의정부·승정원에 하사[頒繭]하는 의식까
지 거행하였다.61) 이후 선조대에 친잠례가 한 번 시행된 뒤, 조선후
기에는 광해군 12년에 한 번, 그리고 영조 43년에 한 번 친잠례가 거
행되어 조선왕조 전 시기 동안 총 여덟 번의 친잠례가 거행되었
다.62) 조선전기에 여섯 번이나 친잠례가 거행된 것으로 보아 양잠의
중요성과 이를 활성화시키려는 조정의 의지가 컸음을 보여준다.
　전 근대사회에서 제도의 정비나 의례의 시행은 국가정책을 수립
하는 단계에서 큰 영향력을 발휘할 수 있다. 조선시대 여러 사전(祀

59) 《성종실록》 권292 성종 25년 7월 25일(신해).
60) 《중종실록》 권18 중종 8년 3월 14일(계미).
61) 《중종실록》 권18 중종 8년 4월 28일(병인).
62) 《국역 친경·친잠의궤(親耕·親蠶儀軌)》 해제(박소동 역, 1999, 민족문화추진회, 25～
　　26쪽)에서는 조선시대 친잠례가 성종대에 두 번, 중종대에 두 번, 선조·영조대 각각
　　한 번씩 총 여섯 번 거행되었다고 보았다. 그러나 《조선왕조실록》에 연산군대에 한
　　번, 광해군대에 한 번 거행된 기록이 있어, 총 여덟 번 거행되었음을 확인할 수 있다.

典) 가운데 유일하게 왕비가 의식의 주체가 된 의례가 친잠례였다. 친잠례는 비록 해마다 거행되지는 않았지만, 왕비가 몸소 의식을 수행함으로써 일반 백성들에게 권장하는 효과는 컸으리라 생각한다. 조선전기 선잠제의 정비와 친잠례의 거행은 농업과 아울러 주요 부업으로 양잠업이 부상하는 것과 밀접하게 관련이 있다. 또한 왕비가 주도하는 친잠례가 국가의 주요 의례로써 여러 차례 거행됨으로써 산업의 부분에서 양잠업의 비중이 증대되어 감을 확인할 수 있다.

2장_

15세기 권잠정책의 시행과 양잠업의 보급

2.1. 식상(植桑)정책의 추진과 잠실의 설치

2.1.1. 식상정책의 추진

조선왕조 개창 후 수립된 권농정책은 농업을 주산업으로 하면서 동시에 농가경제에 도움을 줄 수 있는 부업까지 고려한 것이었다. 부업 가운데 특히 의료작물의 권장 재배가 독려되었는데, 이는 생민(生民)의 기본 조건이 의식(衣食)의 생산이었고 근본이기 때문이었다.[1] 따라서 조정에서는 권농정책과 함께 삼[麻]·목화·뽕[桑]·모시풀[苧] 등 의료작물의 원료 재배를 권장하는 정책을 적극적으로 추진하였으며, 그 가운데 양잠 장려정책이 활발히 시행되었다.

조선 초기에 양잠업을 권장하기 위하여 가장 우선적으로 시행해야 할 사안은 바로 식상(植桑), 즉 뽕나무 심기였다. 양잠업에서 가

---

1) 이경식, 1998, 《조선전기토지제도사연구Ⅱ—농업경영과 지주제》, 지식산업사, 507쪽.

장 중요하였던 것이 바로 뽕잎의 안정적인 공급이기 때문이다. 양잠의 원료인 뽕나무가 중요하였기 때문에 뽕나무 심기 권장 여부는 수령의 포폄(褒貶)과 고과(考課)의 대상에 포함되었다.[2] 수령의 평가 기준이 되는 칠사(七事)의 한 조항으로 뽕나무 심기에 관한 내용이 첨가되었던 것이다.[3]

조선 초기 본격적인 식상정책은 태종조에 시행되었다. 밭과 들을 모두 개간하여 뽕나무와 삼[麻]으로 들판을 덮게 하자는 제안을[4] 시작으로 하여 본격적으로 식상정책이 추진되었다. 뽕나무 심기를 독려하기 위하여 뽕나무와 삼을 심지 않는 사람에게 이포(里布)를 부과하는 주례(周禮)를 참조하기도 하고,[5] 명령을 따르지 않는 사람에게는 10그루에 저화(楮貨) 한 장을 벌금으로 물리는 방법이 제안되기도 하였다.[6]

뽕나무 심기를 권장하는 일은 전국적으로 시행되었다. 농상전문가를 도안무사(都按撫使)로 임명해 각지로 파견하였다. 경기・충청도에는 우희열(禹希烈)이 파견되었고, 전라도・경상도에는 이은(李殷)이, 황해도・평안도에는 한옹(韓雍)이 각각 농상전문가로 파견되었다.[7]

태종 16년에 국영 잠실이 설치되고 공상(公桑) 잠실법이 수립되면

---

2) 《태종실록》 권12 태종 6년 12월 20일(을사).
3) 《경국대전》 권1 이전 고과.
4) 《태종실록》 권17 태종 9년 1월 28일(신미).
5) 《태종실록》 권20 태종 10년 11월 21일(계미).
6) 《태종실록》 권20 태종 10년 11월 26일(무자).
7) 《태종실록》 권28 태종 14년 11월 20일(기미), 12월 6일(을해).

서 이에 근거해 본격적인 식상(植桑) 정책이 전개되었다. 공상 잠실 법은 각 도 각 고을에서 뽕나무를 베어내고 밭을 경작하는 자가 있으면 징계하고, 또 감사로 하여금 종상(種桑)의 명령을 독촉하게 하여서 출척(黜陟)의 근거로 삼게 하는 규정이었다.8)

한편 주나라의 공상제도를 본떠 궁궐에도 뽕나무를 심게 하여9) 공상림(公桑林) 조성에도 주력하였다. 그 결과 세종대에는 경복궁에는 3,590그루, 창덕궁에는 1천여 그루의 뽕나무가 조성되었고, 이를 토대로 궐내 잠실에서도 양잠이 활발하게 되었다.10) 공상림은 한강의 율도(栗島; 마포 남쪽의 밤섬)에도 조성이 되었다. 율도는 원래 뽕나무가 자라기 좋은 지역으로 세종대에 이미 8,280그루의 뽕나무가 자라고 있었으며,11) 문종대에 이르러서는 본격적으로 뽕 재배단지로 조성이 되었다.12)

조선 초기에 공상은 주로 유휴지에다 심었다. 즉 뽕나무 재배를 위한 지목(地目)을 따로 설정한 것이 아니고, 각 도 산간의 빈 땅에 산뽕[山桑]을 심게 하는 것이었다.13) 그러나 각 지역의 잠실이 번창하고 민간에서 양잠이 활발해짐에 따라 점차 체계적인 식상정책이 추진되었다. 즉 오디를 심어 그 묘목을 밭에 옮겨 심게 하는 방법을 취한 것이다.14) 이는 유휴지를 골라서 뽕나무를 심던 초기의 식상정

---

8)《태종실록》권31 태종 16년 2월 24일(정해).

9)《태종실록》권17 태종 9년 3월 1일(갑진).

10)《세종실록》권19 세종 5년 2월 16일(정묘).

11)《세종실록》권19 세종 5년 2월 16일(정묘).

12)《문종실록》권7 문종 원년 4월 21일(기축).

13)《태종실록》권32 태종 16년 8월 5일(갑자).

14)《문종실록》권6 문종 원년 3월 17일(병진).

책에서 한걸음 나아간 것으로, 좀 더 치밀하게 종상 정책이 추진되고 있음을 보여주는 것이다.[15] 아울러 뽕나무의 관리 또한 철저하였다. 각지의 수령은 부임지의 뽕나무 변동숫자를 해유(解由)시 반드시 기재해야 하였으며,[16] 모든 뽕나무는 호조에 의해 관리되었다.[17]

조선전기 식상정책에 대한 국가의 의지는 세조대에 반포된 〈양잠조건〉에[18] 구체적으로 반영되었다. 〈양잠조건〉은 총 9개조로 구성되었는데, 전국 각지의 뽕나무 재식 및 관리에 대한 것이 주요 내용이었다. 그 가운데 뽕나무와 관련이 있는 조항은 모두 5개조인데, 차례로 살펴보면 다음과 같다.

一. 금년부터 오디 2, 3말[斗]씩 따서 묘종을 하였다가, 그것이 자라면 경내(境內)의 길가나 관사(官舍)나 창고의 담 밑, 과원(菓園)과 저전(楮田), 또는 적당한 빈 땅에 옮겨 심도록 하고, 그루 수를 호조에 보고한다.

一. 뽕나무가 없는 여러 고을에는 금년부터 뽕나무를 심게 하고 2, 3년을 기다렸다가 무성해진 뒤에 누에 종자를 나누어 보낸다.

一. 금년부터 평안도·함길도에 뽕나무를 심게 하고 2, 3년을 기다렸다가 뽕나무가 자란 뒤에 누에종자를 나누어 보낸다.

一. 각 고을에서는 해마다 심은 뽕나무의 수량을 호조에 보고한다.

一. 민간에서는 대호(大戶)는 뽕나무 300그루, 중호(中戶)는 200그루, 소호(小戶)는 100그루를 심되, 이를 따르지 않은 가장(家

---

15) 한춘순, 1995, 〈조선초기 잠상정책에 대한 고찰〉, 《경희사학》 19, 144쪽.
16) 《세종실록》 권38 세종 9년 12월 14일(정묘).
17) 《문종실록》 권6 문종 원년 3월 17일(병진).
18) 《세조실록》 권16 세조 5년 6월 28일(무인).

長)과 수령(守令)을 처벌한다.

이처럼 세조대에 마련된 〈양잠조건〉에는 식상을 적극 권장하는 내용을 포함하여 평지에 뽕나무를 심게 하는 내용도 담겨 있었다. 또한 뽕나무의 주수(株數)를 호조에 보고함으로써 지속적인 관리가 이루어지게 하였다. 세조대에 마련된 각 호등제에 따른 상목재식(桑木栽植) 규정은 이후 《경국대전》에 명문화되었다.19) 뽕나무와 관련된 조항 외의 나머지 4개의 조항은 잠종관리와 공잠(公蠶)의 사육량, 민폐 금지, 실적 우수자에 대한 포상 등에 관한 내용이다.

상목재식에 관한 규정은 성종대에 다시 마련되었다. 세조대에 반포된 〈양잠조건〉이 전국 각지의 농가를 대상으로 한 것임에 비해, 성종대에 반포된 〈상목배양절목〉은 경중(京中) 잠실의 뽕나무 공급을 위한 공상림의 확대에 힘을 기울인 것이었다. 성종대의 절목은 총 5개조인데, 그 가운데 공상림 조성에 대한 내용이 3개조이며, 나머지 2개조는 외방(外方)의 뽕나무 관리에 대한 내용이다. 절목의 내용은 다음과 같다.

一. 낙천정·연희궁 부근에 뽕나무를 더 심게 하고, 나무를 세어서 민가에 주어 보호하게 하며, 이를 잠실의 내관과 분상의원(分尚衣院)의 관원이 관리하도록 한다.
一. 여러 관사로 하여금 뽕묘목[稚桑]을 심게 하고, 또 잠실로 하여

19) 《경국대전》 권6 공전 재식조. "蠶室都會處 種桑培養 民戶並令種桑 大戶三百株 中戶 二百株 小戶一百株 守令檢察培養…."

금 오디를 따서 땅에 파종하게 하고, 심은 나무 수의 다소에 따라 승부를 가리고 상벌을 행한다.

一. 율도 안의 봉상시 등 모든 관사의 밭 가운데에 자생한 뽕나무를 베어서 돋은 싹을 정성껏 기르고, 만일 소홀히 하는 관리가 있으면 율에 의해 논죄한다.

一. 3등호제에 의거하여 심은 뽕나무의 숫자를 적간(摘奸)하여 허위로 보고한 자가 있으면 해당 수령 등을 처벌한다.

一. 여러 도의 도회잠실 부근에 뽕나무를 심게 하고 뽕잎을 민간에서 취하는 수령은 적간하여 파출한다.[20]

이와 같은 내용의 절목을 반포한 뒤 더욱 철저한 관리를 위하여 각 관청 소유의 공상은 사산(四山)의 예에 의해 관리하는 군인을 보낼 것을 지시하였다.[21] 그 결과 15세기 말엽이 되면 궐내에 많은 공상림이 조성되고, 율도 및 삼전도, 저자도, 원단동 근처에 대규모의 공상림이 조성되었다.[22] 뿐만 아니라 민간에서도 뽕나무 심기가 활발해 뽕밭을 소유하고 뽕나무를 재배하는 사람들도 점차 증가하였다. 잠실관원들이 여항(閭巷)의 뽕밭에 출입하여 뽕을 따 민폐를 초래하고 있다는 지적이 보이며[23] 대규모 뽕밭을 소유한 사람도 등장하였다.[24] 이는 밭두둑이나 담장 밑이나 빈 터와 같은 유휴지에 뽕

---

20) 《성종실록》 권15 성종 3년 2월 11일(무인).
21) 《성종실록》 권18 성종 3년 5월 17일(계축).
22) 이의명, 1985, 〈15·16세기 양잠의 발달과 권잠정책〉, 《육사논문집》 29, 232쪽.
23) 《세조실록》 권28 세조 8년 4월 18일(계미).
24) 《연산군일기》 권39 연산군 6년 11월 11일(신유). "永應大君夫人宋氏 獻楊洲石島桑田七結 命賜米八十碩."

나무를 심는 것이 아니라, 뽕나무만을 심기 위한 뽕밭[桑田]을 소유한 민가가 나타나고 있음을 보여준다. 뽕밭을 소유하고 양잠을 경영할 경우에는 안정적인 뽕잎 공급이 이루어져 좀 더 쉽게 양잠업에 종사할 수 있었을 것이다.

따라서 예전에는 경중(京中)의 거실(巨室)에서 다만 서너 집이 양잠을 하였는데, 이제는 거실뿐 아니라 필부(匹婦)와 소점(小店)에서도 모두 양잠을 해 뽕잎이 귀해지자 뽕나무를 심어서 이익을 얻는 사람이 많아지게 되었다.[25] 이처럼 조선 초기 이래 적극적인 식상정책의 추진으로 독립된 지목(地目)으로 뽕밭이 형성되고 민간에서도 점차 가상(家桑)재배가 활발해지기 시작하였다.

2.1.2. 잠실의 설치와 운영

‘잠실’은 누에를 치는 장소를 의미하며 그 용어는 《예기》 제의편의 ‘3월 초하루에 천자의 세 부인과 제후의 여관(女官) 가운데에서 길한 자를 가려 잠실에 들어간다’는 구절에 보인다. 또 ‘옛부터 천자와 제후는 공상과 잠실을 갖고 있는데, 이를 개울 가까운 곳에 만들되 궁의 높이를 한 길과 3척 정도 되게 쌓고, 가시담을 둘러 밖으로 잠그게 하였다’는 구절에서도 찾아볼 수 있다. 잠실은 국왕이 권농의 모범을 보이기 위하여 적전(籍田)을 설치하고 운영하는 취지와 같은 목적에서 설치되었다. 따라서 조선시대 잠실은 왕비의 친잠의식을

---

25) 《慵齋叢話》 卷10, “古者京中巨室 只三四家養蠶 今則非徒巨室 雖匹婦小店 無不養
蠶 桑葉極貴 多有種桑獲利者.”(민족문화추진회 역, 1974, 《국역 대동야승》, 240쪽)

위해 설치된 궐내잠실과, 각지에 양잠을 보급시키고 권장하려는 목적에서 설치된 도회잠실 두 가지로 구성된다. 일반적으로 통칭하는 잠실은 바로 각 지방에 설치된 도회잠실을 의미한다.

1) 도회잠실의 설치와 운영

① 도회잠실의 설치

농상은 의식과 왕정의 근본이자 생민(生民)의 근본으로 인식되고 있었으므로, 선초부터 조정에서는 양잠업을 확산시키려는 노력을 전개하였다. 농상에 밝은 사람을 도안무사(都安撫使)로 파견하여 양잠을 권장하고,[26] 체계적인 양잠 보급을 위하여 각지에 국립 양잠소격인 잠실을 설치하였다. 이처럼 잠실을 설치하는 주된 이유는 백성들에게 양잠을 권장하기 위해서였으며, 또 다른 이유는 세공(歲貢)의 안정적 수취를 위해서였다. 따라서 모든 농가에서 양잠하는 법을 익힌 뒤에는 폐지하는 것을 원칙으로 삼았다.[27]

잠실을 설치하기에 적당한 지역은 원료인 뽕나무 재배가 잘 되고 인력을 쉽게 동원할 수 있는 곳이어야 하였다. 따라서 이러한 조건을 갖추었다고 생각되는 지역에 관리를 파견해 사전 조사를 하게 하였다. 태종은 이적(李迹)에게 잠실 설치에 적당한 곳을 선정하게 하였는데, 이적은 경기도 양근·가평 등지를 둘러본 뒤 그곳에 잠실을 설치할 것을 아뢰었다. 그리고 곧이어 중국의 누에씨를 구하여 본격적으로 시범잠실을 운영하였다.[28]

---

26) 《태종실록》 권28 태종 14년 11월 20일(기미).
27) 《태종실록》 권33 태종 17년 윤5월 17일(임신).

시범잠실이 운영된 첫 해에는 이적을 채방사(採訪使)로 임명하여 가평의 속현인 조종(朝宗)에서 양잠하게 하였다. 채방별감(採訪別監)으로는 이사흠(李士欽)이 선발되어 양근의 속현 미원(迷原)에서 시험적으로 양잠을 하게 하였다.29) 가평의 조종잠실에서는 생고치[生繭] 98석 10말과 명주실[絲] 22근, 잠종지[種連]30) 200장을 거두고, 양근의 미원잠실에서는 고치[熟繭] 24석, 명주실 10근, 그리고 잠종지 140장을 거두었다.31) 이를 말[斗]로 환산해보면, 가평 조종잠실에서는 고치 1,480말, 양근의 미원잠실에서는 고치 360말을 생산한 것이다.32) 또한 두 군데의 잠실에서 잠종지 총 340장을 거두어, 이후 각 지역의 잠실에 배포할 누에씨(蠶種)를 확보하는 성과도 있었다. 이처럼 시험적으로 설치 운영한 잠실에서 대량의 고치와 누에씨를 생산하게 되자 전국 각지에 잠실을 설치하기 시작하였다.

그런데 잠실의 설치시기를 놓고 여러 의견이 제기되었다. 이적(李迹)은 양잠은 예로부터 행해졌으나 그 법을 제대로 알지 못해 효과가 적으므로 효율적으로 양잠에 종사하게 하는 법의 마련이 절실하다고 생각하였다. 그리고 그 한 방법으로 잠실을 각지에 설치해 양잠의 요령을 가르치는 것이 필요하다고 보았다. 즉 잠실을 설치하되 아직 뽕나무가 충분하지 않은 점을 고려해 일차적으로는 들과 산의

---

28) 《태종실록》 권30 태종 15년 12월 10일(계유).
29) 《태종실록》 권30 태종 15년 12월 10일(계유).
30) 종련(種連)은 '잠종지'(蠶種紙), '잠란지'(蠶卵紙)라고도 부르며, 누에나방이 알을 낳아 놓은 종이를 의미한다.
31) 《태종실록》 권31 태종 16년 5월 26일(정사).
32) 1석(石)은 15말[斗]로 계산하였다.

뽕나무를 이용해 양잠하고, 그 다음 천천히 양잠의 확대를 시도하려고 생각하였던 것이다.[33]

잠실 설치에 더 신중하자는 의견도 제기되었는데, 만약 산뽕나무가 울창한 땅에 잠실을 설치한다면 공상 조달을 우선적으로 내세워 백성의 이익을 빼앗을 염려가 있으니, 기존의 산뽕을 이용하지 말고 유휴지에 뽕나무를 심어 무성해지기를 기다리자는 것이었다.[34] 즉 뽕나무가 경제수령에 이를 때까지 기다려 잠실을 설치해야 한다는 의견이었다. 양잠업의 성패는 바로 안정적으로 뽕잎을 공급할 수 있는지 여부에 좌우되기 때문에 갑작스런 잠실 설치는 오히려 민폐를 가중시킬 수 있다는 생각에서였다.

일반적으로 뽕나무는 심은 뒤 2, 3년이 지나야 비로소 누에에게 먹일 수 있고[35] 경제수령에 이르기까지에는 3년에서 5년의 기간이 필요하다.[36] 따라서 뽕나무의 성장을 기다려 잠실을 설치하는 것이 옳았으나, 태종은 각 도에 뽕나무를 심으라는 명을 내림으로써[37] 뽕나무 문제를 해결하고, 바로 이듬해에 각지에 잠실의 설치를 명하였다.

따라서 함경도와 평안도·강원도를 제외한 개성·가평·청풍·의성·수안·태인 등 6개 지역에 도회잠실이[38] 설치되었다.[39] 잠

---

33) 《태종실록》 권31 태종 16년 2월 24일(정해).
34) 《태종실록》 권32 태종 16년 8월 5일(갑자), 태종 16년 12월 23일(경진).
35) 《세조실록》 권16 세조 5년 6월 28일(무인).
36) 《蠶絲會史 二十五年史》, 1971, 대한잠사회, 47쪽.
37) 《태종실록》 권32 태종 16년 8월 5일(갑자).
38) 도회잠실은 각 도에 설치된 잠실을 지칭하는 용어다.(《경국대전》 권2 호전 잠실조)
그런데 정극인(丁克仁; 1401~1481)의 《불우헌집》(不憂軒集; 卷2 致仕後陳弊疏.

실의 감독관으로 개성부에는 미원잠실에서 양잠한 경험이 있는 내섬소윤(內贍少尹) 이사흠(李士欽)이, 경기도 가평에는 전 풍저창사 이문간(李文幹)이, 충청도 청풍에는 내자소윤 오을제(吳乙濟)가, 경상도 의성에는 전 사재주부 배소(裵素)가 파견되었다. 또한 황해도 수안에는 전 사재소감 서계릉(徐係稜)을, 전라도 태인에는 전 경력 유익지(柳翼之)를 보냈다. 그 뒤 세종대에 강원도 홍천에 잠실이 설치되고,[40] 이어 평안도와 함경도에도 잠실이 설치되었다.[41]

그러면 도회잠실이 설치된 지역의 환경조건에 대해 살펴보기로 하자. 이들 지역의 자연환경 조건 및 농업 수준, 거주민수와 호구수, 농업 인구밀도 등을 고찰해 본다면 국가가 도회잠실을 설치한 의도에 대해 파악할 수 있을 것이다.

"各道都蠶室廢立形止 則臣未之知也 姑以泰仁縣都蠶室之事 觀之 革之已久 桑木老朽殆盡 桑田盡爲民田 已入於量田之案 民資以生久矣 今辛卯年爲始 復立都蠶室…";《한국문집총간》9집, 30쪽)에는 '도잠실'(都蠶室)로 지칭되는 것으로 보아 도잠실로도 불렸음을 알 수 있다.

39)《태종실록》권33 태종 17년 1월 11일(무술).

40)《세종실록》권153 지리지 강원도 홍천현 조를 보면 "잠실이 현 동쪽 10리쯤 되는 예곡(曳谷)에 있다"고 기록되어 있어 강원도 홍천에 잠실이 설치되었음을 확인할 수 있다.

41) 평안도 잠실은 전국 각 도에 잠실이 설치되는 시기인 세종대에 설치된 것으로 보인다.《세종실록지리지》에는 잠실에 대한 기록이 없는 것으로 보아 세종 14년 이후에 설치된 것으로 생각된다.《조선왕조실록》성종조 기사에 평안도 잠실에 대한 내용이 언급되어 성종 15년 이전에 잠실이 설치 운영되고 있음을 확인할 수 있다.[《성종실록》권167 성종 15년 6월 19일(갑술) 참조] 한편 함경도는 토지가 척박하여 뽕나무 재배가 적합한 지역이 아니라는 생각에서 초기에는 잠실을 설치하지 않았다. 그러나 세조 5년에 〈양잠조건〉을 반포하면서 양계(兩界) 지역에 뽕나무를 심게 하고 관찰사가 잠종지를 받아간 사실이 있는 것으로 보아, 각 도에 잠실이 설치되는 세종대나 각 읍 단위로 확대되는 단종대에 잠실이 설치되었을 가능성이 크다.[《세조실록》권16 세조5년 6월 28일(무인) 참조]

아래 〈표 2-1〉은 잠실이 설치된 각 지역의 토질 및 풍속·토질에 적합한 의료작물·전결수(田結數)를 정리한 것이다.

표 2-1. 잠실이 설치된 각 지역의 환경 조건

지역	토질 및 풍속	토질에 적합한 의료작물	전결수(수전비율)	호당 평균인구 (단위/명)	
				평균	도 평균
개성부			간전 5,357(수전 3/10)	1.83	3.06
양근	土墳山峻早寒	桑·麻	간전 4,343(수전 1/6)	4.34	2.41
가평	土墳山峻早寒	桑·麻	간전 3,057(수전 123)	3.42	2.41
청풍	土墳風氣寒	桑·柘	간전 1,955(수전 135)	3.43	4.17
의성	土墳風氣寒	桑·麻	간전 5,068(수전 1/5↓)	3.06	4.10
수안	土墳風氣多寒 俗務蠶桑		간전 6,987(수전 56)	3.48	3.06
태인	土肥墳牛之	桑·麻·苧	간전 5,304(수전 1/2↑)	6.17	3.96
홍천	土墳多 風氣寒多	桑·麻	간전 5,579(수전 148)	2.74	2.64

1) 출전 : 《세종실록지리지》
2) 참고 : ↑,↓는 각각 더 많음, 더 적음을 의미함.
3) 호당 평균구수는 인구수÷호수로 계산하였다.(〈부록 표 1〉 참조)

잠실이 설치된 개성부는 고려왕조의 수도였으며, 조선조에 들어서는 개성 유후사로 개칭되어 유후·부유후의 관원이 배치되었던 곳이다.[42] 조선시대에 개성은 한양과 더불어 양경(兩京)·양도(兩都)로 불렸으며, 관직의 분설(分設)과 방민(坊民)의 통솔을 한양과 같이 하는 관부였다.[43] 그러나 개성부는 농업환경이 그다지 좋지 못

---

42) 《태조실록》 권7 태조 4년 6월 13일(을해)
43) 박평식, 1998, 〈조선전기의 개성상업과 개성상인〉, 《한국사연구》 102, 185쪽. 개성의 유수부 경영에 대해서는 이존희, 1990, 〈유수부의 경영〉, 《조선시대 지방행정

한 지역이었다. 〈표 2-1〉에서도 보이듯이 간전(墾田)은 총 5,357결이었고, 그 가운데 수전(水田)이 10분의 3을 차지하고 있었다. 개성은 인구는 많으나 경지면적이 많지 않아 주민들은 농업보다는 상업으로 생계를 유지하는 전형적인 상업도시였다.44) 따라서 유통경제와 밀접히 연관되어 있는 의료작물을 재배하여 생계를 꾸려 나가는 것이 유리하였을 것이다. 개성에서는 명주의 유통이 매우 활발하였는데, 개성의 백주전(白紬廛)은 400여 년의 역사를 가진 4대전(四大廛)의 하나로 손꼽혔다.45)

잠실이 설치된 경기도 양근군은 토질이 뽕과 삼 재배에 적당하였으며, 간전면적에서 수전의 비율은 6분의 1로 상당히 낮았다. 가평현도 토지가 척박하고 산이 높으며 추위가 일찍 찾아오는 자연조건을 가지고 있었다. 가평현의 수전 면적은 겨우 123결에 불과하였다. 충청도 청풍이나 황해도 수안 지역 역시 상황은 이와 비슷하여, 토지는 척박하고 수전면적이 아주 적어 각각 135결·56결밖에 되지 않았다. 잠실이 설치된 각 지역은 전라도 태인 지역만 빼고는 모두 토지가 척박하였으며, 간전 결수에서 수전이 차지하는 비율이 상당히 낮았다. 반면에 호당 평균 인구수는 대체로 높은 지역이었다.46)

제도연구》, 일지사 참조

44) 박평식, 2004, 〈조선전기 개성상인의 상업활동〉,《조선시대사학보》30, 65쪽.

45)《松營日記》乙卯[철종6(1855) 6月 初3日], "廛民金仁咸所告內 白紬廛 卽本府四百年久遠四廛之一也."[박평식, 앞의 글(1998), 186쪽에서 재인용]

46)《세종실록지리지》에 실려 있는 인구수는 전체 인구수가 아니라 남정(男丁)의 수만 표기한 것이라는 점을 고려해 본다면 각 지역의 평균 구수(口數)는 훨씬 더 높아질 것이다.

따라서 농사에만 매달려서는 민생의 안정이 불가능할 것으로 보이는 지역들이었다. 농업 말고 다양한 산업에 종사해야 생계를 유지할 수 있는 지역이었다. 이들 지역은 대체적으로 풍부한 노동력을 갖추고 있었고 뽕나무 재배가 잘 되는 지역이었기 때문에, 그러한 환경을 지닌 지역을 중심으로 잠실이 설치, 운영되었던 것으로 보인다.47)

이처럼 태종대에는 잠실 설립에 대한 기본방침이 정해지고, 함경도와 평안도, 강원도를 제외한 6개 지역에 잠실이 설치되어 본격적으로 양잠이 보급되었다. 잠실을 통해서 최신 양잠법과 기술 보급,48) 우량 잠종 배포,49) 오디[桑椹]의 채취와 보급, 뽕나무 관리법 등이 전수되었다.

세종대에 이르러서 잠실은 전국에 하나씩 설치되었으며, 단종대에는 각 도의 도회잠실은 폐지되고 잠실이 각 읍 단위로 확대된다.50) 세조대에 이르러서도 읍 단위의 잠실은 그대로 유지되어 잠실

---

47) 그런데 모든 잠실이 양잠의 적지에 설치된 것은 아니었다. 잠실의 적지 선정에 신중을 기하였음에도 자연환경이 양잠업에 적당하지 않은 곳도 있었다. 충청도 청풍 잠실이 그 대표적 예인데, 청풍 지역은 뽕나무를 심은 지 몇 년이 지나도 잘 자라지 않아, 공상(公桑) 부족 현상이 심각하였다. 청풍잠실은 공상의 부족으로 인해 민폐를 끼치는 대표적인 잠실로 언급되고 있었다.[《세종실록》 권7 세종 2년 윤1월 29일(무술), 세종 13년 3월 21일(을유)]
48) 《태종실록》 권31 태종 16년 2월 24일(정해).
49) 잠종 배포는 주로 지방 잠실을 대상으로 이루어졌다.[《성종실록》 권8 성종 원년 12월 25일(무진)] 잠실에서 일반 민가에 잠종을 보급한 예를 《조선왕조실록》에서는 찾아볼 수 없다. 그러나 잠실 설립 취지를 생각해 본다면 잠실에서 잠종을 개량하기도 하고 우량 잠종을 보관해 농가에 지급하였음을 추론해 볼 수 있다. 또한 대궐에서 신하들에게 잠종을 하사한 예는 세종조에 보인다.[《세종실록》 권51 세종 13년 2월 25일(경신), "賜蠶種于宗親及二品以上"]

의 수는 크게 늘어났다.51) 도(道) 단위의 보급정책에서 이제는 읍 단위로 확대되어 지역민과 훨씬 밀접한 상태에서 양잠업을 보급할 수 있게 된 것이다.

그런데 읍 단위의 잠실 설치는 긍정적인 결과만 가져온 것은 아니었다. 잠실의 숫자가 너무 많아짐에 따라 관리가 소홀해지고 민폐를 끼친다는 지적이 끊이지 않았던 것이다. 물론 각 도에 도회잠실을 설치할 때에도 잠실의 폐단은 지적되고 있었다. 당시 잠실의 폐단으로 주로 지적되었던 것은 민가의 뽕잎을 따는 폐단,52) 잠실 소요경비 조달과 수리의 어려움53) 등이었다. 관리들이 지역민들의 뽕잎을 따서 민폐를 끼치므로 잠실의 숫자를 대폭 축소하여 서울과 유후사 두 곳에만 두자는 의견도 제시되었다.54) 잠실의 숫자를 줄이자는 의견이 거듭 개진되자55) 세종조의 예에 따라서 각 도에 한 군데의 도회(都會)를 두어 시험해 보기로 결정하였다.56) 따라서 성종대 이후로는 각 도에 한 개씩 도회잠실을 두어 운영하였다. 이후 구황정책이 시행됨에 따라 경비 절감을 이유로 각 도의 잠실을 한시적으로 폐지하였으며,57) 성종 16년에는 잠정적으로 폐지하기로 결정하였

---

50) 《단종실록》 권12 단종 2년 9월 16일(갑자).
51) 《성종실록》 권8 성종 원년 12월 25일(무진).
52) 《세종실록》 권38 세종 9년 11월 7일(신묘); 《세조실록》 권28 세조 8년 4월 18일 (계미), 세조 14년 5월 23일(임오).
53) 《성종실록》 권52 성종 6년 2월 24일(계묘).
54) 《세종실록》 권32 세종 8년 4월 12일(을해).
55) 《성종실록》 권8 성종 원년 11월 25일(기해), 성종 원년 12월 24일(정묘).
56) 《성종실록》 권8 성종 원년 12월 25일(무진).
57) 《성종실록》 권131 성종 12년 7월 12일(을유).

다.58) 그 뒤 잠실은 연산군대에 다시 설치되었다가 폐지된 뒤, 중종 대에 이르러 다시 설치되었다.59)

② 조직과 운영

조선시대 잠실은 국가에서 양잠업을 권장하기 위해서 설립한 국립 모범 양잠소의60) 성격을 가진 기관인 동시에 양잠기술을 지도하는 기관이었다.61) 따라서 잠실에 파견된 관리들은 양잠에 경험이 있는 양잠 전문가들이었다. 다음 〈그림 2-1〉을 참고하여 도회잠실의 조직과 운영에 대해 살펴보기로 하자.

잠실 설립 초기에는 잠실을 감독하고 수확물을 거두어들일 목적으로 중앙에서 채방사를 파견하였다.62) 이들 채방사는 양잠에 적합한 지역을 선정하여 시험적으로 운영해 보고하는 임무를 맡았다. 잠실에서 성공적으로 수확물이 생산되자 다음 해에 각 지역의 잠실에 전·현직 관리를 파견하게 되었다.63) 그러면서 잠실 채방사 파견은 중지되고 이후 잠실에 대한 감독은 해당 고을 관찰사와 수령에게 맡겼다.64)

---

58) 《성종실록》 권181 성종 16년 7월 1일(기유).

59) 《중종실록》 권7 중종 4년 2월 20일(임오).

60) 이광린, 1965, 〈선초(鮮初)의 양잠업—특히 잠실을 중심으로〉, 《효성(曉城)조명기(趙明基)박사 화갑기념논총》, 634쪽.

61) 《세종실록》 권17 세종 4년 8월 1일(을유). "司諫院上疏曰… 一各處蠶室 專以導民 雖不可廢 當此歲歉 糜費亦多 乞擇農事稍實 一處使之留種 餘皆限年停罷… 上皆從之."

62) 《태종실록》 권31 태종 16년 5월 26일(정사).

63) 《태종실록》 권33 태종 17년 1월 11일(무술).

64) 《태종실록》 권33 태종 17년 윤5월 17일(임신); 《태종실록》 권34 태종 17년 10월 19일(신축).

그림 2-1. 도회잠실의 조직도

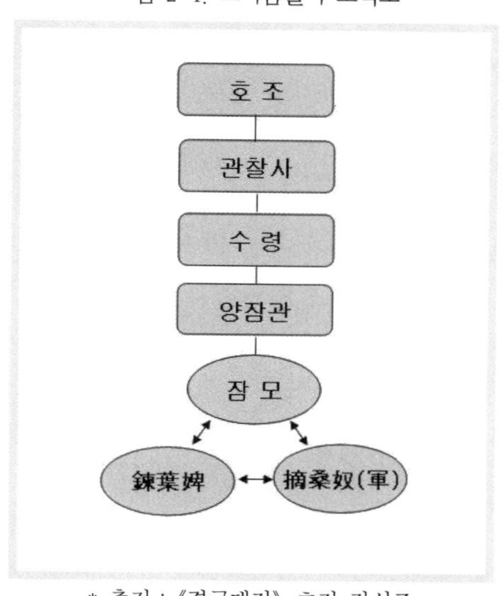

* 출전 : 《경국대전》 호전 잠실조

관찰사는 수령과 함께 잠실의 인력동원 및 제반사항을 책임지고 있었다. 수령 밑에는 각 지방에서 실제적으로 양잠을 관리하는 실무자를 두었는데, 이들은 전직관리나 지방 유력자인 한량으로 구성되며, 감고(監考)라 불렀다. 지방의 잠실제도가 정착되어 가면서 잠실 실무자는 점차 현직으로 임명되었다.65) 즉 직(職)이 있고 근근(勤謹)한 자 1명을 택하여 양잠관(養蠶官)으로 선정하고,66) 이들이 사역인들을 관리하여 운영하는 체제로 전환되어 간 것이다.

잠실에서 사역하는 인원은 대략 30명에서 40명 선에 이르렀던 것으로 보인다. 태종 16년에 시험적으로 운영된 조종잠실과 미원잠실

---

65) 이의명, 1991, 〈15 · 16세기 권잠정책과 그 성과〉, 《한국사론》 24, 107쪽.
66) 《경국대전》 권2 호전 잠실. "擇有職勤謹者一人 定爲養蠶官 守令考察."

에는 각각 40명,[67) 38명[68)의 인원이 배치되었고, 잠모(蠶母), 종비(從婢), 노자(奴子)로 구성되었다. 여성과 남성이 거의 같은 비율로 배치되었는데, 남노(男奴)들은 주로 적상(摘桑)의 일에 종사하였으며, 잠모와 종비는 사잠(飼蠶)과 연엽(鍊葉)의 일을 하였다. 이로 보아 도회잠실의 노동과정은 철저한 성별 분업에 기초하여 수행되었던 것 같다.[69)

잠실에 소속된 인원들은 설립 초기에는 지역민들로 충원되었다. 그러나 월료를 지불하지 않고 백성들을 데려다 사역시켜 민폐를 끼친다는 폐단이 제기되어 경중(京中)의 각사노비(各司奴婢)로 대체되었다. 이후 잠실에는 각사노비와 함께 혁거사사노비가 동원되었으며, 이들 노비 3정(三丁)을 1호(一戶)로 편성하여 양잠에 종사하게 하였다.[70) 잠실 소속 노비들은 양잠을 하는 대신에 잡역이 면제되었고,[71) 또 신공은 반공(半貢)으로 부과되었다가 전량 면제되었다.[72)

---

67) 《태종실록》 권31 태종 16년 2월 24일(정해).

68) 《태종실록》 권31 태종 16년 4월 1일(계해).

69) 향촌의 농가에서는 성별 분업보다는 대체적으로 유휴노동력을 이용하여 양잠이 이루어지고 있었다. 노동력을 쉽게 동원할 수 있는 농가에서는 남녀 성별 분업이 비교적 철저히 이루어진 반면에, 노동력 동원이 쉽지 않은 농가에서는 주로 유휴 노동력을 이용하여 양잠을 하였다. 노동력을 충분히 확보한 농가에서는 뽕잎을 따는[摘桑] 일은 남노(男奴)들이 담당한 반면에, 그렇지 못한 농가에서는 여성들이 뽕잎 따기, 잎 다듬기[鍊葉], 먹이주기[飼蠶] 등의 일을 모두 수행하였다. 여성들의 뽕잎 따는 광경을 묘사한 다음의 시가 참조된다.(丁壽崗, 《月軒集》 권1 蠶婦, "年年採桑苦 頭上只蒙巾 不知紈綺者 其肯念蠶人."; 《한국문집총간》 16집, 182쪽)

70) 《태종실록》 권32 태종 16년 8월 5일(갑자).

71) 《태종실록》 권33 태종 17년 5월 24일(기유).

72) 《세종실록》 권43 세종 11년 3월 10일(병진); 《성종실록》 권167 성종 15년 6월 19일(갑술).

각 지방 잠실의 양잠 실적에 대한 책임은 오로지 관찰사나 수령에게 있었다. 지방관들은 부임할 때 국왕을 알현한 자리에서 농상을 흥하게 할 것을 다짐하고 임지로 내려갔다.73) 조선 초기 권농정책 가운데 비중이 높았던 정책 가운데 하나가 바로 뽕나무 심기와 잠실 운영이었기 때문에,74) 잠실이 설치된 지역의 지방관으로 부임할 경우에 실적에 대한 부담은 클 수밖에 없었다.

> 시강으로 부절 나눠 받아간 지방은 천원(川原)이 겨우 사방 백 리이건만,
> 사람은 홍술(洪術)의 후예들이 많고 습속은 소문(召文)의 풍기를 띠었다오.
> 누에 농사를 어찌 서두를 것 있으랴. 작은 고을엔 공효를 거두기 쉬우리.
> 북루엔 아름다운 시구가 있으니 화답을 하자면 운이 응당 다하겠네.75)

이 시는 김종직(金宗直)이 잠실이 설치된 의성 지역으로 부임하는 벗에게 지어준 것이다. 누에농사를 잘 지어 공효를 이룰 것을 당부하는 내용으로 보아, 잠실이 설치된 지역에 부임하는 지방관에게 양잠업의 성패는 부담으로 작용할 수 있음을 짐작하게 한다.

조선 초기 권농행정은 수령들에게 권농사항을 지시하고 일임하는 것에 그치지 않고 감독과 처벌을 수반하고 있었다. 따라서 양잠의

---

73) 각 도에 잠실이 하나씩 설치되어 양잠의지가 고조된 세종대에는 지방관이 임지 부임 시에 국왕 앞에 나아가 수령칠사를 외우게 하고 정책에 대한 소견을 피력하게 하여 권농상 임무를 확고히 부여하였다.

74) 김용섭, 1984, 〈조선초기의 권농정책〉, 《동방학지》 42, 103쪽.

75) 金宗直, 《佔畢齋集》 詩集 卷20 送克己之任義城. "侍講分符地 川原僅一同 人多洪術裔 俗帶召文風 蠶課何須急 鷄刀易有功 北樓佳句在 酬詠韻應窮(金按部之岱及鄭圃隱詩在北樓 又縣有蠶室)."; 《한국문집총간》 12집, 364쪽.

실적은 곧바로 지방관의 고과에 반영되어 승진에 영향을 주었다. 감독은 평상시에는 중앙의 소관 관사가, 지방에서는 관찰사가 이를 담당하고, 경우에 따라서는 순찰사나 체찰사·경차관 등의 특사가 파견되기도 하였다. 관찰사는 감독자 입장이었으나 수령이 실농을 초래하였을 경우 감독 소홀로 문책과 처벌의 대상이 되었다.76) 양잠업은 다른 농작물과는 달리 3월에서 5월 사이 약 40여 일 동안 집중적으로 노력을 동원하면 큰 성과를 올릴 수 있는 산업이었다. 따라서 각 지역의 지방관들은 양잠업의 성과를 통해 자신의 행정력을 과시할 기회로 삼을 수 있었으며, 아울러 양잠 실적을 올려 좀 더 나은 관직으로의 진출을 모색할 수 있었다.

다음 〈표 2-2〉는 각 도 도회잠실의 인원과 생산량을 정리한 것이다. 지방관의 고과는 고치생산량에 따라 결정되었기 때문에 지방관들은 생산량의 증감에 민감하지 않을 수 없었다. 각 지방 잠실에서 생산한 고치[繭]와 명주실[絲]의 양이 정확히 기록되지 않아 생산량을 알기 힘들지만, 잠실에 배치된 인원과 잠실의 규모로 보면 비교적 많은 양을 생산하였던 것으로 보인다. 태인현 잠실에서 중앙에 진상하는 양이 고치 50말, 명주실 40근이었던 것으로 보아77) 다른 잠실도 이와 비슷한 양을 납부하였던 것으로 보인다. 가장 생산량이 많았던 잠실은 전라도 태인현 잠실로 세종대에 고치[生繭] 120여 섬을 생산하였다.78)

---

76) 김용섭, 앞의 글(1984), 104쪽.
77) 《성종실록》 권45 성종 5년 7월 29일(임오).
78) 생산량이 많아 양잠감고가 상직을 받기도 하였다.[《세종실록》 권36 세종 9년 5월 27

표 2-2. 조선전기 각 도 도회잠실의 인원과 생산량

잠실도회	소속 인원	규 모	뽕나무수	생산량	기 타
개성부				실(絲) 2근 12냥[8]	
경기 양근군	각사노비 38명[1]			고치[熟繭] 24석, 실[繰絲] 10근, 잠종지[種連] 140장[9]	
경기 가평현	각사노비 40명[2] 관노비 50명[3]		2만 그루[6]	고치[生繭] 98석 10말, 실 22근, 잠종지 200장[10]	
충청 청풍군			200여 그루[7]		
경상 의성현					
전라 태인현	노비 30명[4]	온돌 150칸 관아 200칸[5]		고치 120여 석[11]	고치 50말, 실 40근. 53개 고을에서 나누어 거두게 함[12]
황해 수안군					풍속-무잠상 (務蠶桑)[13]
강원 홍천현					

* 출전 : ① ②《태종실록》 권31 태종 16년 4월 1일(계해)
　　　　⑤《성종실록》 권52 성종 6년 2월 24일(계묘)
　　　　　《성종실록》 권53 성종 6년 3월 18일(정묘)
　　　　⑦《세종실록》 권51 세종 13년 3월 21일(을유)
　　　　⑧《문종실록》 권7 문종 원년 5월 26일(계해)
　　　　⑨ ⑩《태종실록》 권31 태종 16년 5월 26일(정사)
　　　　⑪《세종실록》 권36 세종 9년 5월 27일(갑인)
　　　　⑫《성종실록》 권45 성종 5년 7월 29일(임오)
　　　　③ ④ ⑥ ⑬은《세종실록지리지》

한편 개성부의 생산량은 매우 적어서 잠종지 19장에서 명주실 2

일(갑인)]

근 12냥이 생산되었다. 경잠실(京蠶室)의 경우 잠종지 1장에서 생산되는 명주실[眞絲]이 보통 5, 6근인 것에 비하면 너무 적은 양이었다. 따라서 개성부 유수는 생산량 부진의 이유에 대해 상세히 보고하라는 지시를 받기도 하였다.[79] 이처럼 지방의 각 잠실은 정해진 잠종지 수만큼 양잠을 하도록 규정되어 있었다. 잠종의 양은 그해 농사 형편과 뽕나무의 재배상태 등을 고려해 중앙에서 양을 규정하는 것이 상례였다. 잠실이 설립된 태종대에는 각 지역 잠실에서 잠종지 20여 장을 가지고 양잠을 하였으며,[80] 세종대에는 10장이 배정되었다.[81]

양잠의 생산량으로 수령의 고과를 결정하게 되자 상직(賞職)을 바라고 규정량 이상을 사육해서 민폐를 끼치는 폐단이 일어나기 시작하였다.[82] 이에 잠종지는 7장을 넘지 않도록 제한하기도 하였으며,[83] 이후 잠종지수는 10장으로 재조정하였다.[84] 그러나 잠종지 숫자를 줄이는 것이 잠실의 민폐 제거에 실질적인 도움을 주지 못하자, 잠실 도회를 폐지하고 그 배당량을 각 읍에 분정해 양잠을 하도록 하자는 의견이 제기되었다. 따라서 각 도의 도회잠실은 폐지되고 각 읍에 잠실이 설치되어 읍당 1장이나 2장씩 잠종을 길러 명주실[眞絲] 2근씩 바치게 하였다.[85] 이후 잠종지의 배정은 각 도 관찰사

79) 《문종실록》 권7 문종 원년 5월 26일(계해).
80) 《태종실록》 권32 태종 16년 8월 5일(갑자).
81) 《세종실록》 권38 세종 9년 10월 30일(갑신).
82) 《세종실록》 권38 세종 9년 11월 7일(신묘).
83) 《세종실록》 권38 세종 9년 11월 9일(계사).
84) 《단종실록》 권12 단종 2년 9월 16일(갑자).
85) 《단종실록》 권12 단종 2년 9월 16일(갑자).

에게 일임되었는데, 각 읍의 크고 작음과 인물의 다과를 고려해 관찰사가 잠종지 수를 결정하여 호조에 보고하면 이에 의거해 잠종지를 배정하였다.86)

〈표 2-2〉에서도 보이듯이 각 도회잠실의 생산량은 많은 차이가 있었다. 이는 각 지역에 배정된 잠종지 수와 뽕나무 수가 차이가 나기 때문이며,87) 그 지역 관리들의 양잠에 대한 태도와 밀접하게 관련이 있었다.

조선 초기부터 양잠 실적이 뛰어난 관리는 특별대우를 받았다. 제언(堤堰)과 양잠 분야에 능통하다 하여 태종대에 우희열은 우대를 받았고, 아들은 특별 서용되었다.88) 김보검(金寶劒)은 농상·제언과 과목(果木)을 심는 일에 부지런하다 하여 토관(土官)에 제수되었으며, 경직(京職) 서용을 보장받았다.89) 전라도 태인의 양잠감고 이효순(李孝順)은 다른 지역의 두 배나 되는 명주실과 고치를 생산하여 역승(驛丞)으로 임명되었으며,90) 박정(朴淨)은 고치 120여 섬을 생산한 공으로 서용되었다.91) 또 경상도 의성의 잠실감고 장영계는 고치생산량을 배로 늘린 공으로 서용되기도 하였다.92) 이들은 모두 양

---

86) 《세조실록》 권16 세조 5년 6월 28일(무인).
87) 표에서 보이듯이 가평군 잠실은 공상이 2만여 그루인 데 비해, 충청도 청풍 잠실은 200여 그루에 불과하였다.[《세종실록》 권51 세종 13년 3월 21일(을유)] 청풍군 잠실은 뽕나무의 절대적인 부족으로 인해 양잠의 실적이 별로 좋지 않았다.[《문종실록》 권9 문종 원년 9월 11일(병오)]
88) 《태종실록》 권30 태종 15년 12월 3일(병인).
89) 《세조실록》 권12 세조 4년 5월 3일(기축).
90) 《세종실록》 권20 세종 5년 5월 13일(임진).
91) 《세종실록》 권36 세종 9년 5월 27일(갑인).
92) 《세종실록》 권29 세종 7년 7월 3일(경오). 그런데 2년 뒤에 장영계는 수령을 꾀어

잠의 공 덕분에 실직(實職)에 서용되었던 것이다. 한편 누에를 치는 데 공이 있는 잠모에게도 상을 주는 등93) 잠실 사역인의 포상제도도 시행되고 있었다.

잠실의 생산량에 따른 상직제도의 운영은 이후에도 지속되었다. 세종 32년에 각 지방 잠실 관리의 근무 성적을 조사할 때 양잠의 다과로써 결정한다는 방침이 세워지고,94) 농상에 뛰어난 사람은 모두 서용한다는 방침은 유지되었다.95) 이와 같은 양잠 실적에 따른 포상제도의 운영은 고치의 생산량을 늘리고 양잠업의 활성화에 크게 기여하였다. 그러나 경직된 포상제도의 운영이 양잠업의 활성화에 반드시 긍정적인 결과만 가져온 것은 아니었다. 잠실끼리의 경쟁을 통해 양잠업을 활성화시키고 보급시키려 하였던 원래의 취지는 사라지고, 민폐를 끼치는 기관으로 점차 변질되었다. 따라서 성종 16년에는 민폐와 흉년을 이유로 잠실은 한시적으로 폐지되기에 이르렀다.96) 경직된 포상제도를 활용한 잠실제도의 운영은 결국 잠실폐지론을 야기한 것이다.

잠종지 수를 멋대로 더 받아 양잠을 한 사실이 탄로나 곤장 80대의 형을 받게 된다. [《세종실록》 권38 세종 9년 10월 30일(갑신)]

93) 《단종실록》 권12 단종 2년 9월 16일(갑자).

94) 《세종실록》 권127 세종 32년 윤1월 16일(신유).

95) 《세조실록》 권10 세조 3년 11월 5일(을축).

96) 《성종실록》 권181 성종 16년 7월 1일(기유). 성종 16년에 잠실 폐지령이 내려졌지만 지방 잠실은 다음 해에도 운영되었던 듯하다. 잠실 폐지론에 대한 논의가 다시 등장하기 때문이다.[《성종실록》 권203 성종 18년 5월 19일(무오) 참조]

2) 경중잠실의 설치와 운영

① 궐내잠실과 경중잠실의 설치

조선 초기에는 선농제와 친잠례가 정비되어 시행되었으며, 적전과 궐내잠실이 설치되었다. 양잠업의 빠른 보급을 위해서는 잠실의 설치뿐 아니라 국왕과 왕비가 스스로 직접 농상에 참여해 모범을 보이는 것이 중요하였다. 따라서 조선전기에는 왕비의 주관 아래 여러 차례 친잠례가 거행되며 궐내잠실이 활발히 운영되었다.

〈표 2-3〉은 대궐 안에 설치된 잠실과 경중에 설치된 잠실에 대해 정리한 것이다.[97] 그러면 각 잠실의 설치시기에 대해서 살펴보기로 하자.

궐내잠실은 태종대에 처음 설치된 것으로 보인다.[98] 태종 9년(1409)에 주(周)의 공상(公桑)제도를 본떠 궁궐에 뽕나무를 심도록 명하고,[99] 궁궐에서 후궁으로 하여금 양잠을 하게 해 많은 소득이 있었다는 사실이[100] 이를 뒷받침해 준다. 즉 각 지방에 도회잠실이

---

97) 궐내잠실은 내잠실로도 약칭된다. 세종대 기록에 외잠실이라는 용어가 보이는데 이는 공간에 따른 분류로, 도성의 안과 밖을 의미하는 것이다. 궐내잠실과 도성 주위에 설치되어 운영된 잠실은 서울잠실[박경룡, 앞의 글(1985)], 중앙잠실[이의명, 앞의 글(1991)], 국중잠실[한춘순, 앞의 글(1995)]로 다양하게 불린다. 이 책에서는 여러 잠실들이 도성 주위에 설치되었으며, 도성 내외가 행정체계상 따로 분리되어 운영된 것이 아니었으므로[이존희, 1990, 《조선시대 지방행정제도연구》, 일지사, 237쪽] 경중잠실이라고 부르기로 하겠다.

98) 궐내잠실의 설치시기에 대해서 세조대[이광린, 앞의 글(1965), 636쪽]로 추측하기도 하고, 세종대[박경룡, 앞의 글(1985), 62쪽; 이의명, 앞의 글(1991), 108쪽] 또는 세종대 이전[한춘순, 앞의 글(1995), 149쪽]이라고 보기도 한다. 그런데 태종대에 궐내에 뽕나무를 심고 후궁으로 하여금 양잠을 하게 한 사실로 미루어 보아 태종대에 설치되었다고 보는 것이 옳을 듯하다.

99) 《태종실록》 권17 태종 9년 3월 1일(갑진).

표 2-3. 궐내잠실 및 경중잠실

명칭		설립 연대	위치	뽕나무수 및 뽕밭 위치	비 고	
궐내잠실		태종 17년	창덕궁	궐내공상 1,000여 그루 3,590 그루		
		세조 2년	경복궁 동궁			
경중 잠실	외(서)잠실	세종 초	연희궁	율도 8,280 그루 삼전도 뽕밭	내관 1명 증치(성종 3년 5월)	조관(朝官) 차견 (연산군 8년)
	동잠실	세조대	아차산			
	잠실	세종대	낙천정			
	신잠실	성종대	원단동	소속 뽕밭	중종 12년 8월 폐지	

* 출전 : 《조선왕조실록》

설치되는 태종대에 창덕궁에도 궐내잠실이 처음으로 설치된 듯하다.[101] 개성부와 황해도 수안의 잠실 채방부사였던 이사흠과 서계릉을 잠실별좌로 임명하여 감독하게 하고 잠종 21냥을 기르게 한 것을 보면,[102] 궐내잠실의 양잠은 매우 전문적이고 대규모였던 듯하다. 이후 경복궁에도 잠실이 설치되어 본격적으로 대궐에서 양잠이 시작되었다. 대궐 안의 양잠은 세종대에 이르러 본격화되어 경복궁·창덕궁 두 잠실에서 각기 누에 종자 21냥을 길렀다.[103] 이처럼 세종 초에 경복궁·창덕궁 두 궁궐에 이미 뽕나무가 조성되어 양잠

100) 《태종실록》 권33 태종 17년 5월 24일(기유).
101) 태종은 즉위 후 한양으로 천도할 것을 정하고 이궁[창덕궁]을 짓도록 명하였다. 환도 후 태종은 정궁인 경복궁을 놓아두고 이궁인 창덕궁에 주로 머물며 정사를 돌보았다. 따라서 처음 내잠실이 설치된 곳은 창덕궁일 가능성이 크다.(궁궐의 역사에 대해서는 홍순민, 1999, 《우리 궁궐 이야기》, 청년사 참조)
102) 《태종실록》 권33 태종 17년 1월 11일(무술).
103) 《세종실록》 권19 세종 5년 2월 16일(정묘).

을 하고 있었다. 그 뒤 궐내잠실은 일시적으로 폐지되어104) 외잠실에 소속되었다가 단종대에 복구되었다.105)

경중잠실은 연희궁・아차산・낙천정에 설치되었다. 이 세 잠실 가운데 가장 먼저 사료에 나타나는 것은 연희궁 잠실이다. 연희궁은 태종이 세종에게 왕위를 물려준 뒤 머물던 이궁으로 세종 2년(1420)에 낙성되었으며,106) 세종 7년(1425)부터 연희궁(衍禧宮)으로 불렸다.107) 연희궁 잠실은 외잠실로도 불렸으며108) 세종 초부터 잠실이 운영되었던 것으로 보인다.

승정원에 전지하기를, "누에와 뽕나무는 옛사람들이 소중히 여기는 바인데, 연희궁에서 기르는 잠종이 아직 적어서 경복궁・창덕궁의 두 궁내에 심은 뽕잎이 자라서 무성하기만 하고 따서 쓸 데가 없으니, 내년부터 잠종을 더 준비하여 두 곳에 나누어 기르게 하라." 하였다.109)

104) 《세종실록》 권52 세종 13년 4월 13일(정미).
105) 《단종실록》 권4 단종 즉위년 12월 17일(을사).
106) 《세종실록》 권10 세종 2년 11월 17일(신사).
107) 《세종실록》 권29 세종 7년 8월 30일(병신).
108) 외잠실이라는 명칭은 도성 안의 궐내잠실과 구별 짓기 위해 일시적으로 이름 붙인 듯하다. 넓은 의미에서 본다면 도성 밖에 설치된 아차산・낙천정・연희궁 잠실을 모두 외잠실로 볼 수 있을 것이다. 그러나 잠실이 아차산・낙천정에도 설치되고 또 신잠실이 설치되어 잠실의 수가 늘어나면서 외잠실이라는 명칭을 쓰지 않았던 듯하다. 한편 이의명(1985, 109쪽)은 외잠실을 낙천정 잠실의 이칭이라고 보고 있으며, 한춘순(1999)은 외잠실을 연희궁 잠실로 보았다. 성현의 《용재총화》에 "요즘 또 새로 잠실을 한강 아래 원단동에 설치하였는데, 환관으로 하여금 주관하게 하였다. 서잠실은 성 서쪽 십여 리 되는 곳에 있으니 곧 옛날의 연희궁이다"라 하여 연희궁 잠실을 서잠실로도 불렸음을 알 수 있다. 낙천정 잠실은 중종대에 동잠실로도 불렸다.
109) 《세종실록》 권52 세종 13년 4월 13일(정미).

위의 사료를 통해서 세종 13년(1431)에 경복궁과 창덕궁의 궐내잠실이 일시적으로 중단되었음을 짐작할 수 있다. 그러나 연희궁 잠실은 계속 운영되면서 경복궁과 창덕궁 두 궁궐의 잠실에 잠종을 공급하는 역할을 하였던 듯하다. 연희궁에서 생산되는 잠종이 아직 많지 않다고 한 것으로 보아 연희궁 잠실은 운영 초기단계였을 것이라 생각한다.

낙천정 잠실과 아차산 잠실은 모두 세종·세조대에 설치된 것으로 보인다.110) 낙천정은 태종이 세종에게 양위한 뒤 지내던 이궁으로 세종 초에 낙성되었다.111) 낙천정에 잠실이 언제부터 설치되어 운영되었는지는 확실하지 않지만,112) 태종의 권잠정책에 대한 의지로 미루어 보아 낙성 직후부터 잠실을 설치·운영하였을 것으로 짐작된다. 아차산 잠실은 세조 8년에 아차산 잠실에서 수확한 고치를 바쳤다는 기록으로 보아113) 아차산 잠실이 세조대에 이미 운영되고 있었음을 추측할 수 있다.114) 이 밖에도 신잠실이 한강 아래 원단동

---

110) 두 잠실의 설치시기에 대해서도 연구자들 사이에 이견이 있다. 이광린(1965) 교수는 모두 세조대에 설치되었다고 보고 있으며, 이의명(1985)은 낙천정 잠실은 세종대, 아차산 잠실은 세조대에 설치되었다고 보았다. 한춘순(1999)은 낙천정 잠실의 설치시기를 성종 3년으로 보고 있다.

111) 《세종실록》 권3 세종 원년 2월 21일(병신).

112) 《조선왕조실록》에서 낙천정 잠실에 대한 기록은 성종 3년 2월 11일(무인)에 처음 보인다.

113) 《세조실록》 권28 세조 8년 4월 18일(계미).

114) 아차산 잠실은 중종 36년 이전에 혁파된 것으로 보인다. 종종조에 잠실의 폐단에 대한 논의가 전개되고 신잠실이 혁파되면서 아차산 잠실도 혁파된 듯하다. 따라서 동쪽에는 낙천정 잠실만이 설치되어 있었으므로 이 무렵부터는 낙천정 잠실을 동잠실로 불렀으며[《중종실록》 권94 중종 36년 2월 21일(무인)] 이후 계속 동잠실로 불리었다.[《東岳先生集》 권11, 月城錄, 10월 8일. "發安保驛 憩水回里 宿忠州丹月驛 驛在

에[115] 설치되어 환관의 관리 아래 있었다.[116]

이처럼 조선 초기부터 궐내에 잠실이 설치되고, 도성 주위에 여러 개의 경중잠실이 운영되었다. 잠실의 설치와 함께 양잠업이 보급됨에 따라 도성 주위의 모습은 "집집마다 농사짓고 누에치는 직업이며 곳곳에 의관으로 예양하는 모습"[117]이라고 표현될 정도로 양잠 농가가 늘어갔다. 또 전에는 "서울의 거실(巨室) 가운데서도 단지 서너 집만 양잠을 하였는데, 지금은 보잘 것 없는 작은 가게라도 누에를 기르지 않는 집이 없다"는 이야기가 나올 정도로 도성 안팎에서 양잠업이 활성화되어 가고 있었다. 따라서 뽕잎이 귀해져 뽕나무를 심어서 이익을 얻는 사람도 등장하였다.[118] 판매를 목적으로 뽕나무를 재배하는 사람도 나타나고 있었던 것이다.

② 조직과 운영

지방의 도회잠실이 각 지방관의 감독을 받았던 것에 비해 경중잠실은 주로 환관(宦官)과 조관(朝官)이 직접 관리하였다. 다음의 〈표 2-4〉와 〈그림 2-2〉를 참조하여 경중잠실의 조직 및 운영실태에 대

獺川之上 厥明日 朝雨 不得行而作 丹月驛前水 樂天亭下流 江寒未乘舸 雨暗且停驢 鷗鷺定相待 雲山空復愁 歸心逐逝浪 先到故汀洲 獺川之水至廣津溢而別流爲一派曰 新川樂天亭乃東蠶室也在於新川之上 余家臺山別墅在蠶室之下."]
115) 현재의 잠원동이다.
116) 신잠실은 대신들의 끈질긴 폐지상소 끝에 중종대에 혁파된다.[《중종실록》 권29 중종 12년 8월 20일(계해)]
117) 《신증동국여지승람》 권3 한성부 풍속.
118) 《용재총화》 권10. "桑葉極貴 多有種桑獲利者."(민족문화추진회 역, 1974, 《국역 대동야승》, 240쪽)

표 2-4. 경중잠실의 감독관

<table>
<tr>
<th colspan="2" rowspan="2">장소 \ 연도</th>
<th colspan="8">잠실 감독관 및 인원</th>
</tr>
<tr>
<th>세종 5년</th>
<th>문종
즉위년</th>
<th>단종
즉위년</th>
<th>세조 8년</th>
<th>세조 11년</th>
<th>성종 3년</th>
<th>성종 24년</th>
<th>성종–
연산군</th>
</tr>
<tr>
<td>대궐</td>
<td>궐내잠실</td>
<td>별좌 2명</td>
<td>환관</td>
<td>별좌 2명</td>
<td>환관</td>
<td>환관 2명</td>
<td></td>
<td></td>
<td></td>
</tr>
<tr>
<td rowspan="4">경중</td>
<td>연희궁(외)
잠실</td>
<td></td>
<td></td>
<td></td>
<td>상의원</td>
<td>별좌 2명</td>
<td>상의원</td>
<td rowspan="3">내관 1명 증치 / 따로 설치한 감역관 혁거(革去)</td>
<td>상의원
(별좌)</td>
</tr>
<tr>
<td>아차산</td>
<td></td>
<td></td>
<td></td>
<td>환관</td>
<td>환관 2명</td>
<td></td>
<td>환관</td>
</tr>
<tr>
<td>낙천정</td>
<td></td>
<td></td>
<td></td>
<td></td>
<td></td>
<td>내관</td>
<td></td>
</tr>
<tr>
<td>신잠실</td>
<td></td>
<td></td>
<td></td>
<td></td>
<td></td>
<td></td>
<td></td>
<td>환관</td>
</tr>
</table>

* 출전 : 《조선왕조실록》, 《용재총화》

해 살펴보기로 하자.

〈표 2-4〉에서 볼 수 있듯이 궐내잠실은 세종대에는 전·현직의 잠실 별좌를 감독관으로 두어 운영하였다. 잠실 채방사로 파견되었던 경력을 가진 이사흠과 서계릉 2명이 별좌(別坐)로 임명되어 궁궐의 뽕나무 관리 및 잠종(蠶種) 배급 등 양잠업을 총괄하고 있었다.[119] 양잠업에 능통한 전·현직 관리를 내잠실의 별좌로 임명한 것은 잠실을 좀 더 효율적으로 운영하기 위해서였다. 문종대에 이르러서 내잠실의 관리는 환관으로 교체되고,[120] 단종대에 이르러 다시 별좌 2명을 임명해 양잠을 감독하게 하다가[121] 세조대에 다시 환관의 관리 아래 두었다. 환관에게 잠실의 감독을 맡긴 이유는, 잠실

119) 《세종실록》 권19 세종 5년 2월 16일(정묘).
120) 《문종실록》 권4 문종 즉위년 10월 28일(무술).
121) 《단종실록》 권4 단종 즉위년 12월 17일(을사).

그림 2-2. 경중잠실의 조직도

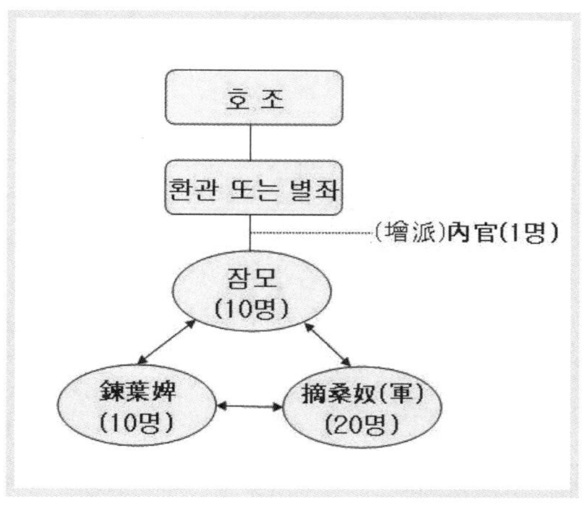

이 여성의 부업과 관련된 기관이며, 잠실에서 일하는 사람들 가운데
여성이 많았기 때문이라 생각한다.

경중잠실인 연희궁 잠실의 경우에는 상의원에서 관장하였으
며,122) 궐내잠실과 마찬가지로 별좌를 두어 관리하였다.123) 연희궁
잠실의 담당관리는 양잠철에는 연희궁 잠실로 파견되었다가 양잠을
마친 뒤에는 다시 상의원으로 돌아와 근무하였다.124) 아차산 잠실
과 낙천정 잠실은 계속 환관이 맡아 관리한 것으로 보인다.125) 성종
3년(1472)에는 잠실의 효율적인 운영을 위해 내관 1명을 늘려 이들
로 하여금 뽕나무 심는 데 힘쓰게 하였으며,126) 또 특별히 감역관을

---

122) 《세조실록》 권28 세조 8년 4월 18일(계미).
123) 《세조실록》 권36 세조 11년 8월 7일(임오).
124) 《용재총화》 권10(민족문화추진회 역, 1974, 《국역 대동야승》Ⅰ, 240쪽)
125) 《세조실록》 권28 세조 8년 4월 18일(계미).
126) 《성종실록》 권18 성종 3년 5월 17일(계축).

두어 잠실에서 생산되는 견사(繭絲)의 질을 관리하게 하였다.127) 성종대–연산군대에 편찬된 《용재총화》에는

> 동잠실은 성 동쪽 아차산 밑에 있는데 환관이 주관하고, 요즘 또 새로 잠실을 한강 아래 원단동에 설치하였는데 환관으로 하여금 주관하게 하였다. 서잠실은 성 서쪽 10여 리 되는 곳에 있으니 곧 옛날의 연희궁이다. 별좌 두 사람을 두어 맡겼다가 그 뒤에 별좌는 상의원에 이속시켜 여름에는 누에를 치고 양잠을 마치고는 본원에서 일 보게 하였다. 동서 잠실에서 각각 고치를 쳐서 승정원에 바쳐 공의 많고 적음을 비교하여 상을 주기도 하고 벌을 주기도 하였다. 남강의 율도에는 뽕나무를 많이 심어서 해마다 이를 따서 누에를 쳤다.128)

라 하여 경중잠실의 구조와 운영 상황을 보여주고 있다. 그리고 이 무렵 한강 아래 새로 잠실을 설치해 환관으로 하여금 관리하게 하였음도 짐작할 수 있다. 이처럼 경중잠실의 관리자들은 대개 환관이나 조관(朝官)들이 담당하였으며, 필요한 경우에 감역관(監役官)을 따로 배치하여 운영하였다.

양잠의 실적에 따른 상벌제도 운영은 경중잠실에서도 마찬가지로 적용되었다. 아차산 잠실 등 여러 잠실에서 고치의 생산량이 감소되었다 하여 환관과 별좌를 국문하고129) 그 실책에 대한 책임을 지게

---

127) 《성종실록》 권282 성종 24년 9월 8일(기해).
128) 《용재총화》 권10. "東蠶室在城東峨嵯山下 宦官主之 今又設新蠶室於漢江下圓壇洞 亦令宦官主之 而西蠶室在城西十里餘 卽古衍禧宮 置別坐二人專任之 其後別坐移屬尙衣院 夏則養蠶 蠶畢仕于本院 東西各繰絲納于承政院 校功多少而賞罰之 南江栗島多種桑柘 年年摘葉飼蠶…."(민족문화추진회 역, 1974, 《국역 대동야승》 Ⅰ, 240쪽)

하였다. 아울러 경중 세 잠실의 뽕나무 수를 조사하여 상직(賞職)과 상사(賞賜) 하였으며, 실적이 없는 자는 서용하지 않았다.130) 또한 뽕나무를 심는 시범을 보이기 위해 중앙 관사를 좌우 두 편으로 나누어 해마다 뽕나무 심기 경연대회를 열기도 하였다.131)

2.1.3. 잠실의 폐단과 기능의 변화

태종대에 지방과 경중에 설치된 잠실은 국가에서 양잠의 모범을 보이고 보급시킨다는 점에서 긍정적인 기능을 수행하였다. 그러나 각 지역으로 잠실이 확대되어 가면서 그에 따른 민폐도 적지 않게 나타나고 있었다. 민폐론은 각 지방의 도회잠실과 경중잠실 모두 해당되는 것이었다. 잠실 폐지를 주장하는 사람들이 공통적으로 지적하는 것은 뽕잎의 부족 문제였다. 즉 뽕잎이 모자라 민가의 뽕잎을 따는 민폐를 끼치는 점을 가장 큰 문제로 지적하였다.

선초부터 지속적으로 식상(植桑)정책을 추진하여 각 지역의 공상(公桑)이 절대적으로 부족하지는 않았다. 잠실의 뽕잎 부족 현상을 불러온 주된 이유는 상벌제도의 운영으로 인한 양잠의 과열화 현상 때문이었다. 즉 잠실의 관리들이 상직(賞職)을 얻고자 규정된 잠종지 외에 임의로 가정(加定)해 양잠을 하여 민폐를 끼쳤기 때문이

---

129) 《세조실록》 권36 세조 11년 8월 7일(임오).
130) 《성종실록》 권18 성종 3년 5월 17일(계축).
131) 《대전속록》 공전 재식조. "各司分爲左右邊 栗島亦半分而授 每年各植稚桑 大司三
　　百株 中司二百株 小司一百株 幷古桑亦曲盡培養 以稚桑栽植多小 古桑茂盛與否 定
　　其勝否…."

다.132) 이러한 문제는 양잠의 실적이 수령과 환관의 고과에 반영되는 한 수반될 수밖에 없었다.

양잠의 과열화 현상은 도성 주위의 잠실에서도 마찬가지였다. 경중잠실의 뽕잎 공급을 위하여 도성 주위에 대대적으로 뽕밭[桑田]을 조성하여 공상용 뽕잎이 크게 부족하지는 않았다. 율도에 개간과 경작을 금지하고 뽕나무만 심게 하여 뽕나무밭을 조성하였고,133) 유휴농지를 이용하면서까지 뽕나무 심기에 힘을 기울였다.134) 그 결과 경복궁과 창덕궁을 비롯하여 율도·삼전도·원단동·저자도(楮子島) 근처에 많은 공상림이 조성되었다.135) 그러나 경중잠실에서도 상벌제가 시행되면서 문제점이 나타나기 시작하였다. 양잠 실적은 해마다 비교되고 평가되어, 전년도보다 저조하면 잠실 관리자는 국문(鞫問)을 받았다.136) 따라서 실적을 올리기 위해 경중잠실의 사역인들이 민간의 뽕밭에 출입하여 민폐를 끼치기 시작하였다.137) 잠실이 본래의 설립 취지를 잃고 민폐를 초래하는 기관으로 변질되었던 것이다.

또 다른 문제로 제기되는 것은 잠실 경영 부실화와 농사시기와 겹쳐 농업에 지장을 주는 문제였다. 성종대에 사간원에서는 잠실 설치로 인한 손실로 다음과 같은 문제를 지적하였다.

---

132) 《세종실록》 권38 세종 9년 10월 30일(갑신).
133) 《문종실록》 권7 문종 원년 4월 21일(기축).
134) 《세조실록》 권42 세조 13년 5월 10일(갑술).
135) 이의명, 앞의 글(1985), 232쪽.
136) 《세조실록》 권36 세조 11년 8월 7일(임오).
137) 《세조실록》 권28 세조 8년 4월 18일(계미).

잠실을 설치하는 것은 그 손실이 두 가지가 있습니다. 외방에 있는 여러 관사(官司)의 공천(公賤)에게 공물을 면제하고 누에치는 일에 종사하도록 허락하였는데, 누에치는 일은 이루어졌으나 품질이 좋지 못하여 쓰기에 마땅치 않으면, 얻는 것이 잃는 것을 보충하지 못할 것이므로 그 손실이 하나입니다. 누에도 농사철에 하는 것이므로 누에와 농사의 일이 아울러 같은 시기에 하는 것인데 농부와 잠부를 공역에 몰아다가 백성의 농사짓는 시기를 빼앗으니, 이는 공적으로도 이롭지 못하고 또 백성에게 불편하니 그 손실이 둘입니다. 만약 '잠실을 설치하는 것이 법에 있어서 가벼이 폐지할 수 없다.'고 한다면, 몇 해를 기한하여 임시로 파하여 백성을 살리는 것이 어떨까 합니다.[138]

요컨대 무리한 잠실 운영이 이익보다 손실을 가져오고 있음을 지적한 것이다. 사간원의 우려는 바로 잠실 사역인들의 생산성 문제를 지적한 것이었다. 노비들의 노동에 오로지 의지한 경직된 잠실 운영은 생산성을 높이지 못해 품질 저하를 가져올 수 있었다.[139] 또 다른 폐단의 하나로 지적되는 농사철과 겹치는 문제는 양잠업 자체가 근본적으로 가진 문제였으며, 단지 국영잠실에만 국한된 문제는 아니었다.

이처럼 상벌제도의 시행으로 인한 양잠의 과열화 현상과 잠실의 경영부실 문제가 주요 폐단으로 지적되었지만, 더 근본적인 원인은 잠실의 성격 변화에 있었다. 잠실이 각 지방과 경중(京中)에 자리를 잡아가면서 민간의 양잠을 지도하는 지도기관으로서의 역할을 제대

---

138) 《성종실록》 권203 성종 18년 5월 19일(무오).
139) 한춘순, 앞의 글(1995), 157~158쪽.

로 수행하지 못하였기 때문이다. 즉 초기의 설립취지와는 다르게 점차 세공(歲貢)을 충당하기 위한 기관으로 변화한 데 근본원인이 있었다. 양잠업이 민간에 충분히 보급되면 잠실을 폐지한다는 태종대의 원칙이140) 지켜지지 않고, 궁궐의 내용(內用)을 조달하는 기관으로 변질되고 있었다. 잠실에 사역인이 배정되었음에도 좀 더 많은 양을 생산하기 위해 역군을 20, 30명 더 뽑아서 민폐를 끼치면서까지 민가의 뽕잎을 탈취하고 있었다.141) 이는 잠실이 본래의 설립 취지를 잃어버리고 이익만 추구하는 모습을 보여주는 것이라 하겠다. 이 시기 이러한 폐단이 자주 지적된다는 것은 잠실이 설립 초기의 취지를 살리지 못하고 세공(歲貢)과 왕실 수요를 충당해주는 기관으로 전락하고 있음을 의미하는 것이다.

2.2. 잠서(蠶書)의 간행과 양잠업 보급의 확대

2.2.1. 잠서의 간행과 보급

조선전기 식상정책의 추진과 아울러 도회잠실의 설치는 양잠업의 보급과 확산에 크게 기여하였다. 양잠업을 좀 더 발전시키기 위해서는 기존의 기술을 개선하고 현재의 가장 선진적인 기술을 보급시키는 것이 중요하였다. 따라서 조선전기에는 국가적인 차원에서, 또는

---

140) 《태종실록》 권33 태종 17년 윤5월 17일(임신).
141) 《연산군일기》 권37 연산군 6년 4월 4일(정해).

개인적인 차원에서 양잠서적이 활발히 편찬되었다.

일찍이 고려시대에도 권농의 한 수단으로 농서가 보급되었다. 고려시대에는 원의 《농상집요》(農桑輯要)를 도입해서 1349년에 간행하고, 1372년에 다시 복간(復刊)하여 이용하였다.142) 그러므로 조선 초기에 널리 읽히던 농서는 《농상집요》와 《사시찬요》(四時纂要) 등과 같은 중국의 농서였다. 태종은 중국 농서인 《농상집요》를 좀 더 쉽게 접하게 하기 위하여 이행(李行)과 곽존중(郭存中)에게 이두로 번역하여 간행하라고 명을 내렸다.143) 이행은 《농상집요》 양잠방에 의거하여 자신이 직접 양잠을 경영하여, 그 기술이 당시 민간에서 통용되던 기술보다 뛰어나다는 것을 확인하였다. 이에 태종은 곽존중에게 명하여 이행이 판간(板刊)한 양잠방에 협주를 내게 하고, 이를 다시 판간하여 반포하였다.144) 이두로 번역되어 상세한 주까지 달린 양잠 전문서적이 편찬된 것이다. 양잠서적의 간행은 한상덕(韓尙德)에 의해 다시 이어졌다. 한상덕은 《농상집요》의 양잠 부분만 발췌하고 이두로 번역해 《양잠경험촬요》를 간행하였다. 《양잠경험촬요》는 농민들을 지도할 지방의 유력자, 즉 감고를 대상으로 삼아 편찬된 것으로 보인다.145)

본격적인 양잠서적의 간행은 세조대에 이루어졌다. 세조 5년 (1459)에 예문직제학 서강(徐岡)과 사헌감찰 이근(李覲) 등이 세조의

---

142) 김영진, 1983, 〈조선초기 한국농학의 성립과정〉, 《농촌경제》 6-2, 68~70쪽.
143) 《태종실록》 권28 태종 14년 12월 6일(을해).
144) 《태종실록》 권33 태종 17년 5월 24일(기유).
145) 이광린, 앞의 글(1965), 37쪽.

명으로 《잠서주해》(蠶書註解)를 편찬하고,146) 이어서 잠서를 보기 편리하게 축약하여 간행하는 작업이 시도되었다. 세조는 승정원에 다음과 같이 지시하였다.

> "내가 잠서를 줄여서 만들어 보는 사람에게 편리하게 하고 쉽게 행하려고 하여 직접 여러 날 동안 펼쳐 보았는데, 비록 줄일 만한 말이 있지만 또한 너무 줄일 수는 없었다. 또 이 한 권의 책이 양이 너무 많아서 연구하기에 어려운 것은 아니고, 다만 그 속에 글귀가 틀리고 주석이 잘못된 것만 교정하여 간행해야만 한다. 이같이 한다면 전부를 보려고 하는 사람은 전부를 보고, 줄여서 보려고 하는 사람은 줄여서 볼 수가 있다. 우리나라의 인재로써 옛 글을 경솔히 고친다면 반드시 많은 착오를 초래할 것이니, 도리어 옛 것을 그대로 두는 것만 못하다."147)

세조는 잠서 축약본을 간행하려 하다가, 원전을 축약하면 오류가 많을 것을 우려하여 오자(誤字)만 교정해 간행하도록 지시하였다. 이로써 세조는 잠서의 틀린 글귀와 잘못된 주석을 지적할 만큼 양잠에 해박한 지식을 가지고 있었으며, 잠서 간행에 적극적이었음을 알 수 있다.

한편 한글로 번역된 민간 보급용 잠서의 간행도 이어졌다. 세조는 최항(崔恒)과 한계희(韓繼禧) 등 문신 30여 명에게 명하여 언문으로 잠서를 번역할 것을 명하였다.148) 이 언해본 잠서는 현전하지 않아

---

146) 《세조실록》 권15 세조 5년 1월 30일(계축).
147) 《세조실록》 권17 세조 5년 8월 20일(기사).
148) 《세조실록》 권23 세조 7년 3월 14일(을묘).

내용을 확인하기 힘들지만, 언해하여 간행하였으므로 비교적 이해하기가 쉬웠을 것으로 생각한다.

이처럼 세조대에는 언문으로 번역된 잠서뿐만 아니라 역(易), 천문(天文), 지리(地理), 의(醫), 복서(卜筮), 시문(詩文), 서법(書法), 율려(律呂), 축목(畜牧), 역어(譯語), 산법(算法) 등 여러 서적이 간행되었다.149) 또한 양성지(梁誠之)에 의해 《농잠서》(農蠶書)가 새로 편찬되었다.150) 《농잠서》(農蠶書) 서(序)에는 '세조가 민간에서 절기의 빠르고 느린 순서와 곡식을 파종하고 재배하는 방법에 어두워, 비록 1년 내내 힘들게 일하여도 효과를 적게 보는 점을 근심하여 농잠서를 만들어 보급하라'고 하였다고 서술되어 있다.151) 《농잠서》는 예로부터 전해오는 농서류와 잠서류를 널리 수집하여 정수(精髓)가 될 만한 부분을 모으고 요점을 뽑아 만든 서적이었다.

조선전기에는 농업서적의 간행과 함께 양잠 관련 서적이 여러 종 간행되었다. 다음의 〈표 2-5〉는 15세기에서 16세기에 간행된 농서·잠서를 총정리한 것이다.

〈표 2-5〉에서 볼 수 있듯이 15, 16세기에는 잠서 언해본이 여러 종 발간되었다. 또한 박흥생(朴興生)의 《촬요신서》(撮要新書)나 강

---

149) 《세조실록》 권40 세조 12년 10월 2일(경자).
150) 《세조실록》 권40 세조 12년 11월 4일(임신). 《농잠서》는 현재 전하지 않고 서문만 남아 있다.
151) 李承召, 《三灘集》 권10 農蠶書序. "恭惟 我 聖上…躬率君臣 祀先農 耕籍田 以謫勵四方 又慮農夫紅女 昧於節序之早晩 種植之異宜 雜然而施之 則雖搰搰然終歲勤動而見效少 迺命儒臣 撰農蠶書 其規模節目 悉稟睿旨 博採古書 會粹撮要 類萃成編 事易而可行 力省而功倍 實救民者之所當知也 書上 乃命臣序之."(《한국문집총간》 11집, 480쪽)

표 2-5. 15, 16세기 농·잠서 목록

종류	책이름	저(역)자	연대	기 타	양잠 항목 유무	현존 여부
농서	농상집요	이행, 곽존중	태종14년(1414)	이두문	○	○
	농서집요		태종15년(1415)	《농상집요》에서 발췌, 이두	×	○
	농사직설	정초 등	세종11년(1429)		×	○
	촬요신서	박흥생	태종15~세종11년 (1415~1429)	《범승지서》(汎勝之書), 《음양서》(陰陽書), 《지림》(志林) 등에서 초록	○	○
	농잠서	양성지	세조12년(1466)	유서(類書)	?	
	산가요록	전순의	1450년대	《농상집요》에서 초록	○	○
	금양잡록	강희맹	1492년(?)		×	○
	사시찬요초	강희맹	성종13~14년 (1482~1483)		○	○
	농가요람	박승	1563년		?	×
	농가설	유팽로	16세기 후반		×	○
잠서	양잠방	이행, 곽존중	태종14년(1414)	《농상집요》에서 발췌, 번역(이두)		×
	양잠경험촬요	한상덕	태종15년(1415) 5월	《농상집요》에서 발췌 (이두)		○
	잠서주해	서강, 이근	세조5년(1459)			×
	잠서	양성지	세조5년(1459)	(잠서주해 교정본)		×
	언해잠서(1)	최항, 한계희 등 30인	세조7년(1461)	한글		×
	농잠서	양성지	세조12년(1466)	유서(類書)		×
	언해잠서(2)	김안국	중종13년(1518)	한글		×

* 출전 : 《조선왕조실록》과 현존하는 농잠서 중심으로 정리.(?는 확실하지 않음을 뜻함)

희맹(姜希孟)의 《사시찬요초》(四時纂要抄), 《산가요록》(山家要錄)처럼 농서 속의 한 항목으로 양잠조가 편성되어 실리는 경우도 있었지만, 《농상집요》의 양잠 부분만 따로 발췌한 독립적인 잠서가 간행되기도 하였다. 이처럼 양잠에 대한 서적이 따로 간행되었다는 것은 조선전기 양잠업에 대한 관심이 증가하고 있음을 의미한다. 농서에서 양잠 조항만 따로 발췌해 편집을 하게 되면 서적의 부피가 작아져 휴대하기도 편할 것이며, 이용 빈도수도 높아질 것이다. 이러한 독립된 잠서의 발간으로 양잠에 대한 대중의 관심을 불러일으키고 양잠의 보급에 긍정적인 영향을 끼칠 수 있었을 것이다.

2.2.2. 북방지역으로 양잠업 보급

조선전기에는 북방지역인 평안도·함경도 지역에 잠종을 보급하여 양잠업을 정착시키려는 노력이 전개되었다. 본래 평안도와 함경도는 토지가 척박하여 뽕나무 심는 데 적합한 지역이 아니라 생각하여 처음부터 양잠업을 권장하지 않았다.152) 따라서 잠실도 다른 지역보다 뒤늦게 설치되었다. 그러나 평안도 지역은 《세종실록지리지》 토의조에 뽕과 삼의 재배에 적당한 고을수가 43개나 기재되어 있어 길쌈업이 발달하기에 있는 좋은 환경을 가지고 있었다. 그러므로 평안도 일부 지역에서는 잠실이 설치되는 세종대 이전부터 양잠업을 하는 농가가 이미 상당수 존재하였다. 평안도 지역 잠실은 《조

---

152) 《세조실록》 권16 세조 5년 6월 28일(무인).

선왕조실록》에는 기록이 보이지 않아 어느 지역에 잠실이 설치되었는지 구체적인 모습을 확인하기 힘들다. 다만 성종대의 기록 가운데 공물에 대해 논의하는 과정에서 평안도 잠실의 운영 사실을 엿볼 수 있다.

> 평안도는 본디 뽕나무를 심기에 마땅한 땅이므로 제(諸) 사(司)의 노비의 공물을 명주로 거두어들이다가, 그 뒤에 잠실을 설치하고서 잠노(蠶奴)·잠비(蠶婢)는 신공을 없애고 오로지 누에를 기르는 데에 힘쓰게 하였습니다. 그러나 잘 기르지 못하면 어쩔 수 없이 여러 고을에 나누어 배정하여 명주실을 바치도록 요구하므로 그 폐단이 적지 않으니, 전례대로 잠실을 폐지하고 노비의 공물을 명주로 거두어들이는 것이 어떠하겠습니까?[153]

이로 보아 평안도 지역에도 잠실이 설치되어 노비의 노동력에 기초하여 운영되었음을 알 수 있다. 평안도와 함경도 여러 고을에 뽕나무가 무성하고 누에를 치는 농가가 있다는 사실이 전해지자, 세조대에 본격적으로 북방지역으로 보급하는 정책이 추진되었다. 세조 5년(1459)에 제정된 〈양잠조건〉에 의거하여 평안도와 함경도 지역에 뽕나무를 심고 2, 3년 뒤 뽕나무가 자라면 잠종지를 나누어 보내기로 결정을 하였다.[154]

평안도 지역으로 양잠업을 보급하는 일은 성공적이었다. 세조 12년(1466)에 평안도 영변 등 13개 읍에서는 숙견(熟繭)과 진사(眞絲)

---

153) 《성종실록》 권167 성종 15년 6월 19일(갑술).
154) 《세조실록》 권16 세조 5년 6월 28일(무인).

를 공물로 바쳤으며,155) 평안도 지역의 노비 신공을 명주로 받기도 하였다. 본래 노비의 신공은 대부분이 면포로 납부하였으며 명주로 납부하는 경우는 많지 않았다. 노(奴)의 경우는 면포 1필과 저화 20장을, 비(婢)는 면포 1필과 저화 11장을 신공으로 납부하였으며, 명주나 정포로 대납하려는 자는 들어주도록 규정해 놓았다.156) 평안도 지역에서는 노비 신공을 명주로 납부하는 경우가 많았던 것 같다. 조금 뒷시기지만 16세기 평안도 지역의 사노비들은 주인에게 신공을 매년 명주로 납부하고 있음이 확인된다.157) 평안도 지역의 노비들이 신공을 명주로 납부하였다는 것은, 이 시기 평안도 양잠업이 활성화되었음을 의미하는 것이다.

평안도 지역의 양잠업 활성화에 기여한 인물로 이원익(李元翼)을 들 수 있다. 이원익은 관서지역에 부임하여 안주 일대의 풍속을 혁신시켰다. 그가 부임한 안주 지역은 주민들 대다수가 양잠업을 하지 않던 고을이었다. 안주 주민들은 그들이 살고 있는 주변 땅이 뽕나무가 자라기에 적합하지 않다고 여겼고, 마을에는 뽕나무도 거의 없었다. 그런데 이원익이 부임하여 각 호에 뽕나무를 의무적으로 심게 하고 양잠업에 종사하도록 권유하여 부임한 지 몇 년이 되지 않아 뽕나무가 울창해졌다. 그 결과 안주 지역민들은 대부분 양잠업에 종사하여 크게 이익을 거두었으며,158) 이로 인해 이원익은 이공상(李

---

155) 《세조실록》 권39 세조 12년 5월 24일(갑오).

156) 《경국대전》 권2 호전 요부.

157) 평안도 안주(安州)와 중화(中和) 지역에 노비를 둔 이문건은 노비의 신공으로 해마다 명주를 받았다.[《묵재일기》 1536년 8월 21일(갑신), 1554년 11월 29일(병인), 1555년 윤11월 14일(을해), 1556년 12월 1일(병술)]

公桑)으로 불리었다.159) 이처럼 조선전기 평안도 지역에는 양잠농가가 점차 늘어나고 있었으며, 17세기에는 양잠업의 주산지로 변모해 가고 있었다.

함경도 지역에 대한 양잠정책은 평안도 지역보다 체계적으로 시행되었다. 세종 21년(1439)에는 신설된 회령·경원·종성·경흥·부거 등 다섯 읍에 향잠종(鄕蠶種)을 보내어 양잠을 하게 하고, 또 뽕나무를 심게 해 양잠을 생업으로 삼도록 지시하였다.160) 또한《농잠서》를 함경도 지역으로 보내어161) 체계적으로 양잠법을 익히도록 유도하였다.

이 시기 함경도 지역의 양잠업은 김종서(金宗瑞)의 강력한 주장으로 급속도로 보급되었다. 함경도 도절제사였던 김종서는 함경도의 수전과 양잠에 대해 언급하며, 함경도 지역의 농상 권과법을 상례와 다르게 특별히 세울 것을 건의하였다.162) 그가 제시한 농상 권과의 방안은 길주 이북의 수령들에게 수전 300결 이상을 경작하게 하고, 뽕나무 3천 그루 이상을 심도록 하자는 것이었다. 이렇게 한 뒤에 실적이 있는 수령에게는 특별히 자급(資級)을 올려주고 조세를 3년 동안 면제해 주자고 제안하였다. 그리고 이러한 방법을 일반 농가에도

---

158)《선조수정실록》권21 선조 20년 4월 1일(경신);《梧里集》卷1 諡狀. "關西一道無邑不業蠶事 獨安無桑 邑人相傳土不宜桑 公曰 第從我令 卽課戶播椹 不數歲苗盛 至今人稱爲李公桑."(《한국문집총간》56집, 350쪽)

159)《梧里集》卷1 遺事. "丙戌(1586年－필자) 始有安州之命… 州舊無桑 公勸民樹桑蠶 績大利 因號爲李公桑云 上思其久勞 召爲刑曹參判."(《한국문집총간》56집, 360쪽)

160)《세종실록》권84 세종 21년 1월 13일(임진).

161)《세종실록》권84 세종 21년 3월 9일(정사).

162)《세종실록》권88 세종 22년 3월 5일(정미).

적용하여 민호로서 수전 10결 이상을 경작하고 뽕나무 100그루 이상을 심은 사람은 2년 동안 세금을 면제해 줄 것을 제안하였다. 김종서의 이러한 제안은 받아들여져 이후 함경도 농상정책의 토대가 되었다.

함경도의 농상 보급에 절대적 역할을 한 또 한 사람으로 이적(李迹)을 들 수 있다. 그는 전 예문관 대제학 이행(李行)의 둘째아들로,163) 이행은 《농상집요》 속의 양잠방에 의거해 양잠법을 시험한 양잠 전문가이다.164) 이적은 아버지의 영향을 받아 농상 권과에 매우 적극적이었다. 이적은 이행이 죽은 뒤 집안의 재산상속 싸움으로 빚어진 송사(訟事)로 핵문(劾問)을 당하고 경원부로 귀양을 가 12년 동안 생활을 하게 되는데,165) 유배지에서 농상 보급에 특별히 힘을 쏟았다. 이를 본 함경도 관찰사는 그가 지역민들에게 농상을 가르쳐서 이익을 많이 얻게 하였고 효과가 아주 컸다는 사실을 중앙에 상세히 보고하였다. 그리고 이적이 비록 유배인의 신분이지만 그로 하여금 함경도 각 고을로 다니면서 농상법을 전수하게 하자고 건의하였다.166)

이처럼 함경도로 양잠업을 보급시키려는 노력은 지속적으로 추진되었으나 함경도 지역에 양잠업이 활성화되는 데에는 많은 시간이

---

163) 《세종실록》 권82 세종 20년 8월 14일(병인).
164) 이행(李行)의 생애와 학풍에 대해서는 이남복, 1991, 〈기우자(騎牛子) 이행 연구—고려말 조선초 사대부의 거취에 대하여〉, 《동의사학》 6집과 김정자, 1995, 〈기우자 이행(1351~1423)의 생애와 학풍〉, 《부대사학》 19 참조.
165) 김정자, 위의 글, 250쪽.
166) 《세종실록》 권106 세종 26년 10월 18일(계해).

필요하였다. 함경도는 기후 여건 때문에 목화도 재배되지 않았으며 양잠농가도 없어서 함경도민 대부분은 삼베옷을 입고 지냈다.[167] 북방지역으로 양잠업을 확대하려는 노력은 꾸준히 전개되어, 함경도 지역에도 상목재식령이 여러 차례 내려졌다. 함경도에 내려진 상목재식령은 "오디를 많이 채취하여 이를 북도의 여러 고을에 나누어 보내어 법에 의하여 이를 파종하게 하고, 묘목을 심은 상황을 살펴 아뢰도록 하라"는[168] 매우 구체적인 내용을 담고 있었다.

이러한 권잠정책의 결과 16세기 무렵에는 함경도 지역에도 양잠업에 종사하는 농가수가 늘어난 것으로 보인다. '경원부사와 판관이 관청에서 누에를 치면서 백성이 뽕따는 것을 금지하고, 성 안 주민들이 누에를 칠 수 없게 하여, 백성들의 원망과 울분이 크다'[169]는 장계가 올라오고 있었다. 장계의 주 내용은 민폐를 끼치는 경원부사의 체직을 청하는 것이지만, 경원 주민들 상당수가 양잠업에 종사하고 이것으로 생계를 유지하였음을 추측할 수 있다. 이처럼 15세기 북방지역으로 권잠정책을 추진한 결과 평안도·함경도 일대에 양잠업을 하는 농가의 수가 점차 늘어가고 있었다.

---

167) 《세종실록》 권106 세종 26년 9월 11일(병술).
168) 《세조실록》 권23 세조 7년 3월 20일(신유).
169) 《중종실록》 권26 중종 11년 10월 16일(갑자).

3장

16세기 권잠정책과 양잠업의 활성화

3.1. 16세기 권잠정책의 시행과 변화

3.1.1. 잠실의 복치와 민폐론의 등장

태종대에 설치된 잠실은 조선의 양잠정책에서 큰 비중을 차지하는 것으로, 새로운 양잠기술의 보급, 잠종과 상묘(桑苗)의 보급이라는 면에서 긍정적인 기능을 수행하였다. 성종 16년에 흉년을 이유로 한시적으로 폐지된 도회잠실은 이후 치폐(置閉)를 반복하지만,[1] 경중잠실과 궐내잠실은 계속 운영되었다.[2] 연산군대에도 경중잠실은 그대로 운영이 되었으며, 잠실에 조관을 파견하여 감독하게 하는 등 관리를 더욱 강화해 나갔다.[3] 연산군대에는 선잠단이 보축(補築)되

---

1) 박경룡, 1985, 〈조선전기의 잠실도회〉, 《천관우선생환력기념 한국사학논총》, 522~525쪽.
2) 《성종실록》 권222 성종 19년 11월 7일(병인), 성종 24년 9월 8일(기해)
3) 《연산군일기》 권44 연산군 8년 6월 15일(을묘).

기도 하고4) 친잠례 거행 뒤 교서를 반포하여5) 양잠업의 중요성을 인식시키기도 하였지만, 재위 말년에는 연희궁·낙천정 잠실을 유흥장소로 이용하는 등6) 잠실 설립의 취지가 점차 변질되어 갔다.

잠실의 중요성은 중종대에 다시 부각되었다. 중종은 연산조의 폐정을 개혁하기 위해 각 분야의 제도를 복구하면서 서울에 동·서잠실을 복치(復置)하였다. 중종은 "동·서잠실은 선조(先祖)께서 설치하신 것으로 복설(復設)하지 않을 수 없다"고 잠실 복설의 당위성을 말하면서 복설 명령을 내리고,7) 이어 전국 잠실의 복립(復立)을 명하였다.8) 또한 서울에 신잠실을 다시 설치하였다.9) 이와 같이 잠실의 복치를 결정한 것은 국가 기간산업인 농상의 중요성을 다시 일깨우기 위해서였다. 즉 잠실을 복설함으로써 농상의 중요성을 보이고, 이로써 공물의 안정적인 수납과 농가경제의 안정을 의도하였던 것이다.

중종은 농업과 길쌈하는 장면을 그린 〈경직도〉를 병풍으로 만들어 곁에다 두고 볼 정도로 농상에 대한 관심이 컸다.10) 병풍으로 꾸

---

4) 《연산군일기》 권52 연산군 10년 3월 8일(기사).

5) 《연산군일기》 권52 연산군 10년 3월 27일(무자).

6) 《연산군일기》 권61 연산군 12년 1월 27일(정미).

7) 《중종실록》 권1 중종 원년 9월 5일(신사).

8) 《중종실록》 권7 중종 4년 2월 20일(임오). "命復立蠶室 反正後以除弊革之 至是復立." 이때 복립(復立)된 잠실은 전국의 잠실을 의미하는 듯하다. 박경룡은 중종 11년 5월 22일(임인)의 기사("近見蠶室摘桑軍憑公營私 佩牌而出入閭里 攘奪民間私植之桑 民不堪支 距京一日程 民家盡伐桑木 使民不得爲蠶桑 其不可矣")를 근거로 각 지방 잠실의 복설 가능성을 이야기하고 있으나(1990, 113쪽), 이는 잠실의 민폐를 지적한 사항으로 지방 잠실의 복설과는 거리가 있다.

9) 신잠실 설치 기록은 《용재총화》에 보인다. 신잠실은 연산군대에 혁파되었다가 전국에 잠실이 복치되는 중종 4년 무렵에 복설되는 것으로 보인다.

며진 〈경직도〉는 송대(宋代) 어잠현령(於潛縣令)이었던 누숙(樓璹)의 작품이다. 누숙은 경도(耕圖)를 21폭으로 직도(織圖)를 24폭으로 만들어, 각 폭마다 시를 붙여서 그림의 내용을 설명하였다. 이러한 내용의 〈경직도〉를 궁궐에 걸어두는 것은 국왕뿐 아니라 신하의 이목을 권농에 집중하는 효과도 지녔다.11) 아울러 〈경직도〉의 길쌈 그림은 왕비와 후궁들로 하여금 길쌈의 중요성을 늘 염두에 두게 하는 효과도 기대할 수 있었다.

중종대에 시행된 권잠정책은 기존의 잠실 조직을 재활용하여 농민의 양잠 의지를 높이는 데 역점을 두었다. 잠실 조직을 제대로 활용하기 위해서는 도회잠실의 민폐요인을 제거하는 것이 가장 시급하였다. 당시 도회잠실의 가장 큰 문제점으로 지적되는 것은 바로 공상(公桑)의 부족이었다. 따라서 중종대에 한 차례 상목재식령이 내려지고 뽕나무를 의무적으로 심게 하였다.12)

또한 뽕나무 심기를 권장하기 위해 8도에 어사를 파견하여 각 고을의 뽕나무 그루 수를 조사하게 하였으며, 도성 주위에도 사관과 내관을 보내어 각 사 소속 뽕나무밭을 조사하게 하고, 관리의 근만(勤慢) 여부를 수시로 살피게 하였다.13) 아울러 병조에는 양잠철을 피하여 군사를 배정할 것을 명하기도 하였다.14) 이처럼 중종대에는

10) 《중종실록》 권13 중종 6년 5월 25일(갑술). "傳于政院曰 今見耕織圖 只載圖書詩文 不使於披閱 以此作屛風三件以進 常欲觀覽也"; 중종 6년 8월 3일(경진).
11) 염정섭, 2000, 〈조선시대 농서 편찬과 농법의 발달〉, 서울대 대학원 국사학과 박사학위논문, 29쪽.
12) 《중종실록》 권25 중종 11년 5월 22일(임인), 23일(계묘).
13) 《중종실록》 권52 중종 20년 1월 16일(을해).
14) 《중종실록》 권25 중종 11년 5월 22일(임인).

기존의 잠실 조직을 재가동하여 양잠을 장려하고, 뽕나무 심기에 중점을 두는 정책을 추진하였다. 그러나 잠실을 복설함으로써 권잠정책을 추진하려는 의도는 큰 효과를 보지 못하였다. 잠실에 대한 민폐 문제가 끊이지 않고 계속 나왔기 때문이다. 민폐의 등장은 잠실의 성격 변화와 밀접하게 연관되어 나타나는 문제였다.

조선 초기부터 지속적인 식상정책이 추진되어 잠실의 운영에 필요한 뽕나무가 절대적으로 부족한 것은 아니었다. 도성 주위에 이미 많은 공용 뽕밭이 조성되어 있었고, 각 지방에도 도회잠실 운영을 위한 뽕밭이 마련되었기 때문에 뽕나무 부족으로 잠실의 운영에 곤란을 느낄 정도는 아니었다. 문제는 뽕나무 부족이 아니라 공상림(公桑林)이 제대로 관리되지 않았기 때문이다. 대규모 공상림이 조성된 서울 율도의 경우, 수직(守直)하는 자들이 공상을 모두 민간에 팔아 이익을 도모하고 있었다. 따라서 공상이 부족해지면서 잠실 소속 적상군(摘桑軍)들이 공무를 빙자하여 민간의 뽕을 탈취하는 현상이 발생할 수밖에 없었다.15)

또 하나 문제점으로 등장한 것은 바로 잠실관원에 대한 상직(賞職)제도의 운영이었다. 양잠에 공이 있는 사람은 상직한다는 원칙이 중종대에도 적용되고 있었다. 이러한 상직제도의 운영은 당시 관리들의 반발을 불러일으키기 충분하였다. "잠실관원에게 양잠 때문에 우대하여 먼저 관작을 주고, 국가에 공로가 있는 사람 또한 관작으로써 상을 준다면, 경중의 구별이 없는 것입니다. 편안히 앉아서 누

15) 위와 같음.

에치는 사람이 관작을 받아서야 되겠습니까?"[16)라는 불만이 나오기도 하였으며, 양잠의 공으로 임명된 관리에 대한 대간들의 탄핵이 이어지고 있었다.[17] 잠실내관의 죄를 율문(律文)대로 다스리라는 계(啓)를 헌부(憲府)에서 올리고 있는 것으로 보아,[18] 잠실에 근무하는 관원에 대한 대우가 다른 관사의 관원보다 특별하였음을 알 수 있다. 잠실관원에 대해 특별대우를 하자 잠실에서 일을 하기 위해 청탁하는 일도 일어났다. 잠실의 일이 수월하고, 또 고치를 훔쳐 이익을 도모할 수 있었기 때문에,[19] 당시 잠실은 각사노비들이 선호하는 관청 가운데 하나였다.

이처럼 잠실의 민폐로 지적되는 문제들은 공상의 부족보다는 잠실 사역인들에 대한 관리의 문제였다. 잠실에 대한 비난은 경중잠실 가운데서도 특히 신잠실(新蠶室)에 집중되었다. 신잠실을 폐지해야 할 표면적 이유로는 막대한 경비의 소모와 민폐를 끼친다는 것이 지적되었다. 주관 부서인 호조가 먼저 폐단을 지적하고 나섰는데, 호조는 잠실 운영에 막대한 경비가 소요되며, 동·서잠실만으로도 누에치기에 넉넉하므로 신잠실은 폐지해야 한다고 주장하였다. 호조의 의도는 흉년으로 인해 비용을 절감하려는 것이었으나, 중종은 '비용이 많이 들더라도 농상을 권과하는 것이 나의 뜻이다'고 하며 신잠실의 폐지를 허락하지 않았다.[20]

---

16) 《중종실록》 권15 중종 7년 1월 19일(을축).
17) 《중종실록》 권15 중종 7년 2월 1일(병자) 2일(정축), 3일(무인).
18) 《중종실록》 권25 중종 11년 6월 20일(경오).
19) 《성종실록》 권222 성종 19년 11월 7일(병인), 19년 11월 8일(정묘);《중종실록》 권18 중종 8년 3월 10일(기묘).

그러나 신잠실의 폐지를 청하는 상소가 계속 이어지고, 민폐의 원인도 구체적으로 지적되었다. 즉 잠실의 적상군이 공무를 빙자하여 패(牌)를 차고 여염(閭閻)을 출입하며 민간의 뽕잎을 빼앗아 양잠에 폐를 끼치고, 이런 일이 자주 일어나자 도성 주위의 민가에서는 뽕나무를 베어버리고 양잠을 포기한다고[21] 지적된 것이다. 이러한 폐단은 성종대 잠실 폐지 논의에서도 이미 여러 번 등장한 바 있다. 이러한 폐단이 거듭 지적된다는 것은 잠실이 본래의 기능을 상실하고 있음을 의미한다.

중종대의 신잠실 혁파 논의는 지리하게 전개되었다.[22] 각사관원을 자주 교체하지 말라는 의견이 제시되기도 하였으며, 율도에 뽕나무를 많이 심고 관리·수직을 철저히 하도록 하여 폐단을 제거해 보려는 노력을 하기도 하였다.[23] 그러나 별 다른 결정 없이 7년 이상 잠실 혁파 문제가 제기되자, 대간에서는 잠실이 이미 설립한 본뜻을 상실하였음을 구체적으로 지적하면서 혁파할 것을 강력히 주장하였다.[24] 당시 잠실은 백성들에게 양잠의 시범을 보이고 기술을 전습하는 본래의 기능을 상실하고 있었다. 잠실 폐지론에 대해 중종은 '좌도(左道)'라면 고칠 수도 있겠지만 근본을 힘쓰기 위한 일인데 어찌 감히 고치겠는가? 너무 지나쳐서 폐가 되는 일은 금하겠다'는 뜻을

---

20) 《중종실록》 권12 중종 5년 12월 21일(계묘).

21) 《중종실록》 권25 중종 11년 5월 22일(임인).

22) 신잠실 혁파에 대한 논의는 중종 5년 12월 21일(癸卯)에 시작되어 12년 8월 20일(癸亥)까지 거의 7년 이상 전개된다.

23) 《중종실록》 권25 중종 11년 5월 22일(임인).

24) 《중종실록》 권28 중종 12년 6월 22일(병인).

표명하기도 하고,25) '신잠실은 선왕조에서 전지까지 주어서 뽕나무를 심게 하였으므로 지금 혁파할 수는 없다'고 단호한 태도를 취하기도 하였다.26) 경중잠실 가운데 유독 신잠실에 대한 폐단만이 지적되는 것으로 보아, 신잠실은 왕실의 이익과 상당히 밀접한 관련을 가진 왕실 소유의 잠실이었던 것으로 보인다.

신잠실이 계속 문제가 되자 중종은 의정부에 물어 폐지를 결정하라는 전교를 내렸으며,27) 결국 중종 12년(1517) 8월에 신잠실을 혁파하기로 결정하였다.28) 따라서 신잠실은 폐지되고 근본에 힘쓴다는 취지 아래 동·서잠실과 지방의 도회잠실이 운영되었다.29)

이후 권잠정책은 동·서잠실과 도회잠실이 유지되는 가운데 추진되어 나갔다. 16세기에 이르러서는 민간에 양잠법이 널리 보급되어 잠실을 통한 양잠업의 보급은 큰 효과를 보지 못하였다. 따라서 잠실의 운영을 통한 양잠업의 보급 정책은 점차 쇠퇴하며, 이후로는 농가의 자발적인 참여를 유도하는 방식으로 정책의 방향을 변화시켜 나가게 된다.

---

25) 《중종실록》 권26 중종 11년 8월 24일(계유).
26) 《중종실록》 권28 12년 6월 22일(병인).
27) 《중종실록》 권29 중종 12년 8월 19일(임술).
28) 《중종실록》 권29 중종 12년 8월 20일(계해)
29) 《신증동국여지승람》, 경상도 의성현 토산조에 "蠶室在縣北沙眞里"라고 기록되어 있어 중종대 후반에도 지방의 잠실이 온존하였음을 확인할 수 있다. 그런데 《여지도서》 경상도 의성현 물산(物産)조에 "蠶室在縣北沙眞里○今廢"라 기록되어 있어 지방의 잠실이 조선후기에 운영되지 않았음을 보여준다.

3.1.2. 농상교서의 반포와 정책의 변화

양잠업 보급을 목적으로 설립된 잠실은 16세기에 들어서면서 그 본래의 기능을 다하지 못하게 되었다. 따라서 설립 취지를 상실한 잠실의 운영으로는 양잠정책을 추진하기 힘들었다. 그러므로 중종대 이후에 추진된 권잠정책은 잠실을 통한 경직된 정책의 시행보다는 농민들 스스로 자발적으로 참여하는 방식의 정책이 효과적일 수 있었다. 즉 15세기 양잠정책이 잠실의 외형적 확대와 운영에 중점을 두었던 데 있었다면, 16세기 양잠정책은 민간의 자발적인 참여로 양잠을 유도하고, 양잠기술의 보급으로 양잠의 내실을 기하는 데 있었다고 하겠다. 이러한 의도 아래 중종대에는 농상 교서가 여러 차례 반포되고, 한글 양잠서적이 간행되었다.

중종대 양잠정책의 추진에 큰 역할을 담당한 정치세력은 사림파였다. 이들은 자신들의 기반 안정이라는 취지에서 유교적 민본을 내세웠으며, 양잠업에 많은 관심을 가지고 있었다.[30] 양잠업에 대한 사림파의 관심은 《농가집성》(農家集成)에 수록된 주자의 〈권농문〉(勸農文)에도 잘 드러난다. 《농가집성》의 주자 〈권농문〉 세 편이 모두 양잠을 언급하고 있어서 당시 성리학자들의 양잠에 대한 관심도를 보여준다.

《농가집성》에 수록된 주자의 〈권농문〉에는 주자의 농민들에 대

---

30) 이태진, 앞의 글(1986), 274~288쪽.

한 개물성무지의(開物成務之意; 농민을 교화·개발해서 그들의 일인 농업을 성취시키는 것)를 여러 곳에서 보여준다.

> 지난 겨울 관내 인호(人戶)에 방(榜)을 붙여 농묘상잠(農畝桑蠶)의 일[業]과 효제충신(孝悌忠信)의 방법을 권유하되 자세히 갖추어 빠짐이 없었는데……31)

주자는 지역 농민들에게 농묘상잠에 관한 농업기술 및 농업경제의 문제, 효제충신에 관한 윤리도덕의 문제를 자세히 알려 주었다는 것이다. 주자의 〈권농문〉은 모두 농민교화를 위한 방안으로서 제시된 것이며, 기본 방안은 바로 농업에 관한 문제와 효제충신 등 교화문제에 초점이 있었다.32) 이러한 성격을 띤 주자의 〈권농문〉이 당시 사림파의 관심을 끈 것은 당연하였다. 따라서 이들은 양잠업에 관심을 가지고 직접 양잠업을 경영하기도 하였는데, 퇴계 이황(李滉)의 경우, 농사와 양잠으로 자활의 길을 열 수 있다고 생각하여 집에서 직접 양잠을 하였다.33) 주세붕(周世鵬) 또한 백성들을 권면할 적에는 반드시 효제(孝悌)와 농상(農桑)으로 깨우쳤으며,34) 사림계 지식인인 고상안(高尙顏)은 《농가월령》을 지어 권면하는 모습을 보임으로써35) 몸소 실천하였다.

---

31) 申洬, 《農家集成》, 朱子勸農文條.
32) 김용섭, 1988, 《조선후기 농학사 연구》, 일조각, 183~184쪽.
33) 《退溪全書》 言行通錄 卷3 居家之通. "農桑細務 未嘗失時 量入爲出 以備不虞 而家本淸寒 簞瓢屢空 環堵蕭然 不蔽風雨 人所難堪 而處之裕如."
34) 《명종실록》 권17 명종 9년 7월 2일(경자).
35) 민성기, 1988, 〈농가월령과 16세기의 농법〉, 《조선농업사연구》, 일조각, 224쪽.

중종대 권잠정책은 15세기 양잠정책과 같이 강력하게 추진된 것은 아니었다. 여러 차례 권농·권잠교서를 반포하여 민간에 농업과 양잠의 중요성을 강조하고 이를 따르도록 유도하는 방식으로 전개되었다. 우선 중종 8년(1513)에 중외에 교서를 내려 권농·권잠의 중요성을 강조하였다. 즉,

> 옛적에 임금의 친경과 왕후의 친잠은 의식의 근본을 중히 여겨 천하를 솔선하기 위해서였다.…… 들에는 밭 갈지 않는 지아비가 없고 집에는 베 짜지 않는 지어미가 없어 곡식과 포백(布帛)이 충족하여 날로 쌓이게 한다면 거룩한 일이 아니겠는가.36)

하며 농업과 양잠을 같은 비중으로 놓고 권장하였다. 중종 12년(1517)에는 농업 권장에 대한 논의가 본격적으로 대두하였다. 대사헌 김당(金璫)은 세종의 권농교서를 써서 올리며 권농의 필요성을 강조하였다.37) 이어 피폐한 향촌 상태를 개선하기 위해 사림파를 중심으로 본격적으로 권농·권잠정책이 논의되었으며, 이러한 노력은 중종 12·13년에 내려진 두 차례의 농상교서에 반영되어 나타났다.

권농교서는 세종대에도 반포된 적이 있었는데, 세종대의 권농교서는 권농을 담당하는 목민관에게 그 이념과 수행시의 유의사항을 지시한 것이다.38) 교서의 내용은 '공수(龔遂)가 농상을 권장하기에 힘쓰고, 신찬(辛纂)이 하내(河內) 태수가 되어 농상을 독려하였다'고

---

36) 《중종실록》 권18 중종 8년 3월 26일(을미).
37) 《중종실록》 권27 중종 12년 1월 11일(정해).
38) 김용섭, 앞의 책(1988), 30쪽.

하는 등39) 주로 고례(古例)를 제시하는 정도였다. 그러나 중종대의 교서는 세종의 교서 이후 처음 있는 것으로, 제목 자체에도 양잠이 강조되고 있었으며, 교서의 내용도 세종대의 것보다 훨씬 상세하였다. 세종대의 교서와 권농의 취지는 같으나 양잠에 관한 내용이 더욱 구체적으로 서술된 것이다.

우선 중종 12년(1517)의 농상교서에서는 백성에 대한 배려가 두드러지게 나타난다. 즉, "천하에 가장 노고하면서도 항상 곤궁한 사람은 농부와 잠녀"라고 하면서 이들의 노고를 위로하였다.40) 13년의 교서에서도 농부와 잠녀의 노고를 같은 비중으로 서술하였으며41) 이들의 노고에 대해 배려할 것을 강조하였다. 이러한 내용을 담은 까닭은 바로 직접 생산자층인 농부와 양잠 여성의 사기를 북돋우어 생산의 증진을 꾀하고 농가경제를 신장시켜 보려는 의도에서였다. 또한 요역의 과중함이 양잠에 끼치는 폐단을 지적하고, 양잠을 하는 데에서 시기 조정의 중요성을 강조하였다. 아울러 교서에는 '뽕을 따다 누에를 치고 실을 빼어 베짜기까지'라고 하여, 누에치기와 직조의 모든 과정을 구체적으로 표현하였다.42)

중종대의 농상교서가 세종의 권농교서와 비교하였을 때 이와 같이 여러 가지 면에서 차이점을 보이는 것은 시대적인 변화를 반영한다. 즉, 16세기에는 양잠에 관한 구체적인 과정까지 언급할 수 있을

---

39) 《세종실록》 권105 세종 26년 윤7월 25일(임인) ; 申洬, 《農家集成》 勸農敎文.
40) 《중종실록》 권27 중종 12년 2월 26일(임신).
41) 《중종실록》 권32 13년 3월 7일(병오).
42) 《중종실록》 권27 중종 12년 2월 26일(임신).

정도로 양잠에 대한 이해가 깊어졌으며, 농부와 양잠 여성을 같은 비중으로 다룰 만큼 양잠에 대한 관심이 증가하였던 것이다.

중종대에 이처럼 두 차례 농상교서를 반포하는 한편, 잠서(蠶書)를 언해하여 보급하였다. 중종 13년 김안국(金安國)은 《언해잠서》(諺解蠶書)를 발간하여 농민들에게 양잠기술을 널리 보급시키고자 하였다.

> 농서·잠서는 의식의 대정(大政)입니다. 그러므로 세종조에는 이두로 번역하여 팔도에 보내었으며, 지금 또한 근본에 힘쓰므로 신이 또한 언해를 하였습니다.[43]

16세기 중엽 무렵에는 지방민들에게까지 한글이 보급되었고, 노비와 같은 하층민에까지 한글이 확산되고 있었다.[44] 따라서 김안국의 언해본 잠서는 향촌의 농민들이 양잠기술을 습득하는 데 많은 도움을 주었으리라 생각한다.

이처럼 언해본 잠서를 보급하는 한편, 거질(巨帙)의 중국 농서를 간행하기도 하였다. 중종은 동로왕씨의 농서를[45] 정원(政院)에 내

---

43) 《중종실록》 권32 중종 13년 4월 1일(기사).
44) 백두현, 2001, 〈조선시대의 한글보급과 실용에 관한 연구〉, 《진단학보》 92, 199~201쪽.
45) 1313년 산동성(山東省) 동평인(東平人) 왕정(王楨)에 의해 편찬된 것이며, 《진씨농서》(陳氏農書)와 《농상집요》(農桑輯要) 등 많은 농서를 인용하였다. 이 책은 농민을 교도(教導)하기 위해 씌어진 것으로, 널리 문헌을 참고하여 경종법(耕種法)은 물론 특히 신제농구(新製農具)의 소개가 많아 당시 중국의 농업 생산에 크게 기여한 농서이다. 특히 도작(稻作)의 선진지(先進地)인 강남농법과 화북(華北)의 농업도 조화 있게 다룬 농서로 《농상집요》, 《농상의식촬요》(農桑衣食撮要)와 더불어 원(元)의 3대 관찬농서 가운데 하나로 알려져 있다.(김영진, 1983, 〈조선조 초기 한국농학의 성립과

리며 "농상관개의 일이 그 안에 갖추어 있으니 개간하여 널리 펴서 백성이 모두 볼 수 있게 하면 아주 좋겠다"[46]며 간행 여부를 논의하게 하였다. 동로왕씨의 농서는 농상의 요체가 실려 있어 본받을 것이 있다는 의견이 제시되고 곧이어 간행되었다.[47] 이 농서는 총 22권의 방대한 양으로 〈농상통결〉(農桑通訣) 6집(集) 잠소편(蠶繅篇)과 〈농기도보〉(農器圖譜) 17집(集) 잠상문(蠶桑門)에서 양잠의 과정 및 뽕나무 재식(栽植)에 대해 그림을 첨부하여 상세히 설명하고 있다.[48] 따라서 동로왕씨 농서의 간행은 당시 조선의 양잠업에 상당한 영향을 끼쳤을 것이다.

16세기 권잠정책은 이처럼 농상교서를 통하여 농상의 중요성을 일깨우고, 양잠서적을 언해하여 보급하는 방법으로 전개되었다. 한편으로는 농상을 책임지고 있는 수령에 대한 감찰과 뽕나무 관리에도 소홀하지 않았다. 수령 칠사 가운데 '농상성'의 문제는 민생의 안정을 위해서 중요시해야 할 가장 기본적인 요건이었다. 조선전기에 수령 칠사는 수령의 승진·전임·파면 등 인사행정의 기준이 되었다.[49] 따라서 수령으로 하여금 적극 독려하게 하고 농가의 자발적인 참여를 유도하는 방향으로 양잠정책이 전개되었던 것이다.

정〉, 《농촌경제》 6-3, 69쪽)
46) 《중종실록》 권101 중종 38년 11월 5일(을사).
47) 《중종실록》 권101 중종 38년 11월 6일(병오).
48) 《王楨農書》, 王毓瑚 校, 1981, 農業出版社.
49) 이존희, 1990, 《조선시대 지방행정제도 연구》, 일지사, 164~173쪽.

3.1.3. 권잠정책 변화의 의미

이처럼 중종대에는 15세기처럼 강력한 권잠정책이 추진되지 않았으며, 중종대 중반 이후로 권잠정책은 서서히 쇠퇴하였다. 이후 인종·명종대에는 농상교서의 반포와 같은 정책은 시행되지 않았으며, 국왕이 수령 인견시 칠사(七事)를 강조하는 의례적인 모습만 보인다. 이러한 변화는 양잠업이 당시 사회경제적인 상황과 밀접한 관련을 가지는 데서 연유한 것이었다.

중종대에는 말업(末業)에 종사하는 인구가 점점 증가하여 사회문제로 대두하였다. 말업, 즉 상업에 종사하는 인구의 증가는 중종조에 들어서 중요한 사회문제·정치문제로 떠올랐다. 말업에 종사하는 인구가 늘어나면서 근본인 농업에 종사하는 인구가 감소하였다. 상업인구의 증가와 장시(場市)의 성행은 농업보다도 상업에 의한 이익이 크다는 것과,[50] 과중한 요역을 피하려는 데서 연유하였다.[51] 백성들은 소를 팔고 말을 사서 행판(行販)에 나서는가 하면, 아예 전답을 팔아버리거나 타인에게 빌려주면서 상업에 나서고 있었다.[52] 농민들 가운데는 행상 등 소상인으로 전업해 버리는 사람들도 등장하였다.

농민층이 상업으로 전업하는 것은 국가가 생산층과 수세원(收稅

---

50) 《중종실록》 권33 중종 13년 5월 28일(병인).
51) 《중종실록》 권3 중종 2년 7월 21일(임술).
52) 《중종실록》 권21 중종 9년 10월 25일(갑인), 중종 19년 10월 2일(계사).

源)을 동시에 잃는 것을 의미하기 때문에 큰 문제가 되었다.

> 농업은 근본이고 공상(工商)은 말업이다. 지금 백성들이 근본을 버리고 말업을 쫓는 자가 많고, 외방 사람들이 경중(京中)에 모여 공상의 업을 하므로 농업에 힘쓰는 자는 적다. 구박하여 내쫓는 것은 옳지 않지만 또한 금지하지 않는 것도 옳지 않다.53)

위 사료는 당시 말업에 힘쓰는 백성들이 많아지는 사정을 지적한 것이다. 이러한 상황에서 농민의 토지에 대한 긴박(緊縛)과 농가경제의 이익신장은 절실히 요구되었다. 말업, 즉 상업에 종사하는 인구가 늘어나면서 각 지방에 장시(場市)가 형성되기 시작하였다. 장시는 본래 구황의 목적으로 15세기 후반 전라도 서남해안 지대의 여러 읍(邑)에서 처음 출현하였다. 정부는 장시에 대해 억말책(抑抹策)으로 일관하고 금지책을 펴나갔으나, 16세기 초반에 이르러 장시는 각 도나 읍으로 번지기 시작하였다. 농민들은 물자의 구입이나 판매를 오로지 장시에 의존하였다. 장시가 전국으로 확산되고 상업인구가 늘어나자 정부에서는 농민의 도산, 도적의 성행, 본업(本業)의 황폐 등의 원인이 장시에 있다고 보고 이에 대한 대책을 논의하였다.54)

당시 위정자들은 장시에 대해서 완전히 부정적이지 않았다. 장시 철폐에 대해서 중종은 "일체 금지시킨다면 백성이 실업하게 되어 원

---

53) 《중종실록》 권25 중종 11년 5월 12일(임신).
54) 이경식, 앞의 글(1987).

망과 번민을 할 것"55)이라는 견해를 표시하였다. 이러한 견해에는 이황도 동감하였는데, "백성들은 있는 것과 없는 것을 반드시 시장을 통하여 교역하며 이를 바탕삼아 살아가는데, 지금 시장을 금하면 백성들이 무엇을 바탕으로 삼아 살아갈 수 있겠습니까?"56)라고 하면서 장시 금지에 반대하였다. 장시는 백성들의 유무 교환의 수단이며 생활터전이므로 금지해서는 안 된다는 것이다. 이후 장시가 계속 성행하자 조정에서는 한 달에 두세 번 장을 여는 날[出市日]을 정해놓고 같은 날짜에 일제히 열도록 하였다.57)

16세기의 장시 성장이나 말업의 성행은 교환경제가 차츰 사회분업의 하나로 자리 잡아가는 조짐이라고 풀이할 수 있다.58) 장시가 이렇듯 활성화되자 16세기에는 농가의 의료작물 재배도 상품유통과 밀접하게 연관을 맺으며 경영되었다. 16세기의 사회경제적인 상황이 변해감에 따라 양잠업에 대한 인식의 변화가 서서히 나타나기 시작하였던 것이다. 즉, 잠상(蠶桑)도 근본이기는 하나 농업에 비하면 말단이라는 의견이 등장하기도 하고,59) 농상이 본업이지만 억지로 할 필요는 없을 것이라는 인식도 보인다.60) 양잠업이 장시와 밀접하게 관련을 맺으면서 양잠에 대한 인식의 변화가 나타나기 시작한 것

---

55) 《중종실록》 권21 중종 9년 11월 15일(계유).
56) 《명종실록》 권6 명종 2년 9월 27일(을해).
57) 《명종실록》 권3 명종 원년 2월 23일(경술); 《선조실록》 권212 선조 40년 6월 24일(을묘).
58) 이경식, 1994, 〈조선전기의 역농론〉, 《역사교육》 56, 39쪽
59) 《중종실록》 권29 중종 12년 8월 5일(무신).
60) 명종은 "농상(農桑)이 본업이기는 하지만 친잠(親蠶)을 억지로 할 필요는 없다"고 말하며 다음 해로 미루고 있다.[《명종실록》 권14 명종 8년 3월 27일(계묘)]

이다.

이와 같이 양잠에 대한 위정자들의 태도가 변화한 것은 바로 이 시기 양잠의 생산물들이 상품화되어 장시에서 거래되고 있었기 때문이다. 국가가 양잠업을 보급하려 한 의도는 세공(歲貢)의 안정적인 공급과 함께 교환경제와 연결되지 않는 자급자족하는 범위 안에서 농가를 안정시키기 위함이었다. 그런데 양잠이 유통경제와 밀접하게 관련을 가지게 되고, 명주의 소비층이 확대되면서61) 정책을 계속 추진하기 어려웠던 것이다. 16세기 상업의 성행과 장시의 등장, 사치풍조의 유행 등62) 사회경제적인 변화는 바로 국가의 양잠정책 수정을 요구하고 있었다.

---

61) 16세기에 사치풍조가 유행하면서 일반 백성과 천민들도 명주를 사용하는 예가 많아졌다. 신분제 사회에서 복식은 곧 신분을 의미하므로, 국가에서는 이를 금지하기 위해 여러 가지 금령(禁令)을 반포하였다. 이에 대해서는 남미혜, 2000, 〈15·16세기 복식 사치의 유행과 국가의 대응책―사라능단(紗羅綾緞)을 중심으로〉, 《이화사학연구》 27 참조.

62) 왕자가와 공주가의 제택(第宅) 및 복식, 지나치게 많은 혼례비 등에서 사치풍조는 성종대 후반에 시작되어 16세기에 크게 유행하였다. 그 풍조는 당초 왕자·부마가(駙馬家)·재상가 등을 중심으로 시작되었으나 점차 사대부가·하급관리·부상대고(富商大賈)는 물론 서인층(庶人層)에까지 확산되고 있었다.(이태진, 1986, 〈16세기 연해(沿海)지역의 언전(堰田)개발〉, 《한국사회사연구》, 지식산업사, 239~241쪽; 남미혜, 위의 글 참조)

3.2. 양잠업 활성화의 배경과 영향

3.2.1. 고급 직물의 수요 증가와 복식사치의 유행

16세기에 양잠업은 당시의 사회경제적인 변화와 밀접하게 관련을 맺으며 경영되기 시작하였다. 16세기 양잠업의 활성화를 가능하게 한 사회적 요인은 바로 복식 부분에서 사치의 유행이었다. 조선시대 의복의 원료로는 명주·삼베·목면·모시 등을 들 수 있다. 명주는 다른 직물에 비해 값이 비싸고 또 신분에 따라 제약을 받는 옷감이었기 때문에 일반인들은 사용하지 못하였으며, 삼베나 목면이 서민용 옷감으로 주로 이용되었다. 따라서 명주의 수요층은 매우 적었으며 생산량도 그다지 많지 않았다.

그런데 15, 16세기에 유교적 절검(節儉)을 강조하는 분위기 속에서 복식 부문에서 사치풍조가 발생하면서, 신분에 따라 규제를 받던 고급 옷감의 수요가 증가하기 시작하였다. 15세기 중반부터 서서히 진행되어 16세기에 사회문제로 등장하게 된 사치풍조의 확산에 대해 당대의 위정자들은 심각하게 고민하였다. 당시 사치풍조의 유행은 지배층에서부터 하층민까지, 그리고 지역적으로는 도성에서 외방에 이르기까지 광범위하게 전개되었으며, 의식주, 혼인, 상장(喪葬), 장신구, 잡물(雜物) 등 각종 분야에 걸쳐 진행되었다.

흔히 기강의 해이로 표현되는 사치풍조의 유행은 16세기 조선의 사회경제적 변화가 가시적으로 드러난 현상이었다.63) 즉 농업생산

력 증대, 장시 발달과 유통구조의 확대,64) 대(對) 중국 사무역과 상
공업의 발달 등65) 여러 현상이 유기적으로 연결되어 표면적으로 드
러난 현상이었다. 이 시기의 복식사치는 결국 농업을 비롯한 모든
산업의 발달과 그에 따른 소비욕구의 증가를 암시해주는 현상이라
할 수 있다.

당시 사치풍조는 의식주, 혼인, 상장(喪葬) 등 여러 부문에 걸쳐
진행되었지만, 그 가운데 가장 문제가 되었던 것은 바로 복식 부분
이었다. 신분제 사회였던 조선시대에 옷은 곧 신분이었다. 신분에
따라 입을 수 있는 옷과 사용할 수 있는 옷감, 양, 그리고 색깔 등이
규정되어 있었다. 그리고 이러한 규정을 어기는 것은 곧 국가의 명
령을 어기는 것과 같이 여겨졌다.66) 지배층에게는 좋은 질, 화려한
색깔의 옷이 허용되었지만 일반 백성들에게는 그렇지 못하였다. 조
선시대에 옷은 곧 그 사람의 신분을 나타내주는 표지(標識)였으며,

---

63) 16세기의 변화상에 대해서는 강만길, 1978, 〈16세기사의 변화〉, 《분단시대의 역사인
식》, 창작과비평사; 이태진, 1986, 〈16세기 한국사의 이해방향〉, 《한국사회사연구》,
지식산업사; 이태진, 1989, 〈16세기 동아시아 경제변동과 정치·사회적 동향〉, 《조선
유교사회사론》, 지식산업사가 참조된다.

64) 이에 대해서는 이경식, 1987, 〈16세기 장시의 성립과 그 기반〉, 《한국사연구》 57; 이
지원, 1990, 〈16·17세기 전반 공물방납(貢物防納)의 구조와 유통경제적 성격〉, 《이
재룡(李載龒)박사환력기념 한국사학논총》; 박도식, 1995, 〈조선전기 공납제 연구〉,
경희대 대학원 박사학위논문 참조.

65) 조선전기의 상업과 상인의 성장에 대해서는 오성, 1990, 〈조선초기 상인의 활동에 대
한 일고찰〉, 《국사관논총》 12 국사편찬위원회; 백승철, 1993, 〈16세기 부상대고(富商
大賈)의 성장과 상업활동〉, 《역사와 현실》 13; 박평식, 1997, 〈조선전기의 상업과 상
업정책〉, 연세대 대학원 박사학위논문. 중국과의 무역에 대해서는 한상권, 1983, 〈16세
기 대중국 사무역의 전개―은(銀)무역을 중심으로〉, 《김철준박사화갑기념 사학논
총》, 지식산업사 참조.

66) 《성종실록》 권77 성종 8년 윤2월 14일(임자).

귀천을 가려주는 기준이었다. 따라서 모든 복식의 기본은 《국조오
례의》와 《경국대전》을 따르도록 규정하였고, 여기에 규정된 사항
외의 것은 사용을 금지하는 등 엄격한 복식 금제 정책이 시행되었
다.[67)]

《경국대전》은 신분에 따른 복식에 대해 상세히 규정하고 있으며,
신분을 벗어난 복식 착용은 엄하게 다스려졌다. 복식금제 조항의 내
용을 살펴보면, 당시 복식 부분에서 일반인들이 부릴 수 있는 사치
의 내용을 살펴볼 수 있다. 즉, 의복에 대한 금제규정을 분석함으로
써 어떤 것이 신분에 맞고 어떤 것이 신분을 넘어서는 사치에 해당
하는가를 알 수 있다.

《경국대전》 예전 의장조에는 관품에 따른 관복 및 기타 복식에
대한 규정이 실려 있으며, 잡령조에는 사족과 서인에 대한 의복 규
정이 명시되어 있다. "사족의 의복은 철릭, 치마가 13폭을 넘지 못하
며, 서인의 경우는 9승(升)의 천으로 하되 철릭 및 치마는 12폭으로
한다. 사족의 초립(草笠)은 50죽으로 하고 마미립(馬尾笠), 부죽립
(付竹笠)을 쓰며, 서인의 초립(草笠)은 30죽 또는 죽직립(竹織笠), 승
결립(繩結笠)으로 한다"고 규정하고 있다. 또한 형전 금제 조항에는
규정을 어기면서 입거나 또는 사용해서는 안 될 물품들에 대해서 명
시하고 있는데, 의복과 관련된 사항은 다음과 같다. "서인 남녀는 모
두 홍의(紅衣), 자의(紫衣), 자대(紫帶), 교기초(交綺綃), 사피(斜

---

67) 조선시대 복식 금제 정책에 대해서는 백성례, 1983, 〈조선조의 금제(禁制) 소고〉, 《한
  양여자대학논문집》 6; 한옥수, 1982, 〈조선왕조시대의 여성복식의 금제 고찰〉, 《인문
  학연구》 17 강원대 참조.

皮)68) 등을 사용하는 것을 금한다", "당하관 이하의 혼인하는 사람은 사라능단(紗羅綾段),69) 계담(罽毯)70)을 사용하지 못한다"고 명시하고, "이를 어기는 자는 장 80에 처한다"고 규정하고 있다.71) 이처럼 서인이 사용해서는 안 되는 옷감·승수·폭수·색깔 등을 명시해 놓은 것이다. 따라서 이러한 규정 이외의 것을 사용하는 행위는 신분을 넘어서는 소비, 즉 사치로 간주하였다. 전근대 사회에서 의복에 대한 금제 조항은 각 신분간의 차별을 유지하여 신분질서를 유지하는 가장 효율적인 수단이었다. 그러므로 금제 조항의 무력화는 곧 신분질서의 혼란을 의미하는 말과도 상통할 수 있었다.72)

---

68) 가죽신이나 안장 또는 화살통을 만드는 데 쓰는 가죽.(김영숙 편저, 1998, 《한국복식문화사전》, 미술문화. 이하 설명은 모두 이 책 참조)

69) 사라능단은 화려한 고급견직물을 통칭하는 말이다. 직조방법·품질·문양 등에 따라 차이가 있다. 사(紗)는 얇고 투명하게 짠 하복지를 말하며, 라(羅)는 문양이 성긴 박견(薄絹)의 하복지를 말한다. 능(綾)은 얼음결과 같이 섬세하게 직조된 춘추복지를 지칭하며, 단(緞)은 광택이 있으며 부드럽고 촘촘하게 짠 유문(有紋)·무문(無紋)의 동복지를 말한다. 김병하[앞의 책(1969), 699쪽]에 따르면 조선전기에 생산되던 견직물로는 견(絹; 밑에 종이를 붙여 족자를 만드는 데 사용), 금(錦; 품질이 좋은 비단), 라(羅; 부드러운 비단), 사(紗; 발이 성기고 가벼우며 얇은 여름용 의류), 능(綾; 얼음과 같은 무늬가 있으며 얇은 견직물), 단(緞; 비단의 준말로 두껍고 광택이 있는 견직물) 등이 있었다고 한다. 또한 '사'와 '나'는 상당히 복잡한 조직으로 직조된다. 즉 사직(紗織)은 두 가닥의 날실이 있어, 한 가닥의 날실은 직선상으로 씨실과 교차하나, 다른 한 가닥의 날실은 규칙적으로 날실의 좌우를 왕래하면서 날실과 씨실을 얽어매면서 짜여진다. 나직(羅織)은 네 가닥의 경사를 한 조로 하여 직조된다.(김영숙, 1988, 《한국 복식사 사전》, 민문고) 조선시대에는 능라장(綾羅匠)이 있어 이를 궁중용으로 생산하기도 하였으나, 그 직조방법은 매우 까다로웠다. 따라서 민간에서 사라능단의 생산은 거의 이루어지지 않았던 듯하다.

70) 계(罽)는 고운 모직물로, 옷감뿐 아니라 고급 깔개로도 사용되었다. 담(毯)은 짐승의 털을 물에 빨아 짓이겨 평평하고 두툼하게 만든 천을 말하며, 담요 등의 재료로 쓰였다.

71) 《경국대전》 권5 형전 금제조.

72) 조선시대 탈것에 대한 규제가 무너져가는 현상에 주목해 조선후기 신분제의 해체과정

이 시기 복식사치와 관련되어 주로 언급되는 내용들은 법전 규정 외의 고급 옷감의 사용, 옷감의 과다 사용, 그리고 짙은 염색 등이었다. 문제가 되는 고급 옷감은 주로 중국에서 수입해오는 고급 비단, 즉 사라능단과 초서피였다.73) 이 두 가지 물품은 고급 옷감 재료로서 국내 생산이 아주 적은 사치품으로 중국의 수입에 의존하고 있었다. 사라능단과 초서피의 수요 증가로 인해 여러 가지 문제가 파생하고 있었다. 사라능단을 대량 수입함에 따라 조선의 금은이 중국으로 대량 유출되어, 중국이 금은 조공을 다시 요구할 우려를 낳았다.74) 또 초서피의 대량 수입은 야인들의 무기를 철물로 대체시키는 등75) 국방상의 위험을 초래하였다.

을 이해한 연구가 도움이 된다.(정연식, 1998, 〈조선조의 탈것에 대한 규제〉, 《역사와 현실》 27)

73) 15, 16세기 사치풍조의 유행과 더불어 고급 모피의 사용이 급증하였다. 따라서 모피 산지에서는 단순히 방한복의 재료였던 것이 한양을 중심으로 한 여러 지역에서 외모를 돋보이게 하기 위한 사치품으로 사용되었다. 추운 지역에서 주로 방한용으로 쓰이던 모피가 전국적으로 유행하게 되자 국가에서는 모피로 만든 갖옷과 이엄의 사용을 금지하는 금령을 내렸다.[남미혜, 앞의 글(2000), 〈표 2〉의 금령 참조] 한편 이태진 교수는 16세기 모물(毛物), 피물(皮物)의 수요 증가의 원인을 소빙기 현상에서 찾고 있다. 즉 16세기에 전 지구적으로 기온이 내려가는 소빙기 현상이 진행되어 사람들이 보온성이 높은 모피를 선호하였다고 보고 있다.(1998, 〈16세기 국제교역의 발달과 서울 상업의 성쇠〉, 《서울상업사연구》, 서울시립대부설 서울학연구소, 76쪽) 모피의 수요 증가는 기후, 즉 소빙기 현상과도 밀접하게 관련이 있겠지만, 당시 서천인(庶賤人)의 사치풍조와 관련되어 주로 문제되는 것은 초서피 이엄이었던 것으로 보아 사치풍조의 유행과 더 직접적으로 관련이 있어 보인다.

74) 한상권, 앞의 글(1983), 461쪽.

75) 초피의 수요 증가 때문에 초피 값이 오르자 이익을 도모하는 사람이 북도로 모여들어 우마(牛馬)와 철물(鐵物)을 가지고 초피를 다투어 구입하고 있었다. 따라서 옛날에는 뼈를 사용하였던 야인의 화살촉이 지금은 모두 쇠로 만들어지고 있다는 지적이 나온다.[《성종실록》 권57 성종 6년 7월 14일(신유) 참조]

사라능단으로 통칭되는 중국의 고급 비단은 국초부터 한정된 양
만 수입되어 주로 공적인 용도로 제한 사용되었다. 태조 3년(1394)에
는 사라능기(紗羅綾綺) 등이 다른 나라에서 수입해오는 것이기 때문
에 계속 쓰기 어렵다는 이유로 금은 장식물과 아울러 진상품과 각
관의 품대(品帶) 외에는 모두 금지할 것이 논의되었다. 따라서 사용
관품자의 등급을 정하여 제한이 가해졌다.[76]

《경국대전》에 따르면 사라능단은 재상(宰相)과 당상(堂上)의 부
녀자들에게는 허용이 되었다. 그러나 사치풍조가 민간에 확산되면
서 사라능단은 일반인들도 선호하는 옷감이 되었다. 15, 16세기 사
회경제적 변화에 편승하여 경제력을 갖춘 사람들이 증가하고, 이들
의 소비욕구가 증대하면서 신분에 상관없이 사라능단을 착용하게
된 것이다. 성종 19년(1488)에 사헌부 대사헌 이칙(李則) 등은

> 서인은 사대부에 비기고 사대부는 재상에 비기며, 복식은 아름다움
> 을 숭상하고 집은 굉장(宏壯)함을 다투어 힘쓴다. 주기(珠璣)·금옥
> (金玉)의 꾸밈과 금수(錦繡)·찬조(纂組)의 공(工)이 승여(乘輿)와
> 복어(服御)의 물건에 지나침이 있고, 자봉(自奉)과 연음(宴飲)도 간소
> 함을 힘쓰지 아니하며 반드시 진기한 맛을 써서 그 풍성함을 지극히
> 한 뒤에야 그치니, 이로써 사치와 교만한 풍습이 없어지지 아니한다.[77]

고 탄식하며 당시 상황을 전하고 있다. 또 다른 나라 물건이 아니면

---

76) 《태조실록》 권6 태조 3년 6월 1일(기사).
77) 《성종실록》 권222 성종 19년 11월 2일(신유).

혼례를 치르지 못하고, 노복(奴僕)이나 하천(下賤)까지도 중국 물품을 사용하는 실정이었다.[78]

사라능단은 특히 부녀 복식과 혼인에 많이 소비되었다. '혼인시 단자(段子) 한 필을 가지고 폐백을 하였더니, 상대편 집에서 자기들을 경멸한 것이라고 여겨서 혼인을 하지 않았다'는 성종대의 기사는[79] 혼수의 과다사용을 극명하게 보여주는 예이다. 당시 부귀한 집에서 혼인 때 사용하는 사라능단은 열 필에 이를 정도였다.[80] 혼인 사치는 천재(天災)보다 심하다고 자주 지적받았으며, 사치 때문에 혼인을 제때 하지 못하는 현상은 사회문제로 떠올랐다.

사치풍조 때문에 사치품, 특히 고급 비단에 대한 수요가 급증하였는데, 이는 사무역을 더욱 조장하는 한 요인이 되었다. 사라능단은 무역 금지품이었지만 무역 해 오기만 하면 막대한 이익을 보장받았기 때문에 이미 개국 초부터 위험을 무릅쓰고 국경을 넘어 무역하는 사람들이 있었다.[81] 사라능단의 무역은 주로 통사나 군관 등 부경 사행인이나 부상대고가 행하였다. 통사나 군관들은 공무역을 빙자하여 사무역에 종사하고 있었으며, 궁금(宮禁)이나 재상가와 결탁하고 있었다. 또한 부상대고들도 이에 편승하여, 심지어 역적(譯籍)에 모입(冒入)하며 사라능단을 수입하고 있었다.[82] 이처럼 사무역이 끊이지 않는 이유는, 당시 민간에서 토물(土物)은 좋아하지 않고 원

---

78) 《중종실록》 권93 중종 35년 7월 25일(갑인).
79) 《성종실록》 권138 성종 13년 2월 12일(신해).
80) 《명종실록》 권15 명종 8년 8월 29일(계묘).
81) 《태조실록》 권6 태조 3년 6월 1일(기사).
82) 한상권, 앞의 글(1983), 478~482쪽.

물(遠物)을 좋아하였기 때문이었으며, 이런 행위 때문에 중국에서는 조선인을 매호(賣胡)라고 부를 정도였다.[83]

이처럼 중국산 사라능단의 소비가 급증하자 국산 명주의 수요도 잇따라 증가하였다. 복식 부분에서 사치의 유행이 국산 명주의 수요를 증가시킨 것이다. 따라서 16세기 농가에서는 길쌈업 가운데 양잠업을 적극 경영하게 되었으며, 좀 더 질 좋은 직물 생산을 위하여 힘을 기울이게 되었다. 사치풍조의 성행에 따라 밀무역으로 시작된 사라능단의 수입과 고급 옷감의 수요증가는 고급 직물에 대한 소비를 증가시켜 조선의 양잠업 발달과 방직기술의 발전에 긍정적인 영향을 끼치고 있었다.

3.2.2. 기타 복식의 사치

의복과 관련된 각 부분에서 사치는 모든 복색 금지 규정을 무색하게 만들었다. 사라능단의 사용뿐만 아니라 옷감도 가늘고 세밀하게 짠 포를 사용하고, 옷도 화려하고 풍성하게 만들어 입었다. 성종 2년(1471)에는 남녀 옷의 포백(布帛)이 13, 14승에 이르고, 치마의 폭도 15, 16폭이나 되었다. 이처럼 의복에서 양적 질적인 사치가 일어나자 성종은 진상하는 표리(表裏)와 의대(衣襨)는 10, 11승을 넘기지 말고, 첩리(帖裏)는 14폭을 넘기지 말며, 속치마는 12폭, 겉치마는 14폭을 넘기지 말라는 명령을 내렸다.[84]

---

83) 《중종실록》 권90 중종 34년 5월 8일(을해).
84) 《성종실록》 권13 성종 2년 12월 5일(임신).

엄격한 신분질서가 유지되었던 조선시대에는 의복의 색을 규제함으로써 지배층의 신분지위를 유지하는 수단으로 쓰고자 하였다. 일반인들은 자(紫), 홍(紅), 황색(黃色) 등 화려한 색깔의 옷을 입지 못하였다. 그러나 이러한 색 금지령이 내려졌음에도 민간에서는 화려한 색깔의 옷을 즐겨 입었다. 황색은 황제의 색이라 하여 착용이 금지되었으나 양가의 부녀자뿐만 아니라 여기(女妓), 공사천인(公私賤人)에 이르기까지 신분을 가리지 않고 즐겨 입었다. 착용장소도 집안이 아니라 노상(路上)이나 연회에서까지 황색으로 물들인 옷을 드러내 놓고 착용하였으며, 혼인 때에도 다황색 옷을 입기도 하였다.85) 또한 홍색(紅色)과 자색(紫色)도 유행하였다. 사간원에서는

검소를 숭상하고 사치를 버리는 것은 나라를 다스리는 좋은 규범이므로, 사치의 습관은 금하지 않으면 안 됩니다. 지초(芝草)와 홍화(紅花)는 비록 본국에서 생산되는 것이지만 극히 귀한 것이고, 단목(丹木)은 전적으로 왜객(倭客)의 매매에 힘입어 국용으로 사용됩니다. 지금 위로는 경대부로부터 아래로는 천예에 이르기까지 자색(紫色)을 입기를 좋아하니, 이로 인하여 자색(紫色)의 값이 한 필, 염색하는 값이 또 한 필이나 듭니다. 속옷까지도 모두 홍색의 염료를 사용하니, 단목과 홍화의 값도 또한 헐하지 않게 됩니다. 다만 사치를 서로 숭상하여 등차의 분별이 없을 뿐만 아니라, 물가가 뛰어 오르게 되니 또한 염려가 됩니다. 지금부터는 자색의 염료는 진상하는 의대와 대궐 안에서 쓰이는 것 외에는 일체 금지하고, 속옷을 홍색으로 물들이는 것은 문무 각 품관과 사대부의 자제 외에 각사이전·외방향리·공상·천예들의

---

85) 《세종실록》 권105 세종 26년 윤7월 24일(신축).

착용은 연한을 정해 금지하여 사치를 영구히 금단시키고 등차를 분별
하소서.86)

라고 상소를 올려 등차(等差) 불분명, 물가상승 등을 이유로 들어 홍
색 염색을 금지할 것을 청하였다. 위 상소에서 당시 화려한 색깔의
겉옷과 심지어 옷의 안감까지도 염색해 입는 것이 유행하였음을 짐
작할 수 있다. 그러나 금령이 내려졌음에도 염료인 단목87) 사용량은
점차 늘어나, 다량의 단목이 왜상(倭商)들에 의해 유입되었다.88)

또한 짙은 초록색 염색도 유행하였다. 원래 초록색은 재상들의 의
복 색깔이었는데, 이들이 점점 짙은 색을 선호하게 되자 짙은 초록
염색을 금지하는 전교가 내려졌다.89) 그러나 이후에도 계속 짙게 물
들이는 풍습이 성행하여, 전에는 5, 6필을 염색하던 쪽[藍]으로 한 필
도 염색하지 못하는 상황이 벌어지고 있었다. 짙은 염색의 숭상은
재상가뿐만 아니라 민간에도 성행하는 실정이었다. 즉 제(諸) 군(君)
과 대가(大家) 및 궐내에서 '모두 그렇게 한다'고 하며 다투어 서로
본받고 있었던 것이다. 짙게 염색하는 것이 민간에 유행하자 조정에
서는 상의원에서 염색한 초록 베를 가져와 중외에 내려서 표준으로
삼으려 하기도 하였다.90)

---

86) 《세종실록》 권35 세종 9년 2월 19일(정축).
87) 콩과에 속하는 작은 상록교목(常綠喬木)으로 목재로서는 탄력이 있어 활을 만드는
   데 쓰인다. 속의 붉은 부분은 홍색염료로, 뿌리는 황색염료로 쓰이며 붉은 속 부분은
   한방에서 쓰인다. 소목(蘇木), 소방목(蘇方木)이라고도 부른다.(법제처, 1979, 《고법
   전 용어집》 참조)
88) 이정수, 1998, 〈15 · 16세기의 대일무역과 경제변동〉, 《부대사학》 22, 37쪽.
89) 《중종실록》 권25 중종 11년 6월 4일(갑인).

짙은 염색이 유행하자 밭에 곡식 대신 쪽을 많이 심는 농가도 등장하였다.91) 쪽 재배로 충분히 생계를 유지할 수 있었기 때문에 농가에서는 염료작물 재배를 선호하였다. 백사 이항복도 귀종(龜宗)에 거주할 당시 염료작물을 재배해 팔면 충분히 호구를 할 수 있을 것이라 생각하여 쪽을 재배하여 생계수단으로 삼으려 하였다.92) 짙은 염색의 유행으로 염료 수요도 증가하였고, 이미 향촌에는 장시가 성행하고 있었으므로 판매는 크게 염려하지 않아도 되는 상황이기 때문이었다.

이처럼 짙은 염색이 유행하자 염색 값이 오르고 등락이 심해졌다. 염가(染家)의 매매가가 등락이 심해 천차만별이고, 염색 값이 비싸져 견디기 어려우나 사치를 일삼는 호인(豪人)들은 값을 따지지 않아 값만 올릴 뿐이라는 탄식이 나올 정도였다.93)

짙은 염색에 대한 선호 풍조는 쉽게 사라지지 않았다. 법사(法司)가 금지해도 중지시킬 수가 없었으며, 부인들은 짙게 물들인 초록이 없으면 부끄럽게 여겨서 모임에 참여하지 않을 정도였다. 이러한 풍조가 사라지지 않는 이유는 대궐의 풍조가 그러하기에 민간에서 다투어 본받았기 때문이다.94) 초록을 짙게 물들이는 풍습은 쉽사리 없

---

90) 《중종실록》 권62 중종 23년 8월 18일(정사).

91) 위와 같음.

92) 《白沙集》 卷2 與崔正字有海書. "前歲僕卜宅於龜宗 厥土低濕 僕曰宜種大藍 取染斥賣 足以餬口."

93) 《慵齋叢話》 권1. "古者市無二 不至騰踊 今則姦巧日甚 物半淆雜 一尺之魚 相換斗粟 一車數價 至用輪布 染家尤甚 價重難堪 豪人猶事侈美 不與之爭競 增其價而不已…." (민족문화추진회 역, 1974, 《국역대동야승》, 21쪽)

94) 《중종실록》 권75 중종 28년 7월 14일(을묘).

어지지 않아, 이를 엄하게 금지하는 조항을 신설할 것을 제기하였으나[95] 큰 실효를 거두지 못하였다.

한편 의복뿐만 아니라 사라능단을 사용하여 심지어 베개·휘장·요·이불 등을 만들기도 해, 이를 강력히 금지하는 명령을 내리기도 하였다.[96] 또 가죽신 신는 사람이 증가하면서 가죽 값이 크게 치솟아 소와 말을 도둑질하는 자가 많아지게 되자, 상인(常人)들의 가죽신 사용을 금지하자는 논의가 대두하였다.[97] 사치 풍조로 가죽신이 유행하자 관리의 신분으로서 가죽신을 만들어 판매하여 이익을 남겨 비판을 받는 경우도 생겨났다.[98]

뿐만 아니라 갓의 재료도 점차 고급화하고 있었다. 평민들의 갓 모양이 사대부의 갓과 다름없이 사치스러워졌으며,[99] 평민들로서 모라(毛羅)나 교초(膠草)로 만든 갓을 쓰는 사람도 등장하였다.[100] 특히 도성민들의 경우, 의복 사치는 심각하여 의복 및 입자(笠子)의 체제를 모두 제멋대로 만들어 입고 착용해 통일성이 없었다. 따라서 모양이 천차만별로 서로 달라, 심지어 다른 나라 사람 같기도 하여 황당하다는 지적이 나올 정도였다.[101]

이처럼 사치풍조의 유행은 갓의 체재를 바꾸어 놓았다. 사치풍조가 유행하자 갓의 소비가 증가하고 모양에도 변화가 오기 시작하였

95) 《중종실록》 권93 중종 35년 6월 1일(신유).
96) 《중종실록》 권26 중종 11년 11월 8일(을유).
97) 《중종실록》 권36 중종 14년 6월 13일(을해).
98) 《성종실록》 권264 성종 23년 4월 16일(병진).
99) 《성종실록》 권13 성종 2년 12월 8일(을해).
100) 《성종실록》 권28 성종 4년 3월 3일(계사), 성종 14년 3월 28일(경신).
101) 《중종실록》 권68 중종 25년 5월 18일(정미).

다. 이제는 같은 모양의 갓을 원하는 것이 아니라 남과 다른 모양의 갓을 찾으려는 사람들이 등장하였기 때문이다. 이러한 변화에 편승하여 갓 수공업자는 높낮이와 폭을 마음대로 하여 만든 갓으로 많은 이익을 남기고 있었다. 이들은 갓의 체재를 온갖 방법으로 고치고 있었지만 당시 법사와 평시서에서도 이를 금지하지 못하는 실정이었다. 결국 일정기간 동안 방을 써 붙여 온 나라에 알린 뒤, 법령을 위배하는 자가 있을 경우 이를 엄중히 다스리기로 결정하였다.[102] 그러나 갓에 대한 규정도 이미 무력화되고 있었다.

한편 과시적 소비의 한 형태로서 옷을 자주 갈아입는 유행도 생겨났다. '사족의 집안에 연회가 있게 되면 휘황한 비단옷 때문에 집안이 찬란해지는데, 심지어는 하루 안에 의복을 여러 번 바꾸어 입음으로써 사치스러움을 과시하고 얼첩(孽妾)이나 창우(倡優)들도 왕후의 복장을 하고 있다'고 지적하였다.[103] 자신의 경제력을 과시하기 위하여 하루에 옷을 여러 번 바꿔 입기도 한다는 것이다. 사족의 집을 예로 들고 있지만, 이러한 풍조는 당시 경제력을 갖춘 다른 계층에서도 흔하게 찾아볼 수 있는 현상이었다. 따라서 이제 음식은 배를 채우기 위한 것이 아니라 상다리가 부러지게 차려놓고 뽐내기 위한 것이 되었고, 옷은 몸을 가리기 위한 것이 아니라 화려함과 아름다움을 경쟁하기 위한 것이 되어[104] 의식주 부분에서 질적으로나 양적으로나 지나치게 소비되고 있었다.

---

102) 《중종실록》 권68 중종 25년 5월 18일(정미).
103) 《명종실록》 권22 명종 12년 5월 11일(계해).
104) 《선조수정실록》 권8 선조 7년 1월 1일(정축).

예나 지금이나 서울은 생산의 중심지라기보다는 소비의 도시다. 당시 복식사치의 유행은 주로 도성, 한양을 중심으로 전개되었다. 조선시대에는 종로를 중심으로 한 지역에서 수공업 제품들이 일부 생산되기도 하였지만,105) 한양은 비생산인구인 양반관리들이 주로 거주하고 인구가 많이 밀집되어 있어 소비의 중심지가 될 수밖에 없었다. 따라서 당시 유행도 한양을 중심으로 전개되었다. 전국의 사람들이 모두 한양을 표준으로 삼아 의식주·혼인 등에서 반드시 한양을 닮고, 그렇게 하지 않으면 비루하게 여겼다.106) 의복이나 음식 같은 세세한 것에 이르기까지 궁중 양식이라 하면서 서로 본받고 있었던 것이다.107) 이처럼 당시 도성에서는 '한양풍'[京樣], '궁중풍'[宮樣]이 유행하고 있었다.

일반적으로 유행이란 일시적으로 많은 사람들이 어떤 행동양식이나 사상 따위를 택함으로써 일어나는 사회적인 동조현상 또는 그러한 경향을 가리키는 말이다. 유행은 사람들에게 과다한 소비를 하게 만들어서 유행과 관련된 분야를 발전시킬 수 있다. 유행으로 인한 소비의 증가는 생산을 자극, 증대시켜 그 분야의 산업을 발전시킬 수 있다. 16세기 복식 부분에서 사치풍조 유행이 조선사회에 부정적인 영향만을 끼친 것은 아니었다. 15·16세기 사라능단의 수요 증가

---

105) 최완기, 1998, 〈조선시대 종로에서의 생산활동과 그 의미〉, 《사학연구》 55·56합집 참조.

106) 《성종실록》 권130 성종 12년 6월 21일(갑자).

107) 《중종실록》 권58 중종 22년 2월 18일(을축). "又自近年以來 民情流俗 漸成偸惰 浮靡日滋 驕僭相尙 婚姻之侈 宮室之麗 染色之異 服玩之好 厭古而喜新 爭奇而誇美者 必曰宮樣…"; 중종 24년 11월 26일(무오), 중종 34년 5월 8일(을해).

와 복식사치 유행은 고급 옷감에 대한 수요를 증가시켰고 국내산 명주의 수요 증가를 불러와 향촌의 양잠업을 활성화시키는 요소로 작용하였다.

4장

16세기 향촌의 양잠 실태와 그 의미

-《묵재일기》(默齋日記)를 중심으로

4.1. 양잠시기와 잠농력(蠶農曆)

양잠이란 누에를 키워 고치를 생산하는 일련의 과정을 말한다. 누에는 알→애벌레→번데기→나방의 단계를 모두 거쳐 완전 탈바꿈하는 곤충으로서, 알의 상태로 겨울을 난다. 그리고 봄에 뽕잎이 피는 시기가 되면, 누에알에서 애벌레가 부화해 뽕잎을 먹이로 하여 성장해 고치를 짓게 되는 것이다.[1] 양잠업은 16세기 대부분의 사대부가에서 경영하였을 정도로 대표적인 부업이었다. 경상도 성주로 유배를 간 사대부 이문건(李文楗; 1495~1567)은 성주에 거주하면서 양잠업을 경영하고, 그 내용을 《묵재일기》(默齋日記)[2]에 기록해 놓

---

1) 김문협 외, 1969,《잠사학개론》, 향문사.
2)《묵재일기》및 이문건의 가계에 대해서는 김현영, 1998,〈《묵재일기》해제〉, 국사편찬위원회; 이상필, 1998,〈《묵재집》해제〉,《남명학연구》7이 참조된다. 이와 관련된

았다. 이문건가의 양잠업을 살펴보기에 앞서 양잠의 시작 절기와 잠
농력(蠶農曆)을 《농가월령》3) 속에서 간략히 살펴보기로 하자.

아래 〈표 4-1〉은 《농가월령》에 나타난 의료작물의 농사력을 정
리한 것이다. 표에서 보이듯이 《농가월령》에서는 각 의료작물의 농
사력에 대해 밝혀 놓았는데, 이 시기에 목화가 보급되고 있어서 그
런지 목화 경종법에 대해 자세히 서술해 놓았다. 《농가월령》은 주로
목화와 양잠에 대해서 중점적으로 서술하고, 삼[麻]과 모시[苧]에 대
해서는 별다른 언급을 하고 있지 않다. 그 까닭은 《농가월령》의 저
자 고상안(高尙顔)이 거주하던 상주 지역에서 주로 재배하는 의료작
물이 목화와 양잠이었기 때문이라 생각된다.

〈표 4-1〉에서 볼 수 있듯이 양잠은 보통 3월 청명(淸明)에 시작하

연구는 이복규, 1997, 〈조선 전기의 출산·생육 관련 민속—묵재 이문건의 《묵재일
기》, 《양아록》을 중심으로〉, 《한국민속학보》 8; 김경숙, 2000, 〈16세기 사대부 집안의
제사설행과 그 성격—이문건의 《묵재일기》를 중심으로〉, 《한국학보》 98; 김경숙,
2002, 〈16세기 사대부가의 상제례와 여묘생활—이문건의 《묵재일기》를 중심으로〉,
《국사관논총》 97; 이복규, 1998, 〈조선전기 사대부가의 무속—이문건의 《묵재일기》
를 중심으로〉, 《한국민속학보》 9; 김현영, 1999, 〈조선시기 '사족지배체제론'의 새로운
전망—16세기 경상도 성주지방을 소재로 하여〉, 《한국문화》 23; 김현영, 2001, 〈16세
기 한 양반의 일상과 재지사족〉, 《조선시대사학보》 18; 안승준, 2000, 〈16세기 이문건
가의 노비사환과 신공수취—《묵재일기》를 중심으로〉, 《고문서연구》 16·17(남풍
현·이수건 교수정년기념특집호); 이성임, 2002, 〈16세기 이문건가의 수입과 경제생
활〉, 《국사관논총》 97; 김동진, 2001, 〈16세기 성주와 임천 지역의 관둔답 경영—이문
건가와 오희문가를 중심으로〉, 한국교원대 대학원 석사학위논문; 김소은, 2002, 〈16세
기 양반가의 혼인과 가족관계—이문건의 《묵재일기》를 중심으로〉, 《국사관논총》 97
등이 있다.

3) 《농가월령》은 경상도 상주·문경 지방에서 실제로 진행되고 있던 농업 관행을 중심
으로 고상안(1553~1623)이 편찬한 농서이다. 《농가월령》(1619)은 간략한 책자지만
당시의 농업실정을 잘 반영한 저술로 평가되고 있다. 이에 대해서는 김용섭, 1988,
〈《농가월령》의 농업론〉, 《조선후기농학사연구》, 일조각, 134~135쪽 참조.

표 4-1. 《농가월령》에 나타난 의료작물의 농사력

월	절기	목화	양잠	삼	모시
1월	우수(雨水)	再耕 木花田			
2월	경칩(驚蟄)				播麻子
3월	청명(淸明) 곡우(穀雨)	擬種木綿花 付木綿種	安置蠶種於溫處 造蠶箔		
4월	입하(立夏) 소만(小滿)	初耘木花田	蠶藩息 摘取桑葉		
5월	망종(芒種) 하지(夏至)	耕木花田(第二次) 耕木花田(第三次)			
6월	소서(小暑)	耘木花田(第四次)			刈山麻
7월	입추(立秋) 처서(處暑)	耘木花田(第六次) 耘木花田(第七次)	取桑葉陰乾作末		
8월	백로(白露)		取桑葉末		
9월					
10월	입동(立冬) 소설(小雪)	雨後反耕木花田	刈葭蘆(爲蠶箔)		

여 6월 소서(小暑) 이전에 끝마쳤다.[4] 농가에서는 3월에 누에알을 따뜻한 곳에 안치해 부화시키고[5] 갈대나 물억새로 잠박(蠶箔)[6]을 만들어 두어 양잠에 대비하였다.[7] 조선시대에 농가에서 치던 누에는 삼면잠(三眠蠶)을 자는 봄누에였다.[8] 누에는 보통 뽕잎을 먹고 잠자기를 세 번 반복하며 성장해 고치를 짓게 되는데, 어린 누에에

---

4) 《농가월령》에서는 고치의 수확 절기에 대해 기록하고 있지 않지만, 대부분의 농가에서는 5월 중에 양잠을 끝냈다.
5) 누에알은 상온에서 월년(越年)하여 봄에 부화한다.
6) 잠박은 누에를 기르는 채반을 말한다.
7) 《農家月令》 三月中 穀雨. "造蚕箔(箔以臥蚕 去隰不殭 用前秋所刈葭蘆作箔)."
8) 조선시대의 누에는 세 번 탈피한 다음에 고치를 짓는 삼면잠(三眠蠶)이다.

서 고치를 수확하기까지는 약 40일 정도의 기간이 걸렸다. 누에알이 부화되는 3월에 양잠을 시작해서 고치를 짓는 5월에 수확하게 되는 것이다.

일반적으로 농업 경영에서 적절한 농시(農時) 선택이 중요한 것처럼, 양잠에서도 시기의 선택이 상당히 중요하였다. 이는 양잠 시기가 바로 3월에서 5월로 농시와 겹치기 때문에 농사에 피해를 주지 않으며 노동력을 동원해야 하기 때문이었다.9) 이처럼 양잠 시기에 노동력 안배가 중요하였으므로 《농가월령》의 저자 고상안은 달마다 또는 절기마다 때를 놓쳐서는 안 된다고 강조하였다.10)

〈표 4-2〉는 《묵재일기》를 통해 본 이문건가의 잠농력이다. 앞에서 살펴본 《농가월령》의 잠농력과 큰 차이를 보이지 않는다. 이문건가에서는 3월 중순 무렵에 양잠을 시작해 4월 달에 섶에 올리고 5월 중으로 고치의 수확을 마치고 있다. 이문건가의 양잠기간을 계산해 보면 35일에서 38일 사이다. 양잠을 시작한 날과 고치를 수확한 날을 완벽하게 기록한 1555년과 1559년의 양잠일수를 계산해 보면 모두 40일을 넘지 않는다. 이문건가에서는 1555년 3월 29일에 양잠을 시작하여 한 달 만에 누에를 섶에 올리고, 섶에 올린 지 1주일 뒤인 5월 7일에 고치를 수확하였다. 1559년에는 3월 16일에 양잠을 시작하여 26일이 지난 뒤에 섶에 올리고, 열흘 뒤인 4월 21일에 고치를

---

9) 양잠시기와 농사철이 겹치기 때문에 국가에서 군사를 동원할 때 양잠철을 피하여 군사를 동원하였다.[《중종실록》 권25 중종 11년 5월 22일(임인)]

10) 高尙顔 《農家月令》 序. "凡農(田)家之當務 逐月逐氣 俾不失時 五穀之播種 或燥或濕 使不失宜 至於糞田之策 種植之法 治田之械 養蠶之要 昭在如左…."

표 4-2. 이문건가의 잠농력(괄호 안 숫자는 날짜)

연도	3월	4월	5월
1548년		大旺(5)　蚕熟(14) 摘取先蔟繭(17)	
1551년	掃蚕(26)	擇蚕(28)	摘繭(1)
1552년		蚕事方張(28)	蚕熟(1)　摘繭(6)
1553년		三眠(10)　三眠已起(13) 上蔟(16)　蠶上蔟幾盡(20)	
1554년	掃蠶(24) 初眠(30)	蠶過半上蔟(23)　摘黃繭(25) 摘繭(28)	
1555년	始養蠶(29)	二眠(16)　上蔟(29)	摘繭(7)
1556년		下家蚕滿(18)　白蚕上蔟(26) 摘繭(28)	摘繭(1)　摘盡繭(4)
1557년		置蚕于內(18)	上蔟(3)　盡摘繭(13)
1558년		掃蚕蟻(6)	蚕事方張(1)　上蔟(11) 摘繭(17)
1559년	蠶事始起(16)	大食(9)　上蔟(12)　設蚕蔟(14) 初取繭(18)　畢蚕(21)	
1561년		掃房塵爲蚕架(17)	上蔟(6)　摘繭(11) 祀蚕神(15)　摘繭(16) 收蚕畢(17)　刮繭(21) 引繭絲(26)　覈繭(29)
1562년		蠶事方張(12)　上蔟(21) 摘繭(26)　取繭(29)　取繭(30)	畢摘繭(3)　白蚕蛾生(3)
1564년		上蔟(14)　蚕繭先擠(23)	

모두 수확하였다. 보통 누에를 섶에 올린 지[上蔟] 8일 정도가 되면 고치를 수확하게 되는데,[11] 이문건가에서도 섶에 올린 뒤 6일에서

---

11) 김문협 외 저, 앞의 책(1969), 239쪽.

8일이 지나면 고치를 수확하고 있음을 볼 수 있다. 따라서 《농가월령》의 양잠력이나 성주 지역의 잠농력은 거의 일치함을 알 수 있다. 다만 각 지방의 기후 차이 때문에 뽕잎이 나오는 시기가 달랐을 것이므로 지역에 따라 양잠 시작 시기가 조금씩 다를 수 있었다.

4.2. 잠종(蠶種)의 마련과 양잠 과정

4.2.1. 잠종의 마련

농사를 짓는 데 종자의 관리가 중요하듯이, 양잠을 하는 데서도 가장 중요한 것이 바로 잠종의 관리였다. 잠종의 보관 상태에 따라 다음 해 양잠의 성패가 좌우되기 때문이다. 이문건은 유배지인 성주로 내려오기 전 한양 저동(苧洞)에 거주할 때부터 양잠을 하였다.[12] 저동에 거주할 때의 양잠 기록은 자세하지 않아 잠종 보관 여부에 대해서는 살펴보기 힘들지만, 성주에 거주할 때에는 이문건이 잠종 보관을 잘못해 양잠을 못하는 경우는 거의 없었다.

조선전기에는 국가에서 각 지역에 잠실을 설치해 잠종을 관리하고 보급하는 일을 관장하게 하였다. 중앙 잠실에서 지방 잠실에 잠종을 보급하는 사례는 보이지만, 일반 농가에 잠종을 보급한 사례를 찾아보기 어렵다. 그러나 잠실의 설립취지가 양잠의 보급이라는 점

---

12) 《묵재일기》 1545년 4월 11일, 17일, 21일, 22일.

을 상기한다면 잠실이 설치된 지역을 중심으로 누에종자를 보급하였을 가능성이 높다. 대체로 양잠 농가에서는 고치를 수확한 뒤 누에종자를 받아 두었다가 다음 해의 양잠에 이용하였다. 그렇기 때문에 잠종 보관 기술이 있는 농가에서는 해마다 양잠을 할 수 있었고, 그렇지 못한 농가에서는 양잠을 포기하거나[13] 다른 곳에서 구하여 양잠을 할 수밖에 없었다.[14]

이문건은 1547년에 처자식들이 성주로 이주해 온 이듬해부터 양잠을 시작하는데, 성주에서 잠종을 구하지 않고 멀리 평안도 성천·개천에서 구하였다.[15] 평안도 지방은 양잠업이 활발한 지역이었다. 평안도 47개 군현 가운데 43개 고을이 뽕나무가 자라기에 적합한 토양이었으며[16] 명주 생산이 활발하였다. 성종대에는 평안도 공노비

---

13) 임진왜란 전에 씌어진 간찰에서 잠종을 보관하지 못해 다음 해의 양잠을 포기하는 모습을 볼 수 있다.(조항범 엮음, 1998, 《주해(註解) 순천김씨묘 출토간찰》, 태학사, 간찰 56번. "슈니지비 요소이 심히 긔별 모르니 민망… 나 이리 누운 뉘로 이시니 아모 일도 몯ᄒ고 누에도 다 ᄇ리고 삐 져거 다엿 그르슬사 쥐 다 가져 가니 몯 ᄒ과라. 곤ᄒ니 이만. 스월 스므날 모")

14) 잠종 보관을 하지 못하여 시집간 딸에게 보내주길 요청하는 친정어머니의 편지를 볼 수 있다.(조항범 엮음, 위의 책, 간찰 57번)

15) 《묵재일기》 1548년 2월 19일. "婦求成川及价川了簡 欲請買繭資云云 明日付千年 使之往傳云云." 필자는 이 글을 2003년 5월 조선시대사학회 월례발표회에서 발표하였다. 이 자리에서 위 기사에서 보이는 '欲請買繭資'를 필자의 견해와 달리 고치를 구입하기 위한 자금을 청하는 것으로 해석할 수 있다는 의견이 제시되었다. 물론 그러한 해석도 가능하겠지만, 이 기사는 누에를 치기 위한 밑천을 구하는 것으로 해석하는 것이 옳다고 생각한다. 이문건은 이 해부터 양잠을 시작하였는데, 그는 기록벽이 있다고 할 정도로 사소한 집안일까지도 빠짐없이 일기에 기록해 놓고 있다. 그러나 이 해에 잠종의 준비와 관련된 기록은 전혀 보이지 않으며, 4월에 알에서 누에가 깨어나 자라는 과정만 기록하고 있다. 위 기사는 이문건 부인이 그 해 고치를 칠 자본, 즉 누에씨[잠종]를 구하는 내용으로 보는 것이 옳다고 생각한다. 당시 토론을 해주시고 좋은 의견을 제시해주신 염정섭, 이성임, 강석화 선생님께 감사드린다.

의 신공을 명주로 거두어들였다.[17] 평안도 안주·중화 지역에 5, 6구의 노비를 둔 이문건도[18] 노비의 신공으로 명주를 거의 해마다 거두었다.[19] 이처럼 16세기에 평안도 지역은 양잠업이 활발하였으며, 조선후기에 이르러서는 양잠업의 명산지로 변모하였다.[20] 따라서 이문건가에서 잠종을 평안도에서 구한 이유는, 16세기 평안도 지역이 양잠업의 주산지로 등장하는 사실과 밀접한 관련이 있었던 것 같다.

1548년에 처음 평안도에서 잠종을 구한 이후로 이문건가에서 잠종을 구입한 사실을 찾아볼 수 없다. 이는 이문건가에서 해마다 자가(自家)에서 보관한 잠종으로 양잠을 하였음을 말해주는 것이며, 잠종 보관 기술을 보유하였음을 짐작하게 한다.

이문건이 거주하던 경상도 성주 지역은 조선전기부터 양잠업이 활발한 지역이었다. 성주 지역은 《신증동국여지승람》 및 《영남지지》에 풍속이 화려한 것을 숭상하고 여공(女功)을 잘하는 곳으로 소개되었으며,[21] 《세종실록지리지》 토의(土宜)조에는 목면(木綿), 상(桑), 마(麻), 청저(靑苧)가 기재되어 있어 길쌈업이 활발한 지역이었

---

16) 남미혜, 앞의 글(2002), 17쪽.

17) 《성종실록》 권167 성종 15년 6월 19일(갑술).

18) 안승준, 2000, 〈조선전기 사노비의 사회경제적 성격〉, 한국정신문화연구원 박사학위논문, 103쪽.

19) 《묵재일기》 1536년 8월 21일, 1554년 11월 29일, 1555년 윤11월 14일, 1556년 12월 1일, 1559년 1월 4일, 1557년 10월 28일, 1561년 1월 18일, 1567년 1월 8일.

20) 남미혜, 2009, 〈18세기 영조대 양잠정책과 양잠업〉, 《한국문화연구》 16 참조.

21) 《嶺南地志》 道內各官土風民俗 星州條. "土地肥 水泉深 風氣暖 俗尙華麗 崇文好武 善女工."(《草間日記-附 : 竹所日記》, 1997, 한국정신문화연구원 영인본)

음을 보여준다. 특히 경상도 성주의 두의곡은[22] 조선시대에 명주로 이름난 고장이었다. 성주 지역의 '두리실 명주'는 그 역사가 단종 2년(1456)으로까지 소급되며, 그 기술은 문중 부녀자들에게 전수되었고, 공물로 진상될 정도로 품질이 뛰어났다.[23]

아래 〈표 4-3〉은 이문건가에서 지역민들에게 잠종을 나눠준 기록을 정리한 것이다.

표 4-3. 이문건가의 잠종 보급 상황

연/월/일	대 상	내 용	사례품
1551/3/29	이문건→ 이공전	蠶種子 一紙	
1552/3/26	이문건→ 백거추	黃蠶種 小紙	獐肉·訥魚
1554/2/22	이문건→ 육교관	蠶種	
1555/5/8	이문건→ 경우댁	繭 一斗	
1556/3/28	이문건→ 송별감댁	蠶(種紙)	
1557/4/2	이문건→ 경우댁	蠶(種紙)	

위 표에서 보이듯이, 이문건은 성주 지역 사대부가에 잠종을 여러 차례 나누어주고 있었다. 이문건가에서 종자를 받아간 사람은 이공전(李公詮), 백거추(白巨鰍), 육교관(陸敎官), 경우댁(景遇宅), 송별감

---

22) 두리실[豆衣谷]은 품질 좋은 명주로 유명한 지역이다.
23) 권병탁, 1988, 〈명주짜기〉, 《민족문화논총》 9, 187~188쪽. 경상도 성주의 명주짜기 기술은 현재까지 이어지고 있는데, 1988년에 '두리실 명주'짜기 기술을 보존하기 위하여 조옥이 할머니가 중요무형문화재 제87호로 지정되었다. 조옥이 할머니는 2007년 타계하셨다.

(宋別監) 등으로, 이들은 모두 성주 지역의 유력 인사들이었다. 이들에 대해 간략히 살펴보기로 하자.

이공전은 이문건에게 꿩·쇠고기 등과 같은 식료품을 자주 보내주고,24) 또 수시로 방문해 거문고 연주를 함께 하며 여가를 보내는 등 친분이 두터운 사이였다.25) 백거추는 무인으로서 당시 경상도 호강인(豪强人) 백봉사(白奉事)였으며,26) 육교관은 교수관(敎授官) 육건중(陸建中)이었다.27) 경우댁은 검상(檢詳)을 지낸 권경우(權景偶)며,28) 송별감은 성주 유향소 별감이었다.29) 이들은 모두 퇴직관료, 생원·진사, 좌수·별감 등의 신분을 가진 성주 지역의 재지사족들이었다.

이처럼 이문건은 성주 지역의 관리·유향소·사마소원 등 지방의 유력 인사들과 활발히 교류하고 있었다. 이들과의 친분과 영향력 덕분에 이문건에게는 잡역·공물·군역 등과 관련된 각종 청탁이 폭주하였으며, 비록 유배인의 신분이지만 성주에서 가장 강력한 로비스트 내지는 브로커 노릇을 하고 있었다.30)

이문건은 지역 내 영향력을 발휘하는 재지사족들에게 잠종을 나누어줌으로써 친분을 두터이 할 수 있었다. 잠종의 대가로 장육(獐

---

24) 《묵재일기》 1546년 10월 21일, 1548년 2월 25일.
25) 《묵재일기》 1548년 3월 1일, 3월 4일, 1551년 5월 11일.
26) 《묵재일기》 1546년 10월 29일, 1552년 2월 11일, 9월 13일.
27) 《묵재일기》 1553년 12월 12일.
28) 《묵재일기》 1536년 1월 24일.
29) 《묵재일기》 1555년 4월 28일.
30) 김현영, 1999, 〈조선시기 '사족지배체제론'의 새로운 전망―16세기 경상도 성주지방을 소재로 하여〉, 《한국문화》 23, 157쪽.

肉)과 눌어(訥魚)를 받기도 하였지만, 대부분의 경우에는 무상으로 나누어주었다. 양잠의 주산지인 성주 지역 출신의 사족들이 이문건가에서 잠종을 구해갔다는 사실은, 이문건가의 잠종 보관 기술이 뛰어났으며 이문건가의 잠종의 우월성을 인정하였음을 의미한다고 볼 수 있다.

4.2.2. 잠실과 뽕잎의 공급

1) 잠 실

국가에서 설치한 도회잠실의 경우에는 독립된 잠실 건물을 짓거나 때로는 각 고을의 별관이나 빈 관청을 잠실로 이용하였다. 조선 전기 전라도 태인잠실의 경우에는 초가지붕에 온돌이 설치된 150여 칸 규모의 큰 건물을 잠실로 이용하였다.[31] 그러나 당시 향촌의 농가에서는 잠실을 따로 만들지 않고 주거공간을 그대로 이용하고 있었다. 이문건가에서도 방에 시렁을 설치하고 누에섶을 만들어 두어 온 집안을 잠실로 이용하고 있었다.[32] 주거공간을 잠실로 이용할 경우 실내 온도 조절이 비교적 쉬워 누에를 안정적으로 사육할 수 있는 이점이 있었다.

대부분의 사대부가에서 이처럼 독립된 잠실을 만들지 않고 주거 공간에서 누에를 쳤기 때문에, 누에가 알에서 깨어 자라기 시작하면

---

31) 《성종실록》 권52 성종 6년 2월 24일(계묘).
32) 《묵재일기》 1546년 4월 26, 1548년 4월 5일, 1559년 4월 14일, 1561년 4월 17일.
　　"食于堂 食後下見則掃房塵 爲蚕架矣…."

집안이 좁아져 가족들은 기거할 공간이 부족하였다.[33] 당시 이문건은 성주 고을 아전인 배순의 집을 빌려 아내와 아들 내외가 생활하였고, 이문건은 당(堂)을 지어 따로 거주하였다. 이문건은 주로 상당(上堂)에서, 그리고 아내와 아들 내외·손자·손녀들은 하가(下家)에서 생활하였으며, 하가를 잠실로 이용하고 있었다. 당시 하가의 가옥 규모는 그리 크지 않았을 것으로 생각되며, 따라서 잠실로 이용할 수 있는 공간도 그다지 넓지 않아, 양잠철이 되면 방이 비좁아 가족들이 상당으로 올라와 생활하기도 하였다.[34] 이문건은 양잠 때문에 집안이 소란스러워지면 자신의 거주처인 상당에서 주로 생활하며, 식사 때를 제외하고는 하가로 거의 내려오지 않았다. 1548년에는 양잠 때문에 집안이 소란스러워지자 이를 피해 안봉사(安峯寺)로 올라가 20여 일을 지내고 내려오기도 하였다.[35]

이처럼 양잠철이 되어 집안이 소란스러워지게 되면 대부분 가장들은 이를 피해 집밖으로 나가 지내거나 다른 지역으로 피신하여 생활하였던 것으로 보인다.[36] 당시 사대부가에서 이와 같은 생활의 불편함을 감수하고도 양잠을 하였던 까닭은 양잠업이 그만큼 가정경제 생활에서 차지하는 비중이 컸기 때문이었다.

---

33) 《묵재일기》 1548년 4월 13일. "家人務蚕擾亂　早極蠅多　身不平寧… 爐亦出宿南房
見逐於蚕也."
34) 《묵재일기》 1559년 3월 26일, 4월 21일.
35) 1548년 4월 19일에 안봉사(安峯寺)로 올라가 생활하다 5월 9일에 내려와 한세린
(韓世麟) 집에서 하루를 묵고 10일날 집으로 돌아온다.
36) 《묵재일기》 1548년 4월 16일, 《瑣尾錄》 1598년 5월 10일, 12일, 15일. 퇴계의 경우에
는 청량산으로 피신하려고 계획하였다.[《退溪全書》 遺集(內篇) 卷6, 答寯]

2) 뽕잎의 공급

① 적상(摘桑)의 주체

적절한 시기에 뽕잎을 공급하는 것은 양잠의 성패를 좌우할 정도로 중요한 일이었다. 누에는 성장해 탈피하면서 여러 차례 많은 양의 뽕잎을 먹기 때문에[37] 적절한 시기에 뽕잎을 공급하는 일은 매우 중요하였다. 그러므로《한정록》(閑情錄)에서도 뽕잎 공급의 중요성을 이야기하면서 뽕잎이 부족하지 않게 할 것을 강조하고 있다.[38]

당시 사대부가의 생산노동을 노비들이 전담하였듯이, 원료인 뽕잎을 따오는 일은 주로 노(奴)들이 담당하였다. 국영잠실의 경우 뽕잎 따오는[摘桑] 일은 남노가 맡고, 잎을 다듬거나[鍊葉] 먹이를 주는 일[飼蠶] 등 비교적 힘이 덜 드는 일은 비(婢)가 담당해 성별 분업이 철저히 이루어졌다.[39] 사대부가에서도 뽕잎 따오는 일은 대개 건장한 남노가 맡았다. 때로는 뽕잎을 따러 멀리 나가야 하였고, 또 나무가 클 경우 나무에 올라가 잎을 따야 하는 경우도 있었기 때문이다. 따라서 적상일은 매우 힘든 노역으로 여겨졌으며, 일부 사대부가에서는 노비의 태만으로 곤란을 겪기도 하였다.[40]

이문건은 비교적 많은 노비를 거느리고 있었기 때문에[41] 뽕잎을

---

37) 《四時纂要抄》 3月. 누에알에서 누에가 나오면 하루에 보통 4번 먹이를 준다.

38) 《閑情錄》 卷16, 治農 養蠶.

39) 남미혜, 앞의 글(2002), 참조.

40) 《瑣尾錄》 1598년 5월 11일.

41) 이문건이 성주에 거주할 때 보유한 노비는 노 83구, 비 50구, 총 133구로 확인된다. 이 가운데 성주에서 이문건이 상시로 사환하는 노비는 노 16구, 비 13구 정도이며, 약 10구 정도의 노비가 수시로 소환되어 일을 하고 있었다. 이문건가의 노비소유에 대해서는 김소은, 2002, 〈이문건가의 경제운용과 지출─괴산입향(槐山入鄕)을 관련

채취하는 데 그리 어려움을 느끼지 않았다. 또한 양잠과정에서 노와 비의 성별 분업이 비교적 철저히 이루어지고 있었는데, 적상의 일은 주로 남노들이, 뽕잎을 주거나 고치를 따거나 방적하는 일은 여비들이 담당하고 있었다. 그러나 노비를 많이 소유하지 못한 일부 사대부가의 경우에는 여성들이 뽕잎을 채취하러 나가는 경우도 많았다.42) 이문건가에서는 풍부한 노동력을 동원하여 성별 분업을 철저히 하면서 양잠을 하였기 때문에, 가족 노동력에만 의존하여 양잠을 하였던 일반 농가보다는 훨씬 많은 양을 수확할 수 있었다.

② 가상(家桑)과 산상(山桑)의 공급

이문건은 성주로 유배가기 전에 한양 저동(苧洞)에 거주하였는데, 양잠을 하다가 뽕잎이 모자라면 율도(栗島)에 가서 따오게 하였다.43) 율도는 이문건이 살고 있던 저동 집에서 꽤 먼 마포 남쪽에 위치한 밤섬으로, 상의원 소유 뽕나무가 재배되던 곳이었다.44) 본래 율도는 국영 뽕나무 재배단지였지만 규검(糾檢)과 수직이 철저하지 못해 민가[私家]에서 뽕잎을 몰래 따가는 경우가 많았다.45)

이문건은 저동에 거주할 때에도 많은 양의 누에를 쳤지만46) 노비

하여), 《고문서연구》 21 참조.

42) 오희문가에서는 노비 모두가 뽕잎 따는[摘桑] 일에 동원되었다. 여종이 뽕잎 따는 일에 동원되는 사례는 조선 중기 연간에서도 찾아볼 수 있다.(백두현, 1997, 〈진주하씨묘 출토 현풍곽씨 언간 판독문〉, 《어문논총》 31, 경북어문학회, 언간 91번. "옥쉬 뽕 뜨거든 얼운 종 둘홀 보내소 여두랜날로 보내소" 참조)

43) 《묵재일기》 1545년 4월 22일.

44) 《신증동국여지승람》 권3, 漢城府 山川.

45) 《중종실록》 권25 중종 11년 5월 23일(계묘).

들이 먼 지역으로 적상하러 나간 기록은 거의 보이지 않는다. 이러한 사실로 미루어 저동 거주 때 가상(家桑)을 다수 확보하고 있었던 것으로 보이며, 뽕잎이 모자라는 경우에 일시적으로 산상(山桑)을 이용하였던 것 같다.

표 4-4. 이문건가의 원거리 적상 예

연/월/일	내 용	거주지역
1545/4/22	노(奴) 2명이 율도에 가서 뽕잎 채취	한양 저동
1551/4/23	노복들이 말을 가지고 산뽕잎 채취	성주
1561/5/3	필이(必伊)가 대가곡(大家谷)에 가 뽕잎 구해옴	성주
5/9	노들이 모두 김시우(金時遇)집에 가 가상 채취	성주
1562/4/19	하인이 비를 무릅쓰고 뽕잎 채취해 돌아옴	성주
4/22	채상노(采桑奴)들이 비로 인해 부실하게 채취해 옴	성주

〈표 4-4〉는 이문건가의 원거리 적상 사실을 정리한 것이다. 사소한 일까지도 일기에 기록하고 있는 이문건은 뽕을 따러 멀리 나가는 경우에는 반드시 이 사실을 일기에 기록하였으며, 산상(山桑)을 채취하였을 경우에는 꼭 산상이라고 명시하였다. 그러나 표에서도 보이듯이 뽕잎을 채취하러 멀리 나갔다는 기록은 많지 않다.

성주에서 이문건은 1548년부터 1564년까지 거의 한 해도 거르지 않고 양잠을 경영하였는데, 노비들이 멀리 나가 적상한 경우는 겨우 다섯 차례에 불과하였다. 1551년에는 노복들이 산에 가 뽕잎을 채취

---

46) 《묵재일기》 1545년 4월 21일. "蠶箔漸廣 坐臥處移撤."

해 오고, 1561년과 1562년에는 각각 두 차례씩 멀리 뽕잎을 따러 나갔다. 1561년에는 서쪽으로 10리 떨어진 대가곡(大家谷)[47]에 가 뽕잎을 구해 왔다. 대가곡에는 이문건의 인척과 지인들이 거주하고 있었다.[48] 그런데 필이라는 종 한 명만 보낸 것으로 보아 지인의 집에서 뽕잎을 얻어왔을 가능성이 크다. 이어 바로 며칠 뒤인 5월 9일에는 이문건가의 노비들이 총동원되어 김시우(金時遇)의 뽕잎을 채취해 왔다. 이러한 사실로 미루어 보아, 당시 성주 지역에서는 뽕나무나 뽕밭을 소유한 농가가 여럿 있었던 것 같다.[49]

집에서 재배하는 뽕나무[家桑]가 많으면 뽕잎을 제때에 안정적으로 공급할 수 있기 때문에 양잠을 손쉽게 할 수 있었을 것이다. 양잠에서 중요한 원료가 뽕잎이라는 사실을 알고 있었으므로 이문건은 뽕나무를 재배하고 있었다. 상묘(桑苗)를 손질하기도 하고, 또 괴산 처가로 보내 집 뒤의 방죽에 심도록 지시하였기 때문이다.[50] 따라서 성주 이문건의 집 주위에는 재배 가상(家桑)이 상당수 있었던 것으로 생각하며, 그 덕분에 이문건은 뽕잎의 부족을 그다지 크게 느끼지 않으면서 양잠을 안정적으로 경영할 수 있었다.

---

47) 《동국여지비고》 慶尙道 星州牧.
48) 《묵재일기》 1552년 12월 13일, 1555년 12월 11일, 1559년 3월 5일.
49) 일기에 상주(桑主) 도아(刀我)라는 이름이 보인다. 《묵재일기》 1551년 12월 28일.
 "桑主刀我來求解州役 令子公往說書員 還守解之 使客行次時里居公賤服役于州云."
50) 《묵재일기》 1556년 4월 18일, 1555년 2월 30일. "送奴車同于槐山 移送稚桑及天門
 冬根 令植于槐山家後陂…."

③ 뽕잎 주고받기

가상(家桑)이나 산상(山桑)을 채취해 양잠을 하는 것이 당시 농가의 일상적인 모습이었다. 이문건가의 양잠 모습도 일반 농가와 비교해 크게 다를 바 없겠지만, 이문건가에서는 때때로 뽕잎을 받아[受贈] 양잠을 하고 있었다. 당시 사대부가에서는 곡물뿐 아니라 일상 생활용품을 주고받는 일이 자주 이루어지고 있었으며, 이는 양반가의 관행처럼 여겨졌다.51) 수증품에는 곡식, 찬거리와 같은 일상 생활용품뿐만 아니라 뽕잎도 포함되었다.

아래 〈표 4-5〉는 이문건가의 뽕잎 수증 사실을 정리한 것이다. 표에서 볼 수 있듯이, 이문건은 총 열여섯 차례 뽕잎을 받았다.52) 받을 때마다 양을 기록하지 않아 얼마만큼의 뽕잎을 받았는지는 자세히 알기 힘들다. 그러나 한 번 가져올 때의 양이 보통 1태(駄) 또는 1석(石) 이상이었던 것으로 미루어 보아, 매번 그 정도의 뽕잎을 받았을 것이라 짐작된다. 1548년에 수증 횟수와 양이 많았던 것은 양잠을 시작하는 첫 해여서 가상을 충분히 확보할 여유가 없었기 때문으로 보인다.

표에서 보이듯이 향촌민들이 가져온 뽕잎의 양은 적게는 1기(箕)에서 많게는 3석(石)이었다.53) 이문건에게 뽕잎을 가져다 준 사람은 그와 친분이 있는 성주 지역 안의 사대부와 각종 청탁을 하기 위해

---

51) 양반가의 물품수증과 그 성격에 대해서는 이성임, 앞의 글(2002).

52) 1561년 5월 9일에는 이문건가의 노비들이 총동원되어 김시우(金時遇) 집에 가 뽕잎을 채취해오고 있다. 무상으로 채취를 허용받은 것이라 수증에 포함시켰다.

53) 1기(箕)는 한 삼태기, 1태(駄)는 한 짐, 1석(石)은 15말[斗]로 계산된다.

표 4-5. 이문건가의 뽕잎 수증 예

연도	월/일	보낸 사람	양	총 계
1548	4/3	百祥 老夫人	?	4석 2태+α
	4/9	百祥 祖母 英必 父	1태 ?	
	4/12	百祥	1태	
	4/15	李承昌 英必	1석 ?	
	4/17	呂純	3석	
1549~1550		일기 없음		
1551	4/17	皮匠 李億孫	1기	1기+α
	4/19	皮匠 李億孫 永必	? ?	
1554	4/11	權績	1태	1태
1556	4/20	都江引	?	
1561	5/8	尹乃叮山 等	?	
	5/9	金時遇	많지 않음	
1562	4/24	沙乙峴人	?	
1565	5/2	韓別監宅 呂氏	2석	2석

* ?는 양이 적혀 있지 않은 것임

찾아오는 일반민들 두 부류로 나누어진다. 이문건은 가져온 사람이 자신과 같은 신분이면 '송상'(送桑)으로 표현하였으며, 자신보다 낮은 신분일 경우에는 '납상'(納桑)으로 기록하였다.

이처럼 사대부가에서는 수증 형태의 뽕잎이 있어서 일반 농가보다 훨씬 유리한 조건에서 양잠업에 종사할 수 있었다.[54] 그러나 일반 농가의 경우에는 뽕잎이 모자라면 산상(山桑)을 이용하거나 뽕잎을 사서 양잠을 하였던 것으로 생각된다. 조금 후대의 사실이기는 하지만 17세기 후반 무렵 경상도 영주에 거주하던 이담명(李聃明)은 뽕잎이 모자라자 한 말[斗]의 조(租)를 가지고 가서 뽕잎을 사오게 하여55) 양잠을 하였다. 이담명은 뽕나무 묘목 수백 그루를 집을 빌리는 대가로 집주인과 교환하려고 계획하기도 하였다.56) 뽕나무 묘목을 수백 그루씩 심었다는 것은 자가의 양잠을 위해서, 또는 판매를 목적으로 뽕나무를 재배하고 있었음을 의미한다. 이는 뽕잎을 팔아서 이익을 남길 수 있었음을 보여주는 좋은 예이다. 또한 뽕잎이 모자라면 값을 지불하고 사서 쓰는 일이 일상적으로 행해졌음을 보여준다. 그러나 이문건은 그의 신분적 위치 덕택에 무상으로 뽕잎을 공급받아 일반 농가보다 훨씬 유리한 조건에서 양잠을 경영할 수 있었다.

---

54) 조선후기의 사실이기는 하지만, 다산의 경우에도 뽕잎을 보내 준 박일인(朴逸人)에게 감사하는 뜻으로 시를 지어 보내고 있다.(《茶山詩文集》 권7, 詩 天眞消搖集 謝桑村 朴逸人惠桑葉四絶句)

55) 李聃命 《日錄》 康熙 23년(1684) 4월 16일. "饘食乏 金石地(持의 오기-필자) 一斗 租 易桑葉半負來."(김용만, 1997, 《조선시대 사노비 연구》, 집문당, 64~68쪽, 농사 관계기사 재인용)

56) 李聃命 《日錄》 康熙 23년(1684) 2월 21일. "笆圃移種桑稚(稚桑-필자)于家後 數 百株 欲贖主人借家之意也 且種栗數顆."(김용만, 위의 책, 64~68쪽, 농사관계기사 재인용)

4.3. 고치의 수확과 가공

4.3.1. 고치 수확량

이문건가에서는 가상(家桑)을 이용해 양잠을 경영하였기 때문에 1548년부터 1564년까지 한 해도 거르지 않고 안정적으로 양잠을 할 수 있었다. 다음의 〈표 4-6〉은 1548년부터 1564년까지 이문건가에서 수확한 고치와 견사의 양을 정리한 것이다.

보통 누에고치는 5월 중순 무렵 수확하므로 4월의 수확량을 기록한 1548년과 1559년, 그리고 1564년의 최종 수확량은 이보다 훨씬 많았을 것으로 생각한다. 고치를 가장 많이 수확한 해는 1557년으로 90여 말[斗]을 수확하였으며, 1556년에는 백고치[白繭]와 황고치[黃繭] 각각 40여 말 거두어 총 80여 말의 고치를 수확하였다. 조선시대에 한 석은 보통 열다섯 말에서 스무 말로 계산되므로,[57] 1562년과 1564년에는 60말 이상의 고치를 수확하였다고 볼 수 있다. 표에서 볼 수 있듯이, 이문건가에서 60말 이하를 수확한 해가 거의 없을 정도로 생산이 안정적이었다.

이문건은 고치를 수확할 때마다 정확한 양을 기록하지 않았기 때문에 누락된 양도 상당할 것으로 생각한다. 16세기 말엽 임진왜란으

---

57) 석(石)은 우리말의 섬을 의미하는 것으로 곡(斛), 석(碩), 점(苫) 등과 같이 쓰였다. 조선시대에는 소곡(小斛; 平石)을 15말, 대곡(大斛; 全石)을 20말로 정하였다.(《경국대전》 권6, 공전 도량형 참조)

표 4-6. 이문건가의 고치·명주실 생산량

연도	수확 월/일	고치[繭], 명주실 수확량	평균생산량
1548	4/17	고치 10말+α	
1549~1550		일기 빠짐	
1551	5/1	고치?	
	6/2	흰명주실[白絲] 1냥, 황색명주실[黃絲] 1냥 4전	
1552	5/6	?	
	5/21	황색·백색명주실 1냥	
1553	4/22	농사 부실	
1554	4/25 4/28	황고치 15말 총 70여 말	
1555	5/7	농사 부실	
1556	5/4	백고치 40여 말, 황고치 40여 말 (총 80여 말)	고치 약 60여 말
1557	5/13	고치 90여 말	
1558	5/17	고치 40여 말+α	
	6/9	황색명주실 1냥	
	6/29	명주솜(纊)?	
1559	4/18	고치 6.5말+α	
1560		일기 빠짐	
1561	5/17	?	
1562	5/3	고치 4섬	
	1562년 11월~1563년 6월까지 일기 떨어져 나감		
1564	4/23	고치 4섬+α	

* ?는 양이 적혀 있지 않은 것임.

로 피란을 가 피란지에서 양잠을 경영하였던 오희문가의 고치 생산
량이 각각 평균 18.3말, 53말임을[58] 고려해 본다면, 이문건가의 고치

---

58) 오희문가는 가족이 총동원되어 양잠을 하고 있었는데, 고치의 수확량은 이문건가보다

수확량이 결코 적은 양이 아니었음을 확인할 수 있다.

4.3.2. 방적과 방직

고치는 수확하고 나서 곧바로 방적하지 않으면 나방이 나와 상품 가치가 떨어지기 때문에 수확한 다음 바로 처리하는 일이 중요하였다.[59] 이문건가에서는 고치 수확 후 곧바로 잠종으로 쓸 우량종을 선별하여 누에씨를 받고, 나머지는 모두 명주실과 솜으로 가공해 이용하였다.[60]

당시 사대부가에서는 대부분 자가(自家)에서 직접 명주실[繭絲]을 뽑아 사용하였다. 이문건가에서도 고치 수확 후 바로 고치를 풀어[解繭] 견사를 뽑아냈는데, 이러한 방적 과정에는 부인과 며느리, 여종[女婢]들이 참여하였다.[61] 방적 작업 과정에서 나오는 연기가 온 집안에 꽉 차서 집안에 있을 수 없을 정도로[62] 이문건가에서는 많은 양의 명주실을 생산하고 있었다. 이문건 부인은 몸이 불편함에도 양잠의 전 과정을 지휘·감독하였으며, 때로는 직접 방적 과정에 참여

훨씬 적었다.[남미혜, 앞의 글(1992), 94~95쪽]

59) 고치는 수확 후 10일 이내에 바로 처분하지 않으면 나방이 나와 상품가치가 떨어진다.[김문협 외, 앞의 책(1969), 240쪽]

60) 《묵재일기》 1561년 5월 21일, 5월 26일, 5월 29일, 1558년 6월 29일.

61) 《묵재일기》 1558년 6월 9일. "得新黃絲一兩 老婦手引者."; 1561년 5월 26일. "朝夕 下見 共食食 始引繭絲 子婦注叱之香卜等 引之."

62) 명주실을 뽑기 위해서는 고치를 뜨거운 물에 넣어야 하기 때문에 물 끓이는 장작 연기가 온 집안이 가득 찬 것이다.(《묵재일기》 1562년 6월 11일. "下見 共朝食 引絲烟 眯目 卽還堂 困臥終日.")

하기도 하였다.63)

이문건가에서는 방적에 필요한 소차(繅車) 및 단지, 그리고 방직에 필요한 직기(織機)를 관청에서 지원 받고 있었다.64) 소차는 조선후기 실학자들이 방적기술의 개량에 필요하다며 중국에서 도입하자고 주장한 방적기구다. 16세기 성주 지역에서 사용되던 소차가 실학자들이 도입하자고 한 중국의 소차와 같은 것인지 아닌지 확인하기는 어렵다. 조선후기 실학자들은 당시 민간에서 소차를 사용하지 않고 손으로 실을 뽑아 기술이 낙후되었음을 지적하였으나,65) 이문건가에서 소차를 사용한 것으로 보아 일부 지역에서 이미 조선식 소차가 사용되었음을 추측할 수 있다.

한편 이문건가에서는 좀 더 품질이 좋은 명주실을 생산하기 위한 노력을 게을리 하지 않았다. 마을에서 수주사(水紬絲)를 뽑은 사람이 있다는 이야기를 들은 이문건 부인은 마을 사람을 집에다 불러놓고 수주사 뽑는 방법을 전수받았다.66) 수주사는 고급 명주실을 말하는데, 수주사로 직조된 수주(水紬)는 수화주(水禾紬)라고도 불렸으며, 공물의 대상이 되는 최상품 비단이었다.67) 최상품 명주의 원료인 수주사 방적기술을 이문건가에서 전수받고 있었던 것이다.

그러면 수주사로 직조된 명주의 가격이 어떠하였는지 일반 명주

---

63) 《묵재일기》 1551년 5월 16일. "妻氏指爪皆浮 不能搔痒云云 澡湯繅繭絲."; 1558년 6월 11일. "妻氏因不平 少許引絲云."
64) 《묵재일기》 1555년 7월 7일. "上衙送繅車二 織機一 中甕六等物."
65) 권태억, 1989, 《한국근대면업사연구》, 일조각, 25~28쪽.
66) 《묵재일기》 1548년 6월 28일. "里人有引水紬絲者 妻招置于內 令引之."
67) 김영숙 편저, 1998, 《한국복식문화사전》, 미술문화, 256쪽.

와 비교하면서 살펴보기로 하자. 16세기 성주 지역에서는 보통 품질의 명주[常紬] 1필이 상목(常木) 19.3필과 교환되고 있었다.68) 그런데 수주는 보통 품질의 명주보다 훨씬 고가였다. 당시 한양에서 수주 1필을 사기 위해서는 상목 75필을 주어야 하였다.69) 수주는 일반 명주보다 무려 3.9배 이상 고가인 고급 명주였던 것이다. 조선시대 고급 명주 가운데 하나로 연산조에 대궐에 여러 차례 진상되기도 하고,70) 조선후기 왕대비전에 진상되어 상궁들의 옷감으로 사용되었던 정주(鼎紬)의 필당 가격이 수주의 3분의 1이었음을 고려해 본다면71) 수주는 조선시대 최고급 명주였음을 확인할 수 있다.

이문건가에서는 이처럼 최고급 명주의 원료인 수주사 방적기술을 전수받고 있었다. 이문건가에서는 방적 과정을 거쳐 생산된 견사를 손질하고72) 염색을 거쳐73) 곧바로 명주 방직을 하였던 것으로 보인다. 양잠의 경우 다른 의료직물에 비해 방적 과정은 비교적 쉬운데

---

68) 《묵재일기》 1545년 11월 28일. 이문건은 상목(常木) 14.5필로 상주(常紬) 1필(=40자)을 바꾸지 못하고 30자[尺]를 샀다. 당시 시가대로 명주 1필을 구입하려면 상목 19.3필이 필요하다.

69) 1545년 이문건의 부인은 당시 한양에 거주하고 있었는데, 남편의 부탁에 따라 시장[京市]에서 수주(水紬)를 1필당 상목 75필을 주고 사서 이문건에게 보냈다.(《묵재일기》 1545년 12월 18일. "奴守孫還來 考見及親朋簡 可慰 妻貿水紬三匹送來 一匹各給常木七十五匹云云.")

70) 《연산군일기》 권2 연산군 원년 1월 6일(경인), 5년 8월 2일(기축). 연산조에는 수주(水紬)·정주(鼎紬) 등 고급 명주의 진상을 명하는 기사가 자주 보인다.

71) 《萬機要覽》 財用編 供上. "大殿 藍染沈醬沈菹 '水紬三同 每疋價三十六兩', 王大妃殿 阿只尙宮以下宣飯衣纏 '鼎紬二同二疋 每疋價十二兩'."

72) 《묵재일기》 1548년 6월 6일, 1551년 6월 29일.

73) 이문건가에서는 방적 후 곧바로 염색을 하였다.(《묵재일기》 1554년 7월 10~11일, 1555년 7월 14~15일, 7월 21~23일, 1561년 6월 17~23일)

방직하는 과정이 까다롭기 때문에, 일반 농가에서 고급품의 명주를 직조하기는 쉽지 않았다. 따라서 이문건가에서 생산한 수주사로 고급 명주인 수주를 직조하였는지는 분명하지 않다. 그러나 직기(織機)의 존재와 함께 새로 직조한 명주를 사용하고 있는 사실로 미루어 본다면74) 일반 명주를 직조하고 있었을 것으로 여겨진다.

4.4. 양잠업 경영의 성격

4.4.1. 자가 소비

조선시대 일반민들의 평상복 재료가 삼베와 목면이 대부분이었던 것에 비해 사대부들의 의복재료에는 명주가 많이 사용되었다.75) 따라서 사대부가에서는 자가 소비를 위해 양잠은 필수적으로 해야 할 농사 가운데 하나였다. 그러므로 사대부의 기록에서 양잠을 하는 모습을 찾는 것은 어렵지 않다. 퇴계 이황가에서도 양잠을 하고 있었으며,76) 유희춘가에서도 양잠을 하고 있었다. 유희춘가의 양잠 경영

---

74) 《묵재일기》 1552년 2월 24일. "子婦處求裝冊色紬 則出新紬染紫者 爲切而供之云."
75) 17세기 사대부가의 규범 및 생활방식에 대해 서술하고 있는 《정훈》(庭訓)에서 이유태(李惟泰; 1607~1684)는 양반들의 의복재료[衣資]로 면과 명주를 들고 있으며 이의 조달을 위해 사대부가에서 양잠을 필수적으로 경영할 것을 말하였다.[李惟泰, 《庭訓》制産之規 主父主母. "衣資綿紬 無奴婢貢而 又不能養蠶則 以米換繭而 繰織可也."; 이해준 편저, 1998, 《초려(草廬) 이유태의 향약과 정훈》, 신서원]
76) 《退溪全書》 遺集(內篇) 卷6 答寯. "但蚕事方殷無容處 吾亦厭此 欲往清凉山計定 而昨聞山庵多病氣故姑止 李庇遠吳謙仲 亦欲入山 聞病而止."

모습은 《미암일기》에 보이는데, 아내 송덕봉이 직접 양잠을 하여 아들의 조관복(朝官服)을 마련하고 있었다.77)

이처럼 대부분의 사대부가에서 양잠을 하였던 주된 이유는 일차적으로는 의복의 원료를 조달하기 위해서였다. 사대부가에서는 명주 소비가 많았기 때문에 자가(自家)에서 생산한 명주는 대부분 가족의 의복이나 일상용품을 만드는 데 사용하였다. 명주는 또한 화폐의 기능을 하고 있었으므로, 쌀과 교환하거나78) 장시에서 팔아서 필요한 물품을 구입하는 데 이용되기도 하였다.79)

이문건가에서는 생산한 명주실과 명주를 우선 의복재료로 이용하였다. 명주로 중치막이나 저고리·바지·외출복 등 의복을 만들거나,80) 솜으로 만들어81) 이불속을 넣거나 솜옷을 만들어 입기도 하였다. 또 명주실[繭絲]은 거문고 줄을 매는 데 사용하였으며,82) 지인들에게 선물로도 보냈고,83) 일부는 그물을 엮는 데 사용하였다.84)

---

77) 《미암일기》 1571년 1월 18일. "將暮 朋世來自潭陽 夫人之行 退定中秋 爲養蠶爲景濂朝官衣服 及萬一爲湖南伯 中路易通也."

78) 오희문가에서는 고치를 쌀과 교환하였다.[《瑣尾錄》 1596년(병신) 6월 4일]

79) 조금 뒷시기의 경우지만 장시에서 양잠의 수확물이 판매되고 있는 것을 볼 수 있다. (金坽 《溪巖日錄》 1634년 5월 22일. "今年桑茂而蚕不然 處處皆然 雖然此里若干宅 不下於昔 場市繭出山積 遠邇守宰貿易奔走焉 利之所在也如是矣.")

80) 명주는 주로 의복을 만드는 데 소비되었다.(《묵재일기》 1553년 1월 30일, 11월 28일, 1557년 9월 24일, 1563년 11월 25일)

81) 《묵재일기》 1558년 6월 29일. "家人演繭爲纊."

82) 《묵재일기》 1551년 5월 24일, 6월 2일.

83) 《묵재일기》 1552년 4월 29일, 1556년 1월 9일, 6월 7일.

84) 《묵재일기》 1561년 6월 29일, 7월 3일. 조선전기 향촌에서는 진사(眞絲) 어망을 만들어 사용하고 있었다. 이는 오희문의 일기에서도 찾아볼 수 있다.[《쇄미록》 1599년(기해) 윤4월 19일] 조선시대 그물 등 어구에 대해서는 박구병, 1968, 〈한국어업기술사〉, 《한국문화사대계 3—과학·기술사》; 박구병, 1994, 〈수산업〉, 《한국사》 24, 국사편

그 밖에도 책 표지로 이용하거나 병풍 만드는 데도 이용하였다.85) 생산물 가운데 일부를 이와 같은 일상용품을 만드는 데 사용하였던 것이다.

당시 이문건가에서는 해마다 평균 60말 이상의 고치를 생산하고 있었는데, 이를 모두 자가에서 소비하지는 않았던 것으로 보인다. 조선후기에 고치 한 말을 명주실로 뽑아 방직할 경우, 보통 10자[尺]의 명주를 짤 수 있었다.86) 이 계산대로라면, 한 필의 명주를 짜기 위해서는 네 말의 고치가 필요하다.87) 이문건가에서 평균적으로 수확한 60여 말의 고치를 모두 명주로 직조하였다고 가정해 본다면, 1년에 명주 15필 이상을 얻을 수 있다는 계산이 나온다. 일반적으로 명주 한 필로는 성인 한복 한 벌을 지을 수 있으며, 두루마기는 두 벌 지을 수 있다고 한다. 사대부가에서 명주의 소비가 많았을 것으로 생각되지만, 해마다 열다섯 필 이상이나 생산되는 많은 양의 명주를 모두 의복재료로 소비하였으리라고 생각하기는 어렵다. 이문건가에서는 명주를 다른 용도로 사용하였을 가능성이 높다.

4.4.2. 상품 생산

사대부가에서는 생산한 명주를 대부분 의복의 재료로 소비하거나

찬위원회; 이영학, 2000, 〈조선후기 어업에 대한 연구〉, 《역사와 현실》 35 참조.
85) 《묵재일기》 1552년 2월 24일, 1556년 4월 2일.
86) 빙허각이씨, 《규합총서》(1809). "욕줌법은… 대뎌 누에가 잘 된즉 혼 간의 고치 뉵칠 두를 쓰고 혼 말의 열 자 쏠 실이 나느니라."[정양완 역주, 1975, 보진재, 178쪽]
87) 1필은 40자로 계산하였다.

일상용품을 구입하는 데 썼다. 16세기 향촌에서 장시가 활발히 열리고, 여기서 양잠의 생산물이 거래되었던 점을 고려해 본다면,88) 이문건가의 양잠업 경영은 바로 장시를 염두에 두고 진행되었을 가능성이 크다.

당시 성주 지역에도 장시가 열리고 있었다. 성주 장시는 1552년 남쪽 정자 아래 처음 열린 것을 시작으로 해서,89) 다음 해에 동방사(東方寺) 앞으로 옮겨서 열리다가,90) 그 이듬해 다시 남쪽 정자 앞에서 열렸다.91) 성주 장시는 매월 1일과 16일에 열렸던 것으로 보이며, 소·쌀·관목(棺木)·꿩 등과 같은 품목들이 거래되었다.92) 성주 장시는 개설 초기여서 거래 물종이 다양하지는 않았지만, 인근 지역에서 생산되는 생필품들이 교환되고 있었다.

그런데 일기에서는 성주 장시에서 명주가 유통된 상황을 찾아볼 수 없다. 따라서 이문건가에서 생산한 명주실과 명주를 어떻게 처분하였는지 구체적으로 밝히기는 어렵다. 소를 가지고 와서 예단으로 쓸 명주[紬布]를 사려는 사람이 있었던 것으로 보아,93) 이문건가에서 명주를 판매하였을 것으로 짐작할 수 있으나 기록이 자세하지 않아 판매 여부를 알기는 힘들다. 이문건가에서 장시 판매를 목적으로 명주를 생산한 것이 아니라면, 그 많은 명주를 모두 어디에 소비하

---

88) 남미혜, 앞의 글(1992), 98쪽.
89) 《묵재일기》 1552년 12월 15일.
90) 《묵재일기》 1553년 2월 1일.
91) 《묵재일기》 1553년 11월 6일.
92) 《묵재일기》에서 성주 장시 관련 기사는 1554년 1월 16일, 2월 16일, 1561년 4월 1일, 5월 1일, 7월 1일, 1562년 2월 1일조에 보인다.
93) 《묵재일기》 1561년 11월 16일.

였을까? 이는 해마다 계속되는 이문건의 명주 방납 행위와 연관 지어 생각해 볼 수 있다.

이문건은 성주 유배 직후부터 명주 방납 행위를 지속적으로 하고 있었다. 성주에 유배되어 온 지 몇 달 되지 않아서, 당시 한양에 거주하고 있던 부인에게 편지를 보내 수주 세 필을 사 보내라 부탁하였다. 부인이 수주를 사서 보내자 수주가 도착한 바로 그날 이를 관청에 납부하고 자문[尺文]을 받았다.[94] 한양에서 구입한 수주를 성주 관아에 대납하는 방납 행위를 하고 있었던 것이다.[95] 이문건은 수주뿐만 아니라 7승에서 10승 정도의 명주를 관청에 대납하고[96] 지역민들에게서 명주값[紬價]을 해마다 거두고 있었다.[97]

이문건은 명주를 미리 관에 납부하고 자문을 받아 주비[98]에게 주면, 촌민들이 추후에 이문건에게 주가를 납부하는 형태로 진행되었다. 이문건은 연초에 미리 납주(納紬)할 계획을 세우기도 하였으며,[99] 자신이 기대하였던 것보다 주가가 낮게 책정될 때는 목관(牧

---

94) 《묵재일기》 1545년 12월 18일. "奴守孫還來 考見及親朋簡可慰 妻貿水紬三匹送來 一匹各給常木七十五匹云云… 水紬三匹送官廳 卽作三戶尺文以送 且從昨昨所請家主乎未差帖成送."
95) 이문건은 수주(水紬) 방납을 여러 차례 하였다.(《묵재일기》 1548년 2월 8일, 1556년 1월 11일)
96) 이문건이 대납한 명주는 7승~10승까지 다양하였다.(《묵재일기》 1551년 4월 9일, 1562년 4월 12일, 1563년 3월 21일, 1564년 3월 12일)
97) 그가 노비를 시켜 주조(紬租)를 거두게 한 사실은 일기 여러 곳에서 찾아볼 수 있다.(《묵재일기》 1546년 9월 28일, 11월 26일, 12월 1~2일, 1547년 1월 17일, 1553년 11월 1일, 1556년 10월 22일, 10월 24일, 11월 15일, 1561년 2월 3일, 1563년 3월 21일, 1564년 3월 12일, 1565년 3월 4일, 3월 11일)
98) 주비[矣]에 대해서는 김현영, 앞의 글(1999), 172쪽 참조.
99) 《묵재일기》 1551년 2월 1일.

官)에게 그 연유를 따져 묻고, 이미 납입한 명주를 다시 환수해 오라고 시킬 만큼 방납에 매우 적극적이었다.[100]

주가는 주로 조(租)로 거두었으며, 경우에 따라 콩·보리·소·회풍(回風)·목필(木匹)로 거두기도 하고, 때로는 명주로도 수취하였다.[101] 주가 징수는 주로 이문건의 노비들이 담당하였으며, 값을 지불하지 않는 사람은 관청에 고하여 납부 독촉을 하기도 하고,[102] 때로는 노비를 보내어 주가를 수취해 오기도 하였다.[103]

이문건이 명주를 대납한 지역은 유곡(酉谷), 문주(文朱), 화원(花原), 팔여(八茴), 용산리(龍山里) 등 성주 인근 여러 지역에 걸쳐 있었다. 주가는 노들이 여러 차례 가서 운반해 올 만큼 많은 양이었으며,[104] 수조(收租)할 지역이 원거리고 수조량이 많을 경우에는 조(租)를 인근에 맡겨 두었다가 나중에 실어오기도 하였다.[105] 수조량이 대량일 경우에는 인근 창(倉)에 납부하고 본창(本倉)에서 그 수대로 계산해 받는 방법을 모색하기도 하였다.[106]

이처럼 이문건이 공물 방납에 적극적이었던 것은 방납으로 많은 이익을 남길 수 있었기 때문이다. 16세기에는 "공물이 모두 토산이

---

100) 《묵재일기》 1556년 10월 16~19일.
101) 《묵재일기》 1551년 6월 3일, 1553년 10월 3일, 11월 14일, 12월 4일, 1562년 1월 21일, 1565년 3월 11일.
102) 《묵재일기》 1546년 11월 22일, 1553년 11월 30일.
103) 《묵재일기》 1562년 2월 22일, 4월 2일, 1564년 3월 29일.
104) 《묵재일기》 1546년 12월 1일, 12월 5일, 1551년 10월 8일, 1552년 8월 11일, 1552년 12월 17일, 1553년 10월 3일, 1553년 12월 4일, 1563년 10월 24일.
105) 《묵재일기》 1546년 12월 7~8일, 1556년 11월 22일.
106) 《묵재일기》 1563년 11월 23일.

아니고 오로지 방납에 의지하는 실정"107)이라고 이야기될 정도로 방납이 성행하였다. 당시 방납은 척신(戚臣)을 중심으로 한 궁가(宮家), 권세가, 각사(各司)의 하리(下吏), 부상대고(富商大賈) 등을 중심으로 진행되었으며,108) 이들의 주요 경제활동 가운데 하나였다. 성주 지역 관리들의 방납 행위도 여러 차례 조정에서 문제가 되었으며,109) 성주판관은 관청의 공부(貢賦)와 잡물(雜物)을 수납하면서 많은 부정을 저질러 물의를 일으키고 있었다.110) 따라서 당시 이문건가의 명주 방납 행위도 성주관아와 밀접한 관련 속에서 행해졌을 것으로 생각한다.

이문건은 명주 방납 행위를 통해 4, 5배의 차익을 남기고 있었다. 이문건은 원액(元額)의 4, 5배가 넘는 주태조(紬太租)를 받아 촌민들로부터 원망을 듣고 있었으며, 이러한 사실을 알게 된 처와 자식들은 창피스러워하였다.111) 이문건 자신도 방납 행위에 대해 마음 편

---

107) 《명종실록》 권9 명종 4년 2월 23일(계해).

108) 이 시기 공물제도와 방납에 대해서는 김진봉, 1973, 〈조선초기의 공물대납제〉, 《사학연구》 22; 김진봉, 1975, 〈조선전기의 공물방납에 대하여〉, 《사학연구》 26; 이지원, 1990, 〈16·17세기 전반 공물방납의 구조와 유통경제적 성격〉, 《이재룡박사환력기념 한국사학논총》; 이재룡, 1991, 〈조선전기의 국가재정과 수취제도〉, 《한국사학》 12; 박도식, 1995, 〈조선전기 공납제 연구〉, 경희대 대학원 박사학위논문; 박현순, 1997, 〈16~17세기 공납제 운영의 변화〉, 《한국사론》 38 등이 참조된다.

109) 《성종실록》 권33 성종 4년 8월 17일(병자), 8월 25일(갑신), 8월 26일(을유), 11월 13일(경자).

110) 《명종실록》 권16 명종 9년 1월 3일(갑진). 성주 판관 최여주(崔汝舟)는 공부(貢賦)와 잡물(雜物)을 수납할 때 부과한 것의 5~6배가 되지 않으면 수납하지 않고 기름이나 꿀 따위는 되나 말 밑에 구멍을 뚫어 줄줄 새도록 한 다음에야 계량하여 고을 백성들이 괴로워하였다.

111) 《묵재일기》 1552년 11월 30일.

치 않아 하였으나[112] 명주 방납 행위를 그만두지 않았다.

　그러면 이문건이 명주 방납을 하고 대가로 거둔 명주값은 어느 정도였는지 살펴보기로 하자. 명주 방납량(防納量)과 주가로 거둔 수조량(收租量)이 비교적 정확히 기록된 1563년의 경우를 살펴보기로 하겠다. 이문건은 1563년 3월 21일에 10승 명주 2필을 관청에 납입하고, 그해 11월에 37석의 주조(紬租)를 거두고 미수분(未收分) 4석을 남겨두었다.[113] 1563년에 거둔 주조가(紬租價)가 총 41석이었다고 볼 수 있는데, 이 양을 말로 환산하면 615말가량 된다. 1563년 이문건가의 성주 전답에서 농업 소출량은 298말을 웃도는 것이었고,[114] 괴산 전답에서는 잡곡 70여 석을 수확하여[115] 총 소출량은 1,348말이었다.[116] 1563년 이문건가에서 명주 방납을 통해 거둔 주조가는 모두 615말로, 성주 지역 전답에서 얻은 수확량보다 훨씬 많았다. 이 양은 이문건가의 1년 농사 수확량의 45퍼센트에 육박하는 것이었다.

　이문건은 명주뿐만 아니라 백저포(白苧布) 및 무명 대납 행위도 하고 있었다.[117] 직물류뿐만 아니라 각종 공물을 대납하는 일도 하

---

112) 이문건은 자신의 방납 행위에 대해 떳떳하지 못하였던 듯하다.(《묵재일기》 1546년 3월 8일)

113) 《묵재일기》 1563년 11월 19일. "萬水昨還言 所收紬價三十七石 未收4石云."

114) 김동진, 2001, 〈16세기 중엽 성주지방 이문건가의 수전농업〉, 《지방사와 지방문화》 4권 1호, 107쪽, 〈표 5〉 참조.

115) 이성임, 2001, 〈16세기 이문건가의 수입과 경제생활〉, 《국사관논총》 97, 75쪽.

116) 조(租)와 잡곡을 구별하지 않고 1석을 15말로 계산해서 나온 양이다.

117) 《묵재일기》 1545년 12월 4일; 1551년 5월 11일; 1555년 12월 1일. "二道前簡請 白木三匹欲納事 主家必伊請爲紬布斗干事 當圖見云云."

고 있었는데, 그 가운데 명주 방납 행위가 큰 비중을 차지하였다. 이
문건이 명주 방납으로 계속 이익을 남기기 위해서는 안정적인 원료
생산처의 확보가 필요하였을 것이다. 따라서 이문건가의 양잠업 경
영은 공물 방납을 위한 상품 생산과정과 밀접한 관련이 있다고 보아
도 무리가 아닐 것이다.

《묵재일기》에서 보이듯이 이문건가에서는 양잠에 대해 상당한
애착을 가지고 있었다. 양잠일이 바쁘면 제사도 거를 만큼[118] 중요
하게 여겼으며, 양잠농사의 풍년을 기원하며 잠신(蠶神)에게 고사를
지내기도 하였다.[119] 또한 고급 명주인 수주의 원사를 방적하는 기
술을 전수받으며[120] 양잠일에 적극적인 모습을 보였다.

이문건은 비록 유배인 신분이었지만 괴산 지역에 26칸 규모의 가
옥을 신축하였으며,[121] 성주와 괴산 지역에 점차로 전답을 늘려갔
다.[122] 이러한 재원은 농업경영, 노비의 신공, 친인척과 지인들이 제
공하는 물품 등 다양한 방법으로 축적된 것이었지만,[123] 양잠 경영
을 통한 수익도 상당 부분을 차지하고 있었다. 16세기 사대부 이문

---

118) 《묵재일기》 1555년 5월 5일. "蚕事方張 不能擧祀事.";1561년 5월 5일.
119) 《묵재일기》 1561년 5월 15일. "下見 共朝食 摘繭未畢 因望日造糕祀蚕神云云 冒
　　雨還堂…."
120) 《묵재일기》 1548년 6월 28일.
121) 《묵재일기》 1552년 5월 25일. "造成家二十六間 自前四日盖瓦 今日甫畢云云.";
　　1552년 5월 26일, 5월27일, 5월29일, 1561년 9월 29일.
122) 《묵재일기》 1556년 10월 29일. "妻氏留此 停服藥 求考買田文 爲之考算 畓二結餘
　　田三結餘也.";1563년 2월 16일, 1565년 12월 11일, 1566년 1월 13일. 이문건가는
　　유배 후반기까지 지속적으로 전답을 사들인다.
123) 이문건가의 경제생활에 대한 연구로는 이성임, 앞의 글(2001); 김소은, 앞의 글
　　(2002) 참조.

건가에서는 자가 소비뿐 아니라 상품 생산을 염두에 두고 양잠을 경영하였으며, 이문건가의 양잠업 경영은 안정적인 경제생활을 유지시켜 주고 재산 증식을 가능하게 한 중요한 생산활동의 성격을 갖는 것이라 하겠다.

17세기 양잠정책의 추이와 양잠업의 성장

5.1. 17세기 양잠정책의 추이

5.1.1. 광해군—현종대의 양잠정책

두 차례의 왜란과 호란을 거친 뒤 조선의 전 국토는 황폐해졌다. 특히 관청 소속 전지(田地)들은 제대로 관리가 되지 않아 각 관청의 절수 대상이 되고 있었다. 잠실 소속 뽕밭[桑田]도 예외는 아니어서 상의원 소속인 율도(栗島)의 뽕밭도 제(諸) 사(司)의 절수 대상이 되고 있었다. 전란이 끝난 뒤 선조는 각 관청의 전지 소유 실태와 뽕밭의 상황에 대해서 파악하라는 전교를 내리며, 점탈된 상의원 소속 뽕밭을 다시 원래대로 복귀하라는 지시를 내렸다.[1] 그러나 조선전기에 운영되던 국영잠실제도가 중종대 이후 유명무실해지면서 국영잠실 소유 뽕밭에 대한 관리와 명령이 제대로 시행되지 않았다.

---

1) 《선조실록》 권133 선조 34년 1월 3일(임인).

광해군은 즉위한 뒤, 조종조의 친경·친잠에 관한 전례(典禮) 문제와2) 친경·친잠을 시행한 연월 및 절기를 모두 써서 들이라는 전교를 내렸다.3) 광해군은 "친히 밭을 갈고 누에를 치는 등의 예(禮)를 국가에 일이 많아서 오랫동안 거행하지 못하였으니 어찌 흠전(欠典)이 아니겠는가. 내년 봄에 행해야 하니 새 달력이 나오기를 기다려 길일을 가려서 아뢰고, 모든 의절은 미리 마련하여 정리해 놓고 기다리라"4)라 하여 친경례·친잠례 시행에 큰 관심을 표명하였다. 또한 친잠 후 베푸는 연회 자리에서 침향산 학무를 추게 할 것을 전교하기도 하고,5) 친경대(親耕臺) 수축과 의식 거행에 필요한 의절(儀節)을 미리 상세히 의논하여 마련하도록 명하는 등6) 농상 권장에 적극적인 모습을 보였다.

그러나 광해군대 친경례와 친잠례는 즉시 거행되지 못하고, 이러저러한 사정으로 계속 미루어지다가7) 12년에 비로소 거행되었다. 친경례는 12년 3월 13일에 처음 거행되었으며,8) 친잠례는 4월 20일에 거행되었다.9) 광해군은 친잠례 거행에 앞서 친적도감(親籍都監)에다 친경단에 있는 그림과 같이 친잠례에 대한 그림을 그려 보낼

---

2) 《광해군일기》 권25 광해군 2년 2월 13일(기미), 광해군 4년 12월 17일(병오).
3) 《광해군일기》 권61 광해군 4년 12월 17일(병오).
4) 《광해군일기》 권95 광해군 7년 9월 25일(무술).
5) 《광해군일기》 권98 광해군 7년 12월 9일(신해).
6) 《광해군일기》 권108 광해군 8년 10월 19일(병진).
7) 광해군 10년에는 안질(眼疾)을 이유로 연기되었다.[《광해군일기》 권125 광해군 10년 3월 6일(을축)]
8) 《광해군일기》 권150 광해군 12년 3월 13일(신묘).
9) 《광해군일기》 권151 광해군 12년 4월 20일(정묘).

것을 전교하고, 친잠례의 의장 및 의기의 수효와 의복 등에 대해 준비할 것을 지시하였다.10) 한편 친잠례 연습 때 참석한 외명부 수가 적은 것을 알고 한탄하면서, 불참한 외명부의 가장을 각별히 추고하도록 명하였으며,11) 의식에 참여한 관원 및 당상관 등에게 술과 악공을 하사하라고 미리 명하기도 하였다.12)

잘 알려져 있듯이 왕비가 내·외명부를 거느리고 수행하는 친잠례는 궁궐에서 행하는 공식적인 여성의례였다.13) 광해군대에 거행된 친잠례의 참여인원은 의장·차비군·의녀 등을 포함하여 모두 130여 명이었다.14) 원래 친잠례를 거행할 때 의식의 주된 보조자는 국영잠실에 근무하던 잠모(蠶母)였으나15) 광해군대에는 잠모의 존재가 확인되지 않는다. 잠모 대신에 친잠례의 절차를 의녀에게 강습하도록 하고 있었다.16) 16세기 이후 잠실 제도가 유명무실해지면서 운영이 부실해지자 잠모의 존재는 잊혀져 갔다.

광해군대에 거행된 친잠례에 대한 기록은 자세하지 않아 구체적인 진행 상황은 살피기 어렵지만, 성종대의 친잠의식을 많이 참고하였을 것이라 생각한다. 이와 같이 광해군대에는 친잠례를 거행하여

---

10) 《광해군일기》 권150 광해군 12년 3월 19일(정유).
11) 《광해군일기》 권151 광해군 12년 4월 9일(병진).
12) 《광해군일기》 권151, 광해군 12년 4월 12일(기미), 16일(계해).
13) 왕실 여성의 의례에 대해서는 홍순민, 2005, 〈조선시대 여성의례와 궁녀〉, 《역사비평》 2005년 봄호 참조.
14) 《광해군일기》 권151 광해군 12년 3월 12일(경인).
15) 조선시대 잠모에 대해서는 남미혜, 2005, 〈조선시대 특수직 여성, 잠모(蠶母)〉, 《여성과 역사》 2.
16) 《광해군일기》 권151 광해군 12년 3월 16일(갑오).

백성들에게 양잠의 모범을 보였으나 양잠 장려를 위한 구체적인 정책은 시행되지 않았다.

인조대에도 적극적인 양잠정책은 추진되지 않았다. 인조는 "농상은 나라의 큰 근본이고 백성으로서는 하늘인데, 백성들이 그것을 힘쓰지 않고 있으니 걱정이다"[17]고 하며 농상에 힘쓸 것을 강조하였다. 인조대에 지경연사 이귀(李貴)가 뽕밭이 있는 율도의 토지를 사대부들이 사사로이 점유하여 사전(私田)으로 만드는 폐단에 대해 아뢰는 것으로 보아,[18] 선조대부터 제기된 뽕밭 사점(私占) 문제가 인조대에도 여전히 해결되지 않은 것으로 보인다. 이는 선조대 이후 양잠정책이 별다른 진전이 없었음을 보여준다.

효종대에도 국왕이 의례적으로 양잠을 권장하는 모습들만 볼 수 있다. 효종은 외지로 부임하는 지방의 수령들에게 수령 칠사에 힘쓸 것을 당부하고[19] 팔도에 농사와 양잠을 권장하는 분부를 내렸으며, 이에 힘쓰는 자에게는 신역을 탕감해 주라고 명하였다.[20]

현종대에는 현종 10년 3월에 관리를 보내 선잠제를 행하였다는[21] 기사가 보인다. 또한 유래가 오래된 동남잠실을 그대로 호조에 속하게 하는 것으로 보아[22] 잠실제도는 형식적으로 유지되고 있었으나, 실제 운영은 유명무실하였던 것으로 보인다. 이처럼 광해군에서 현

---

17) 《인조실록》 권20 인조 7년 4월 4일(기축).
18) 《인조실록》 권20 인조 7년 5월 6일(경인)
19) 《효종실록》 권6 효종 2년 2월 10일(정사).
20) 《효종실록》 권21 효종 10년 3월 13일(갑진).
21) 《현종실록》 권16 현종 10년 3월 12일(을사).
22) 《승정원일기》 179책 현종 4년 6월 6일(임인).

종대에는 양잠정책이라고 할 만한 내용이 거의 없으며, 농사를 권장하면서 부수적으로 양잠에 힘쓸 것을 당부하는 정도에 그쳤다. 국가 경제의 근간인 농상정책의 큰 틀은 마련되지 않았던 것이다.

5.1.2. 숙종대의 양잠정책

양잠정책에서 별 진전이 없던 광해군에서 현종대와는 달리, 숙종대에는 양잠산업의 성패를 좌우한다고 할 수 있는 뽕나무에 대한 재식령과 양잠정책이 적극 시행되었다. 숙종대의 양잠정책은 윤휴(尹鑴)를 비롯한 남인(南人)들이 중심이 되어 뽕나무 심기, 그리고 친잠례의 시행을 통하여 장려하는 정책이 추진되었다.

숙종대 윤휴는 삼대(三代)의 다스림을 이상적으로 생각하고 있었으며, 주대(周代)의 정전제(井田制)를 가장 바람직한 제도로 여기고 있었다.[23] 그는 백성의 항산(恒産)과 항업(恒業)을 확립하기 위해서는 농업생산력을 증대시키고 생산관계를 보조할 여러 수단을 국가에서 마련해야 하며, 농가경제를 향상시키기 위해 양잠을 장려해야 한다고 적극 제안하였다.[24] 조선시대 양잠업은 15세기 국가의 적극적인 장려책 덕분에 16세기에는 부업(副業)으로서 위치를 확고히 하고 있었다. 그러나 16, 17세기에 있었던 여러 차례의 전란으로 국토는 황폐해졌으며 뽕나무도 무성하지 못하였다. 양잠업에서 가장 중

---

23) 《白湖集》 卷24, 雜著 漫筆 上.
24) 정호훈, 1994, 〈백호(白湖) 윤휴(尹鑴)의 현실인식과 군권강화론〉, 《학림》 16, 186~
187쪽.

요한 요소라 할 수 있는 뽕나무가 잇단 전란과 재해로 많은 피해를 입었던 것이다. 양잠산업이 성과를 얻기 위해서는 뽕나무를 심는 것이 시급하였다. 이에 윤휴는 민호(民戶)에 따라 정해진 수대로 뽕나무를 심는[種桑] 방안을 제시하였다. 윤휴는 국왕에게 뽕나무 심기의 중요성을 다음과 같이 제안하였다.

> 우부승지 윤휴가 아뢰기를…… "맹자께서 말씀하기를 '5묘(畝)의 터에 뽕나무를 심는다'고 하셨습니다. 선유(先儒)는 이를 왕정의 근본이라 하였는데, 이는 실로 나라의 급선무입니다. 우리나라는 뽕나무 심는 일에 힘쓰지 않으므로 누에치는 일도 적습니다. 지금 심는 시기를 맞이하여 각 읍 수령으로 하여금 민간을 신칙하여 그 가호의 대소를 계산하고 수를 정하여 뽕나무를 심게 하되, 부지런하고 태만함을 상고하여 출척(黜陟)의 근거로 삼으며, 해마다 추진하여 이루는 것이 있게 해야 합니다. 이 일은 실로 먼 이익에 관계된 일이며, 백성을 부유하게 하려는 뜻이니 묘당으로 하여금 엄하게 사목을 제정하고 파발마로 팔도에 통보하여 금년 봄 나무 심을 계절에 할 수 있도록 하는 것이 어떻겠습니까?" 하니, 상이 말하기를 "서둘러 명하여 거행하는 것이 좋겠다." 하였다.25)

즉, 백성들을 부유하게 하는 방법 가운데 하나가 바로 뽕나무 심기라고 본 것이다. 이러한 윤휴의 의견이 반영되어 〈오가작통사목〉 21조가 마련되는데, 여기에 '농상을 권장하고 부세(賦稅)를 독려하고 경계(境界)를 바르게 하는 것은 모두 통리(統里)에게 책임을 지운

---

25) 《비변사등록》 31책 숙종 1년 2월 27일.

다'는 규정이 들어가 있었다.26) 한편 〈상목재식사목〉(桑木栽植事目)도 마련되었는데, 그 내용을 살펴보면 아래와 같다.

    1. 뽕나무 심는 문제를 일찍이 분부하였으나 금년에 한재(旱災)가 특히 심하여 말라 죽은 것이 많다고 한다. 대호(大戶) 50그루, 중호(中戶) 40그루, 소호(小戶) 30그루의 그루 수에 모두 살리지 못한 경우가 있을 때에는 수령은 이임(里任) 등에게 분부하여 9, 10월경에 수에 따라 다시 심도록 한다. 수령이 직접 적간하여 명령대로 하지 않은 자가 있는 경우에는 이임 및 주호(主戶) 등을 각별히 치죄할 것이며, 오는 봄 2월 안에 역시 금년에 분부한 것과 같이 연이어 심도록 하되, 미리 알려 철이 늦거나 때가 아니어서 심지 못하는 폐단이 없도록 한다. 2월 이후에는 조정에서 특별 적간이 있어 수령에게 죄를 묻는 일이 있을 것이니 이러한 뜻을 미리 각 현(縣)·읍(邑)에 분부한다.
    1. 심은 뽕나무의 살아 있는 그루 수를 각 도 각 읍으로 하여금 일일이 보고하게 하여 살아 있는 것이 얼마인지를 알게 할 것이며, 화재금지 상황도 일일이 보고하도록 한다.27)

즉 〈상목재식사목〉은 호(戶)의 크기를 대·중·소로 나누어 각각 50·40·30그루의 뽕나무를 해마다 의무적으로 심게 하고, 조정에서 적간하게 하는 것이었다. 그리고 각 도의 뽕나무 그루수를 보고하도록 하여 수령 출척의 근거로 삼게 하였다. 그런데 거듭 상목재식령을 내리고 좀 더 엄하게 시행할 것을 청하는 것으로 보아28) 상

---

26) 《숙종실록》 권4 숙종 1년 9월 26일(신해).
27) 《비변사등록》 31책 숙종 1년 8월 29일.
28) 《숙종실록》 권7 숙종 4년 1월 22일(갑오).

목재식령은 잘 시행되지 않았던 듯하다.

숙종대에 시행된 상목재식령은 큰 효과를 보지 못하였다. 상목재식령 시행에서 가장 큰 폐단으로 지적된 것은 규정 대로 심지 않은 자에게 책벌(責罰)을 가하는 문제였다. 상목재식령의 폐단에 대해 우의정 민정중은 "지금 사목(事目) 가운데 '부정행위를 적발하라'는 내용이 있기 때문에 고을에서 독려하느라 소요를 일으키는 폐단이 많다"고 지적하였다. 이러한 폐단 외에도 "윤휴가 청하여 각 도로 하여금 월말에 뽕나무를 심어 그루수를 보고하도록 하였기 때문에 더욱 번거롭고 소란스럽다"[29]는 문제도 지적되었다. 즉 윤휴가 제안한 상목재식령의 강행으로 장부를 속이는 일이 일어나고, 백성들이 그 고통을 견디기 힘들다는 문제점이 제기되었던 것이다. 남인이었던 윤휴의 상목재식령 강행은 당시 정적들에게 공격의 빌미를 만들어 주는 결과를 가져왔다.

한편 윤휴는 권잠정책의 일환으로서 왕비의 친잠례 시행을 주장하기도 하였는데, 이 또한 불순한 정치적 의도로 간주되었다.

이때 윤휴·허목의 무리가 임금에게 권하여 친경례를 행하게 하였다. 친경례를 행하면 중궁도 친잠례를 행하여야 하는데 친잠할 때에는 전례대로 육궁(六宮)을 데리고 나간다. 오정창의 딸이 자색이 있어 이때를 타서 임금의 사랑을 받기를 꾀하였다. 또 예를 의논하는 일로써 고묘(告廟)를 행하기를 청하였는데, 김만기는 예를 의논하는 데 같이 참여한 사람이었으므로 또한 장차 죄를 입을 것이고, 중궁은 죄인의 딸

---

29) 《숙종실록》 권9 숙종 6년 6월 13일(경오).

이므로 그대로 곤위(坤位)를 맡을 수 없으니 저절로 폐립(廢立)의 꾀가 이루어질 수 있다. 흉당(凶黨)의 꾀가 이와 같기 때문에 오정창의 상소에서 한나라 임금의 몸소 밭을 간 일을 끌어서 입을 다해 찬미하기를 이와 같이 하였다.30)

당시 서인들은 윤휴를 비롯한 남인들의 친잠례 시행 주장을 정권을 잡으려는 정치적 음모가 개입되어 있다고 보았다. 숙종 6년에 경신환국(庚申換局)이 일어나 남인을 처단하는 과정에서 주요 이유로 지적된 것이 바로 친잠례 시행이었다. 친잠례를 거행하기 위해서는 왕비 말고도 후궁이 있어야 하는데, 당시는 중전인 인경왕후 외에 후궁이 없는 처지여서 친잠례를 거행하자는 윤휴의 주장은 후궁을 들여 정권을 잡으려는 정치적 음모로 간주되었다. 윤휴와 오정창이 복주(伏誅)되고, 이옥(李沃)이 극변(極邊)에 정배(定配)되는 상황이 전개되자,31) 양잠과 관련된 일을 조정에서 언급하는 것이 금기시되는 분위기였다. 당시 이러한 정국 속에서 양잠정책은 더 이상 추진되기 힘들었다. 이후 권잠정책과 관련된 논의는 더 이상 전개되지 않았으며, 서인정권이 들어서자 친경・친잠 논의는 고례(古禮)를 빙자한 음흉한 의도로 간주되었다.32)

이처럼 숙종대에 양잠정책을 추진하던 남인이 세력을 잃으면서 정책은 지속되지 못하였다. 그러나 당시 양잠업은 재화를 생산할 수 있는 직업으로 인식되었다. 박권(朴權)이 양역(良役)의 변통에 대하

---

30) 《숙종실록》 권5 숙종 2년 1월 18일(신축), 6년 7월 3일(경인).
31) 《숙종실록》 권10 숙종 6년 윤8월 11일(정유).
32) 김지영, 2002, 〈영조대 친경의식의 거행과 《친경의궤》〉, 《한국학보》 107, 62쪽.

여 상소를 올리며 "대개 농업과 양잠으로 재화를 생산할 수 있어서, 베 짜는 일도 농사짓는 일과 그 이익이 맞먹습니다. 대저 한나라 초기의 관대한 정사로도 오히려 이것을 행하였으니, 또한 어찌 소견이 없어서 그랬겠습니까?[33] 라고 하여 농상의 이익에 대해 말하고 있다. 당시에 의료작물 재배는 농사짓는 일과 맞먹을 정도로 이익을 남길 수 있는 산업으로 인식되었던 것이다.

17세기에는 뽕나무를 재배하여 이익을 남기는 사람들도 나타나기 시작하였다. 17세기 후반 경상도 영천 지방에서 농사와 양잠을 하던 이담명은 뽕 묘목을 수백 그루 심었다.[34] 이담명이 뽕나무를 수백 그루 심은 이유는 묘목으로 판매하기 위해서였거나, 아니면 뽕잎을 판매하기 위해서였을 것이다. 이처럼 17세기 양잠업은 재화를 생산할 수 있는 산업으로 성장하고 있었다. 17세기에 양잠업을 항산(恒産)의 수단으로 삼아 경영하려는 남급(南礏)과 같은 사대부가 등장하는 것은 자연스러운 현상이었다.[35]

---

33) 《숙종실록》 권50 숙종 37년 12월 27일(신사).
34) 李聃命, 《日錄》, 康熙 23년 2월 21일, 4월 16일; 김용만, 1997, 《조선시대 사노비 연구》, 집문당, 64~68쪽에서 재인용.
35) 남급(南礏; 1592~1671)은 양잠업을 항산(恒産)의 수단으로 삼기 위해서 《잠농요어》를 저술한다고 서문에서 밝히고 있다. 《잠농요어》는 현재 '서'(序) 부분만 전해진다.

5.2. 17세기 지역 잠서(蠶書)의 등장과 기술의 발전

5.2.1. 지역 잠서의 등장

양잠업을 좀 더 발전시키기 위해서는 기존의 기술을 개선하고 현재의 가장 선진적인 기술을 보급시키는 것이 중요하다. 양잠기술을 보급하기 위하여 ·조선전기 국가에서는 국영잠실을 설치해 운영하고, 국가적인 차원에서 또는 개인적인 차원에서 잠서(蠶書)를 편찬 보급하였다. 아래의 〈표 5-1〉은 15세기에서 17세기에 간행된 농서·잠서를 총정리한 것이다.

조선전기에는 농업서적의 간행과 함께 양잠서적이 여러 종 간행되었다. 이 시기에 《농상집요》(農桑輯要), 《촬요신서》(撮要新書), 《산가요록》(山家要錄), 《사시찬요초》(四時纂要抄)와 같은 농서에 양잠 항목이 삽입되어 편찬되기도 하였지만, 《농상집요》의 양잠 항목만을 따로 발췌한 양잠서적인 《양잠방》, 《양잠경험촬요》도 간행되었다. 양잠 항목만 발췌하여 서적을 간행하였다는 사실은, 조선전기에 양잠업에 대한 관심이 커지고 있음을 의미한다. 양잠 조항만 따로 발췌하여 편집을 하게 되면 이용하기 편리할 것이며, 이용 빈도수가 높아질 수 있을 것이다. 그러므로 이러한 독립된 양잠서적의 발간은 양잠업의 보급에 긍정적인 영향을 끼쳤을 것이라 생각된다.

그런데 조선전기에 편찬된 대다수의 농서·잠서는 중국 농서를 그대로 옮겨 싣거나 발췌한 것이었다. 이행(李行) 등이 편찬한 《양

표 5-1. 15~17세기 농·잠서 목록

종류	책이름	저(역)자	연대	비고	양잠조항	현존여부
농서	농상집요	이행, 곽존중	태종14년(1414)	이두문	○	○
	농서집요		태종15년(1415)	《농상집요》에서 추출, 이두	×	○
	농사직설	정초 등	세종11년(1429)		×	○
	촬요신서	박흥생	태종15~세종11년 (1415~1429)	《범승지서》,《음양서》, 《지림》 등에서 초록	○	○
	농잠서	양성지	세조12년(1466)	유서(類書)	미상	×
	산가요록	전순의	1450년대	《농상집요》에서 초록	○	○
	금양잡록	강희맹	1492년(?)		×	○
	사시찬요초	강희맹	성종13~14년 (1482~1483)		○	○
	한정록	허균	1610~1618(?)		○	○
지역농서	농가요람	박승	1563년	경상도 의성	미상	×
	농가설	유팽로	1580년대 무렵	전라도 옥과	×	○
	충효당농서 (渭濱明農記)	유진·유원지	17세기초반	경상도 상주, 안동	×	○
	농가월령	고상안	광해군11년(1619)	경상도 상주, 문경	○	○
잠서	양잠방	이행, 곽존중	태종14년(1414)	《농상집요》에서 추출, 이두		×
	양잠경험촬요	한상덕	태종15년(1415)	《농상집요》에서 추출, 이두		○
	잠서주해	서강, 이근	세조5년(1459)			×
	잠서	양성지	세조5년(1459)	잠서주해 교정본		×
	언해잠서(1)	최항, 한계희 등 30인	세조7년(1461)	한글		×
	농잠서	양성지	세조12년(1466)	유서(類書)		×
	언해잠서(2)	김안국	중종13년(1518)	한글		×
지역잠서	잠농요어	남급	인조16년(1638)	경상도 안동 풍산		序 현존

* 이 표는 이 책 2장 〈표 2-5. 15, 16세기 농·잠서 목록〉을 수정·보완한 것이다.

잠방》이나 한상덕이 간행한 《양잠경험촬요》는 《농상집요》의 양잠 항목을 발췌하여 편찬한 것이었다. 따라서 조선전기에 간행된 농서·잠서는 조선의 향촌 실정에 꼭 맞는 서적은 아니었다. 조선의 실정에 맞는 양잠법을 수록한 농서는 17세기에 비로소 출현하게 되는데, 16세기 후반 경상도 상주 지방의 농법을 담고 있는 고상안의 《농가월령》이 바로 그것이다. 고상안은 자신이 거주하는 지역의 농민들과 교류하고, 또한 농사에 경험이 많은 노농(老農)들의 이야기를 전해 듣고 《농가월령》을 저술하였다.36)

17세기에는 《농가월령》뿐 아니라 지역 양잠기술을 담은 양잠서도 등장하였다. 1636년 병자호란 때 사옹원 봉사로서 국왕을 남한산성에 호종한 바 있는 남급(南礏)37)은 환도한 뒤 관직이 제수되었으나 받지 않고 고향에 내려가 살면서 《잠농요어》(蠶農要語)를 지었다고 전해지고 있다. 《잠농요어》는 책이름 그대로 양잠의 핵심기술을 정리한 책으로 생각되는데, 본문은 전하지 않고 '서'(序)만 남아 있다.38) 남급은 《잠농요어》의 저술동기를 '서'에서 다음과 같이 밝히고 있다.

내가 산성으로부터 돌아와 벼슬에 뜻을 두지 않고 양잠과 농사[絲

---

36) 염정섭, 2003, 〈16세기 후반 경상도 상주의 지역농법—고상안(高尙顔)의 《농가월령》을 중심으로〉, 《농업사연구》 2권 1호 참조.
37) 본관은 영양(英陽), 자는 탁부(卓夫), 호는 유유헌(由由軒)이다. 인조 2년(1624)에 사마시에 합격, 1630년에 음보(蔭補)로 기용되었다.
38) 남급이 《잠농요어》를 저술하였다는 사실은 학계에 잘 알려져 있지 않다. 기존의 고농서나 고잠서, 농잠서 연구[박재명, 1994, 〈고농서와 농잠서〉, 《한잠학지》(韓蠶學誌) 36권 1호]에서도 언급된 바 없다.

穀]로 살아갈 계획을 세웠다. 그러나 (누에를) 사육하는 방법과 온도와 습도의 적당함을 알지 못하여 장차 노력해도 먹을 것을 마련하지 못할까 염려스러웠다. 이에 옛사람의 《양잠방》 및 《농사직설》, 《사시찬요》, 《산거사요》, 《주후경》 등의 서적을 참조하고 여러 노농들에게 물어 책 한 권을 저술하여 이를 아침·저녁으로 열람하여 항산(恒産)에 보태려고 생각하였다.[39]

남급은 고향으로 돌아가서 양잠과 농사로써 살아갈 방도를 꾀하였는데, 누에치는 방법을 알지 못하여 《잠농요어》를 지었다고 서문에서 밝히고 있다. 즉 《잠농요어》는 남급의 현실적 필요성에서 만들어진 양잠서적이라 할 수 있다. 남급의 고향은 경상도 안동 풍산으로, 그는 옛사람의 《양잠방》 및 《농사직설》, 《사시찬요》, 《산거사요》,[40] 《주후경》 등의 서적을 참조하고 노농들의 경험을 담아 《잠농요어》를 저술하였다. 노농들이란 바로 남급이 살고 있는 지역의 노농들을 가리키는 것이다. 따라서 《잠농요어》에 실린 양잠법은 바로 경상도 안동 지방의 양잠기술이라고 하겠다.

남급의 《잠농요어》 저술은 16세기 중후반 이후 17세기까지 향촌 지식인의 손에 의해 편찬된 지역 농서의 출현과 그 흐름을 같이 하는 것이었다. 앞의 〈표 5-1〉에서 볼 수 있듯이, 16세기 중후반에서

---

39) 《新安世稿》卷二, 由由軒遺稿, 蠶農要語序 (국립 古朝43-가-56). "余自山城來無意仕進 欲治絲穀以爲事育之計則 又不知飼養之方 燥濕之宜 將未免勞不食力之歎 乃取古人養蠶方暨農事直說四時纂要山居四要肘後經等 語質諸老農抄作一錄 以備朝夕之覽 庶幾有補於恒産之萬一云 崇禎丁丑越明季戊寅冬十月日書."
40) 원(元)의 순제(順帝) 때 학자인 왕여무(王汝懋)가 산촌에 사는 사람이 일상생활에서 알아야 할 네 가지 중요사항을 내용별로 분류하여 기술한 책이다.

17세기까지 향촌 지식인들에 의해 지역 농서들이 다수 편찬되었다. 이 시기에 출현한 지역 농서는 당시 향촌의 실제 농업기술을 잘 파악한 바탕에서 농법을 설명하고 정리하며 개선하려는 입장이었다.[41] 남급은 서애 유성룡의 넷째 아들인 유진(柳袗)과 밀접히 교류를 나눈 것으로 보인다. 유진은 남급을 일러 "선비의 업을 닦는 사람으로서 남 아무개를 알지 못하면 어찌 선비라 말할 수 있겠는가!"라고 말하여 그의 학문에 대해 칭찬을 하였다.[42] 또 서애의 손자인 졸재(拙齋) 유원지(柳元之)는 남급이 '유유헌'(由由軒)을 짓고 이를 기념해 읊은 시에 대해 답시를 지어 보내기도 하였다.[43] 잘 알려져 있듯이 졸재 유원지는 농서인 《전사문》(田事門)을 편찬한 인물이다.[44] 따라서 남급은 서애가의 농서를 보았을 가능성이 높으며, 그 영향을 받아 안동 지역의 양잠 관행을 담은 양잠서적을 편찬하였을 가능성이 있다. 남급은 중국 농서에서 초록한 기존의 양잠서가 조선의 양잠 현실과 맞지 않았기 때문에 우리 현실에 맞는 양잠법을 담은 양잠서의 필요성을 느끼고 자신이 거주한 안동 지역의 노농들에게 물어 《잠농요어》를 저술하였던 것으로 보인다.

---

41) 염정섭, 2004, 〈17세기 초반 《위빈명농기(渭濱明農記) 전사문(田事門)》의 편찬 경위와 농법의 특색〉, 《농업사연구》 3권 1호, 98쪽.

42) 《新安世稿》 卷三, 由由軒遺稿, 家狀. "柳持平修巖公亦稱曰 而儒爲業而不知南某則何足謂之儒也."

43) 《拙齋先生文集》 卷一, 詩, 次南卓夫礏由由軒十二詠. "君子有所性 操存貴周密 誰能學古道 行已無固必 夫君盛文章 而又富學術 胡爲不自暇 惡石攻美疾 尙友在前聖 汲汲如有失 名軒當佩韋 進德應如一."

44) 최인기, 2001, 〈졸재(拙齋) 유원지(柳元之)의 농서 편찬에 대하여〉, 《사림》 15, 52~53쪽.

따라서 《잠농요어》에는 17세기 경상도 안동 지방의 양잠 방법과 관행이 담겨져 있을 것으로 생각된다. 17세기 향촌 지식인의 현실적 필요성에서 양잠서적이 저술되었다는 것은 양잠이 재화를 생산할 수 있는 한 직종으로 인식될 만큼 주요 산업으로 성장하였음을 보여주는 것이다.

5.2.2. 양잠기술의 발전

조선전기에 편찬된 농서와 17세기의 농서를 비교하여 양잠기술에 변화가 있었는지 살펴보기로 하자.

조선전기에 양잠서로 편찬된 《양잠경험촬요》는 중국 농서 《농상집요》의 양잠 부분만 초록한 것이어서 당시 조선의 양잠기술이 반영되었다고 보기는 힘들다.[45] 17세기의 대표적 농서라 할 수 있는 《한정록》 치농편도 중국의 여러 농서 가운데 명대의 간본인 《도주공치부기서》(陶朱公致富奇書)를 주로 발췌한 것이다.[46] 반면에 《사시찬요초》는 《사시찬요》의 단순한 초록본이 아니라 강희맹(姜希孟)이 우리 풍토와 실정에 맞도록 중국의 여러 농서를 참고하고 인용하여 만든 독창적인 농서라고 알려져 있다.[47] 한편 《농가월령》은 경

---

45) 김영진·이은웅, 2000, 〈조선전기의 농업기술〉, 《조선시대농업과학기술사》, 서울대출판부, 243쪽. 위의 책에서는 《양잠경험촬요》(養蠶經驗撮要)가 중국의 《농상집요》를 초록한 것이기 때문에 조선의 양잠기술이 반영되어 있지 않다고 전제하고, 《사시찬요초》(四時纂要抄)와 《한정록》(閑情錄)을 비교하여 조선전기 양잠기술의 발전 유무를 확인하고 있다. 그러나 《한정록》도 조선의 양잠기술을 수록하고 있는 것이 아니었기 때문에 이 두 서적을 비교함으로써 양잠기술의 발전 상황을 확인하기는 어렵다.

46) 김용섭, 1988, 〈한정록의 농업론〉, 《조선후기농학사연구》, 일조각, 119쪽.

상도 상주·문경 지방의 농업 관행을 중심으로 고상안이 편찬한 농서로, 내용은 간략하지만 당시의 농업 실정을 잘 반영한 서적이다.48) 따라서 조선의 농업 관행을 담고 있는 《사시찬요초》와 《농가월령》을 비교함으로써 양잠기술의 변화상을 검토할 수 있으리라 생각한다.49)

일반적으로 농업기술이 농서에 수록되는 데에는 상당한 시일이 필요하며, 따라서 문자로 정리된 농서는 현실의 농업 관행보다 시간상 뒤질 수밖에 없다.50) 그러므로 농서에 담겨 있는 양잠기술은 당시 향촌에서 행해지던 기술보다 실제로 조금 앞 시기의 기술을 담고 있는 측면이 있다. 즉 당대의 최신 기술은 당대의 서적에 바로 반영되지 못하고 시간이 흐른 다음 서적으로 간행되기 때문이다.

다음의 〈표 5-2〉는 《사시찬요초》와 《농가월령》의 양잠 관련 항목을 발췌해 정리한 것이다. 《사시찬요초》에서는 월별로 양잠과 관련된 농가의 일을 매우 자세히 적어놓고 있어 항목 및 내용 면에서 《농가월령》보다 훨씬 풍부하다. 《사시찬요초》에서 양잠과 관련된 달은 1·3·5·11·12월이다. 1월은 잠신에 대해 고사를 지내는 내

47) 김영진, 1985, 〈《사시찬요초》와 《사시찬요》의 비교연구〉, 《농촌경제》 8권 1호.

48) 김용섭, 1988, 〈《농가월령》의 농업론〉, 《조선후기농학사연구》, 일조각, 134~135쪽.

49) 조선전기 양잠기술에 대한 연구는 거의 진행되지 않고 있다. 이의명은 15·16세기 양잠서적인 《양잠경험촬요》, 《촬요신서》, 《사시찬요초》의 내용과 《농상집요》의 양잠 관련 부분을 비교하여 15·16세기 양잠기술을 살펴보았다.[이의명, 앞의 글(1991) 참조] 그런데 《농상집요》가 우리나라 양잠서적의 고전이라 하더라도 이는 중국 농서이다. 중국 농서를 그대로 평면적으로 분석하여 조선시대의 양잠기술을 논하는 것은 바람직하지 않다.

50) 염정섭, 1994, 〈15~16세기 수전농업의 전개〉, 《한국사론》 31, 74쪽.

표 5-2. 《사시찬요초》와 《농가월령》의 월별 양잠 관련 내용 비교

월	절기	사시찬요초	농가월령
1월	立春	初五日 祀蠶神 室當午處具香食餠 令蠶婦禱祀用茶代酒	
3월	淸明		安置蚕種於溫處 (如桑未生葉而蚕退 則用前秋桑葉作末者 和水令隰以飼蚕則蚕 遂其生也)
	穀雨	出蠶, 初飼蟻, 下蟻法, 用葉法, 分擡法, 齋蠶法, 擇繭種	造蚕箔 (箔以臥蚕 去隰不殭 用前秋所 刈葭藘作箔)
4월	立夏		蚕旣藩息 則摘取桑葉 不避雨露以飼蚕 蚕性惡濕 殭疾之所由虫也 (用桑葉 未 灑其露葉以飼之 則非徒去濕 茧硬異常)
5월	夏至	收蠶種	
7월	處暑		取桑葉陰乾作末 或盛紙帒 或入瓮中 (置之溫突 多多盆善)
8월	白露		桑葉末 未得優備 則此節亦可
10월	立冬		刈葭藘 擬作明春臥蚕之箔
11월	冬至	浴蠶連	
12월		臘月內三八日蠶種浴連三次 浴畢用桑皮索懸掛	

* 《사시찬요초》의 월별 양잠 관련 내용은 각 항목의 제목만 제시하였고,《농가월령》은 양잠 관련 전체 내용을 제시하였다.

용으로, 1월 초5일에 떡을 준비하고 차를 마련해 잠신(蠶神)에게 고사를 지내는 사실을 기록하였다. 《농가월령》에는 잠신에 대한 고사 내용이 제시되지 않는 것으로 보아 이러한 풍속은 지방에 따라 다르게 시행되었을 것으로 생각한다. 실례를 들어본다면, 16세기 경상도 성주 지방에서는 1월에 잠신에게 고사를 지내지 않고, 고치 수확을 하기 바로 직전에 제사를 지냈다.51) 따라서 양잠신에 대한 제사 시기는 각 지역마다 달랐을 것으로 생각한다. 고치 수확 전에 양잠의

풍년을 기원하기 위해 지내는 제사는 현재까지도 각 지방의 풍속으로 전해 내려오고 있다.[52]

《사시찬요초》에서는 3월 곡우절에 출잠(出蠶), 초사의(初飼蟻), 하의법(下蟻法), 용엽법(用葉法), 분대법(分擡法), 제잠법(齋蠶法), 택견종(擇繭種) 항목을 편성해 놓고 있다. 반면에 《농가월령》에서는 3월 청명절에 누에씨[蠶種]를 따뜻한 곳에 안치해 놓을 것과, 뽕잎가루 사용법을 제시하고 있다. 즉 '만약 뽕잎이 나지 않았는데 누에가 깨어날 경우에는 전 해 가을에 마련해두었던 뽕잎가루를 쓰는데, 물에 섞어 습하게 하여 누에에게 먹이라' 하였다. 이어서 곡우절에는 지난 가을에 베어둔 갈대나 물억새를 가지고 잠박을 만들 것을 말하고 있다. 잠박 만들기와 관련해서는 10월 입동절에 또 한 차례 언급해 놓았는데, 갈대나 물억새를 베어서 다음 해 잠박의 재료로 준비해 두라 이르고 있다. 이처럼 두 차례씩이나 잠박에 대해 언급하고 있는 이유는 잠박이 중요한 양잠도구 가운데 하나로, 전 해에 미리 베어둔 갈대나 물억새로 제작해야 누에의 백강병[53]을 예방할 수 있기 때문이었다.

이처럼 《농가월령》에서는 3월에 양잠을 위한 준비과정으로 누에씨 준비와 뽕잎가루 쓰는 법, 잠박(蠶箔) 마련법에 대해서만 설명하

---

51) 《묵재일기》 1561년 5월 15일(갑술).

52) 강원도 지방에서는 고치 모양의 송편을 빚어 "고르게 돌처럼 딱딱하게 잘 지어 주십시오"라고 축원하는 풍속이 있다고 한다.(조효순, 1988, 《한국복식풍속사연구》, 일지사, 30쪽)

53) 백강병은 누에가 굳어 죽는 병으로 사상균 포자 빛깔에 따라 백강병·녹강병·황강병·적강병 등 수십 종류가 있다. 백강병 발생은 양잠농가에서는 치명적이다.(김문협 외저, 1969, 《잠사학개론》, 향문사, 268쪽)

고 있다. 《사시찬요초》와 비교하면 내용이 매우 소략하다. 이는 고상안이 《농가월령》 '서'에서 밝힌 것처럼 양잠의 요령만 서술한다는 원칙에 따른 것이기도 하였지만,54) 이미 17세기 농가에서는 양잠의 세세한 과정까지 언급하지 않아도 될 정도로 기본 기술을 습득하고 있었기 때문이라 생각한다. 고상안은 자신의 체험에 기반하고 당시의 농업 실정을 고려하여 《농가월령》을 저술하였기 때문에, 농가에서 월별로 중점적으로 해야 할 일만 서술해 놓은 것이다.

《사시찬요초》에서는 3월에 누에치는 전 과정을 언급하고 있는데, 이는 당시 향촌의 양잠 일정과 잘 맞지 않는다. 16세기의 자료《묵재일기》나 《쇄미록》의 양잠 일정을 살펴보면, 《사시찬요초》 곡우조에서 설명하고 있는 분대(分擡), 제잠(齋蠶), 택견종(擇繭種)은 4월에서 5월 중에 이루어지고 있었다.55) 따라서 《사시찬요초》가 우리 풍토와 실정에 맞도록 중국의 여러 농서를 참고·인용하여 만든 독창적인 농서라는 의견은56) 양잠 부분에서는 적용되지 않는다.

반면에 《농가월령》에서는 양잠법에 대한 자세한 언급은 없지만 당시 농가의 양잠 일정에 맞추어 내용이 기술되어 있다. 즉 4월 입하절 무렵이면 누에가 왕성하게 뽕잎을 먹기 때문에, 뽕잎을 먹이는 방법에 대해 상세히 설명하고 있다. 누에가 한창 자랄 때에는 비와 이슬을 피할 겨를 없이 뽕잎을 따서 누에에게 먹일 수밖에 없는데,

---

54) 《泰村集》 권3, 農家月令歌 農家月令序.(《한국문집총간》 59집, 1990, 민족문화추진회) "凡農(田)家之當務 逐月逐氣 俾不失時 五穀之播種 或燥或濕 使不失宜 至於糞田之策 種植之法 治田之械 養蠶之要 昭在如左."
55) 남미혜, 앞의 글(2003).
56) 김영진, 1985, 〈《사시찬요초》와 《사시찬요》의 비교연구〉, 《농촌경제》 8권 1호.

만약 뽕잎 관리를 소홀히 할 경우에는 질병이 생길 우려가 있다고 조심할 것을 당부하였다.57) 습기를 제거한 뽕잎을 먹이는 것은 양잠 농가에서는 반드시 알고 있어야 하는 사항이었다.

《사시찬요초》에서는 5월에 잠종을 거두라고 하였다. 이 항목에서는 누에알을 받을 고치의 선택 방법과 함께 잠종지에 나방들을 앉혀 알을 받는 방법, 누에알 보관법에 대해 서술하고 있다. 그리고 11월과 12월에는 욕잠련(浴蠶連) 같은 누에알의 관리법에 대해서도 언급하였다. 반면 《농가월령》에서는 누에씨 거두는 법과 보관법에 대해서는 별다른 서술을 하지 않았다. 고상안은 당시 양잠농가가 가장 유의해야 될 사항인 누에 알깨기, 잠박 만들기, 뽕잎 주는 법, 그리고 뽕잎의 부족에 대비한 저장 뽕잎가루 쓰는 법58) 등과 같은 중요한 기술만 적어 놓았다. 《농가월령》에 수록된 누에씨 보관법과 저장 뽕잎가루의 이용법에 대한 구체적인 내용은 고상안의 문집에서도 확인된다.

양잠의 요체는 두 가지가 있는데, 첫째는 겨울철에 누에씨를 받아놓

---

57) 《泰村集》 권4, 效嚬雜記上 養蠶之要(《한국문집총간》 59집, 1990, 민족문화추진회). "養蠶之要有二焉… 又蠶性惡濕 葉有雨露則灑 末於葉上以飼亦可 非徒遂蚕之性 作繭堅硬 得絲倍常 養蚕者不可不知也."

58) 뽕잎은 누에의 거의 유일한 사료라고 할 수 있다. 뽕잎 말고도 구지뽕나무(柘), 닥나무(楮), 상추 등 뽕나무과 식물이 누에의 대용사료로 쓰이나, 병잠(病蠶) 발생의 원인이 되어 잘 쓰지는 않는다. 근래 인공사료에 대한 연구가 진행되어 누에의 인공사료가 만들어지고 있는데, 현대의 인공사료는 뽕잎 분말에다 전분(馬鈴薯-감자), 자당(蔗糖), 콩가루 등을 섞어 1.5배의 물을 섞어 만든다.(김문협, 1975, 《잠학개요》, 부민문화사, 126~127쪽) 그런데 뽕잎가루를 저장해 두었다가 이듬해에 사료로 이용하는 기술은 조선시대 《농가월령》에 이미 보인다.

은 종이를 바람 잘 받는 곳에 놓고 때때로 물을 뿌려 얼린다. 그런즉 물기를 적게 받은 것은 죽어서 살아나지 못하고 물기를 많이 받은 것은 여러 차례 얼어도 상하지 않고 제때에 태어난다. 그리하여 첫잠으로부터 섶에 오를 때까지 영원히 죽을 염려는 없다. 또 둘째 방법은 7·8월에 뽕잎을 따다가 바싹 말려 가루를 만들어 가는 체로 쳐서 항아리 속에 저장하여 두는데, 많을수록 좋다. 만약 뽕잎이 아직 덜 나왔는데 누에가 깨어나면 그 가루를 꺼내다가 물을 뿌려 약간 습한 상태로 만들어 누에에게 먹이면 좋다.59)

고상안이 제시한 저장 뽕잎가루 이용법과 관련된 내용은 조선전기에 간행된 《양잠경험촬요》에도 보인다.60) 그런데 뽕잎가루의 사용시기가 《농가월령》에 제시된 것과 다르다. 《농가월령》에서는 뽕잎가루를 3월달 누에가 깨어 나올 때 사용하라고 말하는 데 비해, 《양잠경험촬요》에서는 큰잠[大眠]을 자고 난 뒤에 사용하는 것으로 설명하고 있다. 이러한 설명은 15세기 농서인 《산가요록》61)에서도 마찬가지다. 세 농서에서 언급한 뽕잎가루 이용법을 정리해 보면 〈표 5-3〉과 같다.

〈표 5-3〉에서, 1번부터 3번까지 농서의 뽕잎가루 이용시기를 살펴보자. 《양잠경험촬요》와 《산가요록》에서는 누에가 큰잠을 잔 직후에 사용한다고 제시되어 있는 데 비해, 《농가월령》에서는 3월 청

---

59) 《泰村集》 권4, 效嚬雜記上 養蠶之要(《한국문집총간》 59집, 1990, 민족문화추진회).

60) 이철수, 1989, 《양잠경험촬요의 이두연구》, 인하대출판부, 176쪽.

61) 《산가요록》은 식품 부분을 제외한 나머지 부분은 《농상집요》의 내용을 그대로 초록한 농서다.(김영진, 2003, 〈《농상집요》와 《산가요록》〉, 《농업사연구》 2권 1호, 8쪽)

표 5-3. 농·잠서의 뽕잎가루 이용법

서명	항목	내 용
1 養蠶經驗撮要	收乾桑葉	8,9월 상강 전에 누렇게 되지 않은 뽕잎을 많이 따서 햇볕에 말려 찧어 부대에 넣어 연기가 이르지 않는 곳에 저장하여 두었다가 누에가 큰잠을 잔 뒤에 먹이면 누에 몸이 특별히 비대해진다.
2 山家要錄	養蠶 乾桑葉	늦가을 뽕잎이 아직 누렇지 않을 때에 많이 거두어 볕에 말려 빻아 부순 다음 연기가 없는 곳에 거두어 두었다가 봄누에가 큰잠에서 깬 후에 사용한다.
3 農家月令	三月 淸明	만약 뽕잎이 나지 않았는데 누에가 깨어날 경우에는 전 해 가을 만들어 둔 뽕잎가루를 쓰는데, 물을 섞어 습하게 하여 누에에게 먹이면 누에가 살 수 있다.
4 撮要新書	齊蠶法	育蠶而闕葉者 以甘草木62)涵桑葉 次以米粉糝之 侯乾與食 謂之齊蠶 可以庶一日夜 惟惧人知成繭厚實
5 四時纂要抄	三月 齊蠶法	育蠶而闕葉者 以甘草水洒桑葉 次以米粉糝之 侯乾與食 謂之齊蠶 可以庶一日夜 惟惧人知成繭厚實
6 閑情錄	養蠶	育蠶而缺葉者 以甘草水洒葉 次以米粉糝之 侯乾與食 可度一日夜 謂之齊蠶

명절에 사용하라고 말하고 있다. 양잠과정에서 누에가 큰잠을 자는 시기는 보통 4월 말에서 5월 초가 된다. 《양잠경험촬요》, 《산가요록》, 《농가월령》의 뽕잎가루 사용시기가 이처럼 다른 것은 《양잠경험촬요》나 《산가요록》이 중국 농서인 《농상집요》를 거의 그대로 옮겨 실은 것으로, 조선의 양잠 관행이 반영되지 않았기 때문이다.

중국과 조선은 기후가 다르기 때문에 중국 농서의 내용을 그대로 적용하는 데에는 문제가 있었다. 이러한 문제점들은 조선전기 대궐

---

62) '水'의 오기(필자).

의 친잠례 시행과정에서도 찾아볼 수 있다. 성종 8년 선잠제와 친잠
례를 거행할 때에 뽕잎이 피지 않자 의식을 잠시 뒤로 미루었으
며,63) 성종 24년에는 친잠시기가 임박하였는데도 한양에 뽕잎이 나
오지 않자 경기도 관찰사로 하여금 뽕잎을 따서 바치게 하였다.64)
또한 친잠례를 거행할 때에 뽕잎이 피지 않을 것을 염려해 대궐에서
흙으로 만든 움집에서 뽕나무를 기른 예도 있었다.65) 움집은 오늘날
의 온실로서, 온실에서 미리 뽕나무를 키워 친잠례에 이용하였던 것
이다. 양잠시기와 뽕잎 피는 시기가 맞지 않는 문제는 비단 대궐뿐
만 아니라 민간에서도 일어날 수 있는 문제점이었다.

한편 《농가월령》과 같이, 뽕잎가루를 저장해 두었다가 이듬해 3
월달에 이용하는 방법은 조선후기 서적 《규합총서》(閨閤叢書)에 보
인다. 《규합총서》에서는 봄에 누에가 일찍 깨어났는데 철이 늦어 뽕
잎이 미처 피지 못하였거든, 여름에 따서 가루로 만들어 둔 뽕잎에
물을 섞어 먹이면 좋다고 제시하고 있다.66) 《농가월령》의 뽕잎가루
이용법은 누에의 알 깨는 시기를 인위적으로 조절하지 못하여 누에
에게 먹일 뽕잎이 없을 때를 대비한 조선의 선진적인 양잠기술이었
다고 생각한다. 《농가월령》이 가을보리 저온처리 기술 같은 선행 농
법을 수록한 선진적인 농서임이 이미 밝혀진 바 있듯이,67) 양잠 부
분에서도 조선의 선진적인 양잠기술을 담고 있는 농서임을 확인할

---

63) 《성종실록》 권77 성종 8년 윤2월 24일(임술).
64) 《성종실록》 권275 성종 24년 3월 12일(정축).
65) 《연산군일기》 권52 연산군 10년 3월 11일(임신).
66) 憑虛閣李氏, 《閨閤叢書》, 양줌셔의(정양완 역주, 1975, 《규합총서》, 보진재, 183쪽).
67) 민성기, 1988, 〈농가월령과 16세기의 농법〉, 《조선농업사연구》, 일조각, 205쪽.

수 있다.

〈표 5-3〉의 4번에서 6번의 내용을 가지고 조선전기의 또 다른 농서들에서는 누에의 인공사료 이용법에 대해 어떻게 서술하고 있는지 살펴보기로 하자. 누에의 인공사료 이용법은 농서의 제잠법(齊蠶法) 조항에서 언급되어 있는데,《촬요신서》제잠법에는 누에를 기를 때 뽕잎이 부족하게 되면 감초물을 뽕잎에 뿌려 먹이고, 그 다음으로는 쌀가루를 마른 채로 먹이는 것이 좋다고 서술되어 있다. 이렇게 하고 하루가 지나면 고치가 두텁고 실해진다고 설명하고 있다. 또《무본신서》(務本新書)를 인용하여 섣달에 잘 말린 녹두와 백미를 장만하여 응달에서 찧어 가루를 잘 만들어 두라고 서술하고 있다.68)

《사시찬요초》나《한정록》의 제잠법 내용은 〈표 5-3〉에서 볼 수 있듯이《촬요신서》의 내용과 거의 같다. 이는 이들 서적이 모두 중국 농서의 양잠 조항을 그대로 전사(全寫)하였음을 보여주는 것이다. 따라서《농가월령》에 수록된 3월에 뽕잎가루를 뽕잎의 대용사료로 이용하는 방법은 당시 16세기 말에서 17세기 초에 경상도 지역에서 사용하던 양잠기술이라고 볼 수 있다. 중국 양잠법에서 탈피하여 독자적인 양잠기술을 수립해 간 사실을 17세기 농서《농가월령》속에서 확인할 수 있다.

17세기《농가월령》의 양잠 조항이 조선전기 농서의 양잠 조항과 비교하여 내용이 간략한 이유는, 16세기 양잠의 보급 상황과 관련이

---

68)《撮要新書》蠶桑門 治蠶法 收粉法(김영진 역주, 1984,《조선시대전기농서》촬요신서 잠상문, 한국농촌경제연구원, 30쪽).

있을 것이라 생각한다. 16세기 중후반에 이르면 양잠에 종사하는 농가가 늘어나면서 양잠의 전 과정에 대한 서술이 특별히 필요하지 않았을 것이다. 이미 농가에서 알고 있는 양잠기술에 대해 자세히 서술하기보다는, 양잠의 과정에서 가장 중요하다고 여겨지는 기술만을 선택적으로 서술하는 것이 중요하였을 것이다. 또한 양잠업의 경우에는 노동과정의 대부분을 여성이 담당하고 있었기 때문에, 《농가월령》을 언문으로 번역하여 여성들에게 전습하기 위해서는[69] 핵심 기술만 추려내어 간략히 서술할 필요가 있었다. 그리고 이러한 경향은 1630년대에 저술된 남급의 《잠농요어》에서도 유사하였을 것으로 생각한다. 16세기 말에서 17세기 초에 이르면 양잠법에 관해서 핵심 부분만 정리해도 될 정도로 양잠법에 대해 깊이 알고 있었고, 이러한 일련의 변화과정을 담고 있는 서적이 바로 《농가월령》과 《잠농요어》라고 생각한다.

69) 《泰村集》 권3 農家月令序(《한국문집총간》 59집, 1990, 민족문화추진회). "又飜以諺譯 令愚夫愚婦 各(亦)得易知 苟從事於明農者 不以言輕而棄之 ——着力而行之則 雖遇凶歲 猶免飢寒而亦有恒心知禮節之一助云爾."

6장_

18세기 영조대의 양잠정책과 양잠업

6.1. 영조대의 양잠정책

6.1.1. 친잠례의 시행

조선후기는 정치·경제·사회적으로 많은 변화가 있었던 시기였
다. 조선후기 상품유통경제의 발달은 농민들로 하여금 작물을 선택
해 재배할 수 있는 환경을 조성하였다. 당시 농민들은 자신의 경작
여건에 맞추어 곡물·직물·채소·담배·인삼·과일나무 등 다양
한 상품작물을 재배하여 수익을 남기고 있었으며,[1] 이러한 현상은
양잠업의 경우에도 해당되었다.

조선후기의 사회경제적 변화 속에서 양잠정책은 조선전기와 같이
잠실제도를 운영하는 방법으로는 효과를 얻기 힘들었다. 조선후기
에 대동법이 시행됨에 따라 양잠은 공물수취로서의 의미도 사라졌

---

1) 이영학, 1993, 〈조선후기 상품작물의 재배〉, 《외대사학》 5, 228~240쪽.

기 때문에, 조선후기의 양잠정책은 조선전기와는 다르게 시행되어
야 하였다.

조선후기의 양잠업 보급에 가장 적극적인 의지를 보인 국왕은 영
조이다. 영조 이전 숙종대에 남인들에 의해 잠시 양잠정책이 추진되
었으나 지속적으로 펼쳐지지 못하였다.2) 영조는 집무를 보는 전각
에 돗자리도 깔지 않았고,3) 비단옷을 입지 않았으며, 옷을 여러 번
빨아 입거나 기워 입음으로써 스스로 검소함을 실천하였다.4)

조선후기에 상공업의 발달과 경제력을 갖춘 계층이 증가함에 따
라 사회 전반에서 사치풍조가 유행하였다. 영조대에 사치는 여러 부
분에서 진행되었지만, 당시 가장 문제가 되었던 것은 의복의 사치,
즉 중국산 비단[紋緞]의 사용이었다. 서민의 처첩까지도 모두 비단옷
을 입고 있었으며,5) 깊은 산골 농가의 부녀자들까지도 비단옷을 가
지고 있는 실정이었다.6) 특히 문제가 되었던 것은 고급 중국 비단의
사용이었다. 중국으로부터 수입하는 비단에 대한 지불대가는 은화
였으며, 은화의 대량유출이 문제가 된 것이다.7) 중국으로 은화 유출
문제는 일찍이 이익(李瀷)과 같은 실학자들도 지적을 하고 있었다.8)
중국 사치품의 수입 때문에 조선의 재화가 낭비되고 있었으며, 근본
이 시들고 산업이 고갈되어 가고 있었다.9)

---

2) 남미혜, 2007, 〈17세기 양잠정책의 추이와 양잠업의 성장〉, 《사학연구》 88.
3) 《영조실록》 권69 영조 25년 1월 17일(병인).
4) 《승정원일기》 1001책 영조 22년 4월 16일(신사).
5) 《영조실록》 권10 영조 2년 10월 13일(신미).
6) 《영조실록》 권40 영조 11년 12월 5일(경오).
7) 유승주, 1970, 〈조선후기 대청무역의 전개 과정〉, 《백산학보》 8.
8) 李瀷, 《星湖僿說》 권6, 萬物門, 銀貨.

영조는 당시 사회 문제가 되고 있던 의복사치를 제한하고 민생의 안정을 위해서는 국내 양잠업을 활성화시키는 것이 필요하다고 생각하였다. 당시 민간의 사치풍속은 궁궐에서부터 비롯된 것이지 아래로부터 생겨서 위로 올라가는 것은 아니었다.10) 이에 영조는 사치금지정책을 궐내에서부터 실현하기 위해 직물에 무늬를 넣는 것을 금지시켰으며,11) 중국 비단[紋緞]의 사용을 금지하였다.12) 이러한 상황에서 추진된 영조의 양잠업 육성정책은 국내 산업을 활성화시키려는 영조의 의지의 표현이었다.

영조는 즉위 초부터 산업의 근간이라고 할 수 있는 농업과 양잠업에 지대한 관심을 가졌다. 영조는 아버지인 숙종이 친경례 준비를 하고서도 거행하지 못하였음을 안타깝게 여기고, 자신이 그 책무를 맡아 게을리 하지 아니하고 "스스로 도롱이를 입고 근로할 생각을 품었다"13)고 말할 정도였다. 영조의 이러한 관심은 국가의례의 시행으로도 이어져서, 영조대에는 총 네 차례의 친경례와 한 차례의 친잠례가 거행되었다.14)

널리 알려졌듯이, 친잠례는 국왕의 친경례에 짝하는 왕실의 시범의식으로, 양잠의 모범을 보인다는 점에서 관 주도의 양잠정책 시행

---

9) 《영조실록》 권61 영조 21년 6월 14일(을묘).

10) 《영조실록》 권70 영조 25년 9월 19일(갑자).

11) 《영조실록》 권90 영조 33년 12월 21일(기묘).

12) 《영조실록》 권63 영조 22년 4월 11일(병자). 이때 내려진 명령이 《금문사목》(규748)으로 남아 있다.

13) 《영조실록》 권48 영조 15년 1월 29일(병자).

14) 친경례는 영조 15년, 29년, 40년, 43년에 거행되었으며, 친잠례는 영조 43년에 거행되었다. 영조대 친경례에 대해서는 김지영, 앞의 글(2002) 참조.

에서 상징이 되는 중요한 행사다. 친잠례는 선잠제와 친잠례로 구성되는데, 선잠제는 그 해 양잠의 풍년을 기원하는 제사로 중국의 황후였던 잠신 서릉씨의 신위를 일정한 규격의 단을 만들어 매년 3월에 배향하는 것이다. 조선시대에 선잠제는 정종 2년(1400)에 처음 시작되었고, 세종대에 선잠제에 관한 모든 의식이 정비되었으며, 성종 8년(1477)에는 친경례와 친잠례가 제도적으로 정착되었다.[15) 친잠례는 성종 8년에 처음 시작되어 연산조에 한 번, 중종대에 두 번, 선조대에 한 번 거행되었다. 중종 8년에 거행된 친잠례는 미리 친잠연습을 두 번이나 할 정도로 신중을 기하였으며,[16) 친잠례 시행 후 내양잠(內養蠶)의 고치[生繭]를 의정부와 승정원에 반견(頒繭)하는 의식까지 거행하였다.[17) 이후 선조대에 친잠례가 한 번 시행된 후, 조선후기에는 광해군 12년에 한 번 시행된 바 있다.

친잠례를 수행하는 데 필수적인 것은 누에를 치는 장소, 즉 대궐 내 잠실의 존재다. 조선전기에 양잠업 보급을 목적으로 설치한 국영잠실은 조선후기에는 제대로 운영되지 않았다. 영조대에도 국영잠실은 운영되었지만 잠실 근처에는 뽕나무가 없었으며,[18) 한강변 서잠실의 경우에는 근처 농민들이 나무를 베어내고 농경지로 사용하고 있는 실정이었다.[19) 당시 궐내잠실에서 일하는 사람들이 하루에 고치 한 말[斗]에서 명주실 1냥(兩)을 뽑는 것으로 보아[20) 영조대 잠

15) 조선전기 친잠례의 시행에 대해서는 남미혜, 2002(앞의 글), 2장 참조.
16) 《중종실록》 권18 중종 8년 3월 14일(계미).
17) 《중종실록》 권18 중종 8년 4월 28일(병인).
18) 《승정원일기》 1078책 영조 28년 1월 4일(병인).
19) 《승정원일기》 1144책 영조 33년 5월 23일(계축).

실은 그다지 규모가 크지 않았던 것 같다. 영조는 친잠례를 시행하기에 앞서 동·서 잠실에 적간선전관을 보내 뽕나무 주수를 파악하라는 명령을 내리고[21] 친잠례에 대비하게 하였다.

영조대의 친잠례는 영조 43년(1767)에 거행되었다. 광해군 12년에 친잠례가 거행된 뒤 친잠례가 그동안 한 번도 거행되지 않았기 때문에 조정에서는 친잠의식에 대해 잘 알지 못하였다. 이에 영조는 춘추관 당상·낭청에게 강화도에 가서 실록을 상고하여 의례절차를 아뢰라고 명하였다.[22] 2월 26일 친경례를 거행하고, 이어 3월 5일 선잠제를 시행하였으며, 3월 10일에 경복궁 강녕전 옛 터에서 대비의 주관 아래 친잠례를 거행하였다.[23] 한편 친잠례를 기념하여 정시(庭試)를 실시하되 경잠과(耕蠶科)로 이름하고,[24] 정시에서 김문순 등 세 사람을 선출하였다.[25]

영조 43년의 친잠례는 반견(頒繭)의식과 함께 수견(受繭)의식도 거행되었다. 친잠례 시행 후 영조의 양잠에 대한 관심은 지대하여, 영조는 누에가 섶에 올랐는지 여부를 묻기도 하고[26] 외방의 잠면

---

20) 李命龍,《戒逸軒日記》, 庚辰(영조 36년) 8월 9일[《한국사료총서》 42, 국사편찬위원회 편, 1999]. "蠶室引絲人 一日各繰生繭一斗 繭重九兩 出絲一兩."
21)《승정원일기》 1263책 영조 43년 1월 18일(계미).
22)《영조실록》 권108 영조 43년 1월 7일(임신).
23)《영조실록》 권108 영조 43년 3월 10일(갑술). 이 해의 친잠의식을 기록한《친잠의궤》가 남아 있다. 영조대 친잠례에 대해서는 김지영, 2001,〈《친경의궤》 해제〉,《친경의궤》(규장각자료총서 의궤 편), 규장각; 김지영, 앞의 글(2002); 김세은, 2004,〈고종초기(1863~1873) 국가의례 시행의 의미〉,《조선시대사학보》 31; 이욱, 2004,〈조선시대 친경례의 변천과 그 의미〉,《종교연구》 34 참조.
24)《영조실록》 권108 영조 43년 3월 10일(갑술).
25)《영조실록》 권108 영조 43년 3월 11일(을해).
26)《승정원일기》 1266책 영조 43년 4월 16일(기유), 4월 20일(계축).

(蠶眠) 조만(早晩) 여부를 자주 확인하였다.[27] 또한 친잠의 수확물인 누에고치를 각 도의 신하들에게 내려주는 반견의식과,[28] 이어서 중전과 내·외명부가 참여하는 수견의식을 거행하였다.[29] 영조는 신하들에게 나누어준 고치에서 잠종(蠶種)이 나왔는지 여부를 묻기도 하고, 경잠(耕蠶)과 관련된 사례를 모두 찾아오라고 명령을 내릴 정도로 양잠에 큰 관심을 보였다.[30] 또 자주 양잠의 근황에 대해 신하들에게 묻곤 하였는데, 그 내용은 "뽕잎의 크기는 어떠한가", "영남지방에도 양잠을 하는가?" 등 양잠의 여러 상황에 대한 것이었다.[31] 이렇듯 영조는 양잠 농사의 근황과 원료인 뽕나무, 그리고 양잠 산지에 대해 많은 관심을 갖고 있었으며, 그에 대한 궁금증을 신하들과 문답하면서 해결하였다.

한편 친경례와 친잠례를 시행하고 나서 영조는 감회가 아주 컸는지, 그 소감을 《어제경잠기의》(御製耕蠶記意)로 남기고 있다.[32] 영조는 친잠을 하여 수확한 명주실로 짠 대대(大帶)를 대성전의 제사 때에 착용할 정도로[33] 친잠례에 큰 의미를 두었다. 또한 친잠을 기념하기 위하여 친잠단 옆에 '정해친잠'(丁亥親蠶)이란 네 글자를 직접 써서 새기고 비음기(碑陰記)를 짓도록 명하기도 하였다.[34]

---

27) 《승정원일기》 1266책 영조 43년 4월 26일(기미).
28) 《영조실록》 권108 영조 43년 4월 27일(경신).
29) 《영조실록》 권108 영조 43년 5월 26일(기축).
30) 《승정원일기》 1267책 영조 43년 5월 22일(을유.
31) 《승정원일기》 1266책 영조 43년 4월 23일(병진).
32) 《御製耕蠶記意》(K4-1078)는 장서각에 소장되어 있다.
33) 《영조실록》 권109권 영조 43년 9월 19일(경술).
34) 《영조실록》 권114 영조 46년 1월 9일(정해).

친잠례를 시행하고 나서 영조는 팔도에 농사와 잠업을 권장하는 뜻을 자주 하유(下諭)하였는데, 권장의 내용은 더욱 구체화되어 표현되었다.

> 국조에서 수령들에게 선유(宣諭)함에 있어 '농상성'(農桑盛) 세 글자가 칠사의 맨 앞에 있으니, 그 중요함을 알 수 있다.…… 지금 늙은 나이에 또 한 살을 더하니, 이 마음은 걱정스러워 농사를 권장하고 잠업을 권장하는 뜻을 겸하여 하유한다. 옛날 주나라 800년 기업(基業)은 그 근본이 후직으로부터 말미암았다. 《맹자》의 '5묘(畝)의 집터에 뽕나무를 심으면 50세 된 자가 비단옷을 입을 수 있다'는 교훈이 있으니, 마땅히 거듭 신칙하는 뜻을 받들어 농사를 권장하고 양잠업을 권장하여 해동(海東) 360주로 하여금 의식이 풍족하게 하라. 진정 이와 같이 되면, 박덕한 내가 77세에 의식이 풍족한 세상을 볼 수 있을 것이다. 글은 비록 서투르나 뜻은 실로 근본에 힘쓰는 것이니, 이 뜻을 본받아 힘쓰고 권장하라.[35]

이처럼 영조는 말년에까지 농사와 양잠에 힘쓸 것을 거듭 강조하였다. 권장의 내용이 '농상'이라는 의례적 표현에서 '농업 권장', '양잠 권장'이라는 적극적인 용어로 표현되었음을 알 수 있다. 양잠 장려에 대한 영조의 의지는 "내가 어릴 때부터 명주 바지를 입지 아니하고 친히 누에를 친 뒤에 비로소 교직(交織)을 썼으며, 궁중에서 누에치고 길쌈을 하였기 때문에 폐지하지 아니하였다. 지금 내가 입은 바지는 바로 교직이다"[36]라는 말에서도 확인된다. 또한 양잠하는

---

35) 《영조실록》 권114 영조 46년 1월 1일(기묘).

아낙네[蠶婦]의 노고를 위로하기 위하여 잠부를 친히 맞이하여 명주 한 필씩 하사하기도 하였다.[37] 영조가 이처럼 양잠업에 관심을 가지고 친잠례 거행에 큰 의미를 둔 것은 친잠례로써 고례(古禮)의 회복을 기대하였기 때문이다.[38] 동시에 친잠례를 통해 모범을 보임으로써 백성들로 하여금 양잠을 본받게 하여 민생안정을 도모하고자 함이었다.

6.1.2. 식상(植桑)정책의 추진

조선전기 양잠정책은 국영잠실의 운영으로 추진되었다. 조선 초에 국영잠실을 설치한 목적은 민간에 양잠업을 보급하고, 한편으로는 공물을 수취를 하기 위해서였다. 그런데 16세기 이후 양잠업이 널리 보급되어 향촌의 부업으로 성장하게 되자, 국영잠실은 점차 설립취지를 상실하게 되었다. 따라서 조선후기에는 지방의 도회잠실은 운영되지 않았고, 백성들에게 모범을 보인다는 취지에서 궐내잠실만 운영되었다.

조선후기의 향촌 사정은 조선전기와는 확연히 달랐다. 각 지역에는 장시가 발달하여 농가에서는 판매를 목적으로 물품을 생산하기 시작하였다. 당시 곡물 생산뿐 아니라 의료작물 재배는 중요한 생산부문의 하나였고, 직물업은 농촌의 부업 성격의 수공업으로서 중요

---

36) 《영조실록》 권121권 영조 49년 12월 24일(무신).

37) 《승정원일기》 1336책 영조 46년 3월 5일(갑오).

38) 이욱, 2004, 〈조선시대 친경례의 변천과 그 의미〉, 《종교연구》 34, 318~319쪽.

한 위치를 차지하였다.

이러한 상황에서 조선후기 양잠정책은 조선전기와 같이 잠실의 운영으로는 시행되기 어려웠다. 영조는 잠실제도의 복구를 통해서가 아니라, 당시 사회경제 상황을 고려하여 농민들이 자발적으로 참여하게 유도하는 방식으로 정책을 시행하고자 하였다. 따라서 영조는 즉위 기간 내내 농상에 대한 하유를 여러 차례 내렸다. "국가는 백성에게 의존하고 백성은 국가에 의존하는 것인데 그 근본은 농사이다. 제(諸) 도의 방백(方伯)들은 나의 지극한 뜻을 받들어 농상을 권과하라"는 내용의 전교를 내리고,[39] 또 세자가 일찌감치 어려서부터 농사의 어려움과 민간의 병폐를 알게 하기 위해 〈농상도〉(農桑圖)를 그려 바칠 것을 전교하였다.[40] 한편 '백성을 농상에 힘쓰게 하고 부릴 때 농한기에 부리라'는 여덟 글자를 팔도와 양도(兩道)에 널리 알리도록 지시하였다.[41]

양잠업을 성공적으로 수행하기 위해서 필수적인 요소는 바로 뽕나무의 유무다. 영조는 백성들에게 양잠을 장려하기 위해서는 먼저 양잠의 자원인 뽕나무 심기를 권장해야 한다고 생각하였다. 제조 박문수가 "강가의 잠전(蠶田)에 다시 뽕나무를 심게 하고 수시로 적간하는 것이 좋을 듯합니다" 하고 아뢰자, 마땅히 신칙하라고 명을 내리고,[42] 적극적인 식상정책을 추진하였다. 또 영조는 수령칠사의 첫

---

39) 《영조실록》 권11 영조 3년 1월 1일(무자).
40) 《영조실록》 권11 영조 3년 4월 12일(무술).
41) 《영조실록》 권22 영조 5년 4월 4일(무인).
42) 《승정원일기》 1088책 영조 28년 11월 29일(병술).

번째 임무가 바로 농상(農桑)에 힘쓰는 것이라고 말하면서, 수령이 업무 수행에서 가장 먼저 해야 할 일이 바로 농상권장이라고 강조하였다.

> 수령의 칠사에 농상이 그 첫 번째에 있다. 농사를 권장하는 하유가 문구로 되어 있는데도, 뽕나무를 심는 정사를 더욱 게을리 하고 있다. 맹자가 이르기를, '5묘(畝)의 택지(宅地)에 뽕나무를 심으면 50세 된 사람이 비단옷을 입을 수 있다.' 하였는데, 수령으로 있는 사람들이 이 방도를 잘 받들고 있는가? 아! 도신(道臣)은 수령을 계칙하여 실효가 있게 할 것이며, 그 근만(勤慢)을 조사하여 연말에 아뢰도록 하라.[43]

아울러 "뽕나무를 심는다고 해도 백성들이 양잠법을 알지 못한다면 뽕나무는 한갓 땔감에 불과할 것이다"라고 하며, 양잠기술 지도에 관해서도 지시하였다.[44] 영조대의 식상정책은 당시 조정에서 '상정'(桑政)이라는 용어로 지칭하고 있었다. '상정'이란 말은 영조대에 세 번, 그리고 정조대에 한 번 등장하는데, 그 내용을 살펴보면 다음과 같다.

> 윤유가 아뢰길…… 상정(桑政)은 또한 마땅히 시행해야 합니다. 그리고 또 목화를 힘써 경작할 것을 명하고 곳곳에 심게 해서 모두 포를 짜게 하면 납포(納布)의 길이 또한 마땅히 쉽게 될 것입니다.[45]

---

43) 《영조실록》 권43 영조 13년 1월 2일(신묘).
44) 《승정원일기》 1029책 영조 24년 5월 6일(기축).
45) 《승정원일기》 770책 영조 9년 12월 20일(정묘).

또 하교하기를…… 칠사 중에 농상이 우선인데 너는 어떻게 권장하였는가? (순흥부사 신종하) 답하길…… 상정(桑政)에 이르러서 김제를 들어 말씀드리면 백성들은 모두 농사에만 힘쓰고 뽕나무 심기에는 힘쓰지 않으므로 신이 항상 권장하며 제언의 두둑에 뽕나무를 심게 하였습니다.[46]

상이 승지에게 명하여 쓰게 하기를……, 맹자 가로되 '5묘의 택지에 뽕나무를 심으면 나이 50 된 자가 비단옷을 입을 수 있다' 했으니 성인이 어찌 나를 속이겠는가? 우리나라에는 정전(井田)의 제도가 없고 전정(田政)이 이미 문란하니 상정(桑政)에 이르러서도 가히 말할 것이 없다. 매년 제 도의 수령칠사 보고에는 모두 농상이 성하다고 말하니 이 누구를 속이는 것인가?[47]

(특진관 황경원) 아뢰길…… 농상 두 글자는 실로 급무 중의 급무입니다. 우리나라로 말하자면 팔도의 백성들이 농사에 힘쓰지 않는 것은 아니나 무릇 상정(桑政)은 관서일로에서만 토업(土業)이 되었으며 다른 도에서는 들은 바가 없습니다. 청컨대 제 도에 신칙하여 각기 잠상의 공에 힘쓰도록 하소서.[48]

이처럼 당시 상목재식에 관한 일은 '상정'으로 묘사되었으며, 수령의 임무 가운데 가장 중요한 부분으로 인식되었다. 상목재식령이 '상정'으로 표현된다는 것은 수령칠사 가운데 뽕나무 심기[植桑]의 비중

---

46) 《승정원일기》 1029책 영조 24년 5월 6일(기축).
47) 《승정원일기》 1222책 영조 39년 9월 22일(병자).
48) 《승정원일기》 1471책 정조 4년 9월 24일(기해).

이 상당히 컸음을 의미하는 것이다. 또한 영조대 정치의 영역에서 양잠업이 차지하는 비중을 보여주는 것이라 하겠다.

이처럼 영조대 양잠정책의 특징은 각 지역의 수령으로 하여금 뽕나무 심기를 적극 권장토록 하는 것이었다. 권장 방법도 수령이 강압적으로 시행하지 않고 향촌민들이 깨우치게 하여 스스로 이를 따르게 하는 온건한 방법을 취하였다.[49] 이는 조선후기 양잠정책이 조선전기와는 상당히 다르게 추진되었음을 의미하는 것이다. 조선후기 사회경제적 변화는 양잠정책의 내용을 조선전기와는 다르게 변화시키고 있었다.

뽕나무 심기에 대한 영조의 의지는 지방의 수령들을 만나는 자리에서도 확인된다. 영조는 각지에 부임하는 지방관들을 접견하는 자리에서 농사와 조적(糴糶)의 사정에 대해 물으며, 수령칠사를 말해보라 하였다. 낭천현감 정수인이 집집마다 뽕나무를 30그루씩 심도록 명하였다고 대답한 반면,[50] 대정현감 이의철은 수령칠사조차 잘 외우지 못하여 체직되었다.[51]

뽕나무 심기와 관련해 수령이 벌을 받은 사례는 또 찾아볼 수 있다. 영조 43년에 양성현감 심이진은 "경내에 뽕나무를 많이 심었는가?"라는 영조의 질문에, "풍속이 양잠을 하지 않고 뽕나무가 또 토질에 맞지 않으므로 뽕나무를 심은 곳을 별로 보지 못했습니다"라고 대답을 해 영조의 진노를 사서 곤장을 받기도 하였다. 영조는 "내가

---

49) 《승정원일기》 1360책 영조 51년 2월 4일(임오).
50) 《승정원일기》 955책 영조 19년 3월 19일(계유).
51) 《영조실록》 권77 영조 28년 7월 12일(경오).

여든을 바라보는 나이에 이미 친경하고 또 곤전이 친잠을 했는데, 수령들이 임금의 녹을 먹으면서 감히 소홀히 하느냐"며52) 각 도 수령들에게 농상권과에 전력할 것을 당부하였다. 이러한 예들은 영조의 양잠에 대한 관심도와 권장의지가 어떠하였는지를 보여준다고 하겠다.

양잠과 관련된 18세기의 사회 분위기는 조선전기와는 달랐다. 당시 조정에서는 '양잠이 고역이라 이제 부녀자들이 하지 않는다', '지금 여성들은 방적을 하지 않아 잠실에서 뽕잎을 구한다는 얘기를 들어본 적이 없다', '사대부가 여성들이 편안한 것만 좋아한다'는 이야기가 나오고 있었다.53) 당시 부녀자들이 편안한 것만을 좋아하여 양잠을 고역스러워하고 밤에 잠자는 데 방해가 된다 하여 근래 양잠을 하는 집이 거의 없다는 지적도 있었다. 이러한 지적에 대해 영조는 "만약 사대부가 부녀자들이 이 말을 듣게 되면 성을 낼 것"이라고 농담으로 응대를 하고 있었지만,54) 이는 당시 양잠에 대한 여성들의 인식이 어떠하였는지 보여주고 있다.

널리 알려졌듯이, 누에는 기온이나 습도에 매우 민감하여 매일의 기상 변화에 세심하게 대응하여야 하며, 한밤중의 기상 변화에도 유의해야 한다. 양잠기간 동안에는 밤낮을 가리지 않고 누에를 세심하게 보살피는 일이 중요하였으므로 누에를 치는 농가의 부녀자들은 제대로 잠을 잘 수 없었다. 영조대에 이러한 이야기가 나왔다는 것

---

52) 《승정원일기》 1264책 영조 43년 2월 26일(경신).
53) 《승정원일기》 1127책 영조 32년 1월 16일(갑신).
54) 《승정원일기》 1081책 영조 28년 4월 13일(갑진).

은 18세기에는 양잠이 더 이상 부녀자의 덕목으로 여겨지지 않았음을 의미하는 것이다. 즉 여성들의 부덕의 상징이었던 양잠이 조선후기의 상업적 분위기의 성장과 더불어 부덕의 차원이 아니라 경제활동의 영역으로 자리잡았음을 보여주는 것이다. 영조대의 식상정책의 추진이 양잠의 전업화(專業化)를 가져온 직접적인 요인은 아니었지만, 당시 상업적 분위기의 활성화와 함께 양잠의 전업화를 가속화시킨 한 요인으로 볼 수 있을 것이다.

6.2. 생산지역의 확대와 명산지(名産地) 형성

6.2.1. 생산지역의 확대

조선후기 유통경제의 발달에 힘입어 양잠업은 당시 농가 부업 가운데서 높은 이익을 올릴 수 있는 산업으로 등장하였다. 이러한 단초는 16세기에도 보였는데, 16세기에 양잠업이 공물 생산의 의미로서만이 아니라 수익을 남길 수 있는 산업으로 등장하게 되자 양반·중인·일반농민·노비55)들에 이르기까지 양잠에 종사하는 신분층이 확대되었다.

---

55) 16세기 사대부 오희문의 노비들도 양잠업에 종사하고 있었다. 오희문의 노비는 상전의 뽕잎 채취에는 게으름을 피는 반면에 자신의 양잠에는 매우 성실히 임해 상전의 노여움을 사고 있다. 이에 대해서는 남미혜, 1992, 〈16세기 권잠정책과 양잠업에 대한 일고찰〉, 《이대사원》 26, 99~100쪽.

표 6-1. 조선시대 지리지 길쌈 풍속 군현수

<table>
<tr>
<td rowspan="2"></td>
<td colspan="5">세종실록지리지
(풍속조)</td>
<td colspan="5">신증동국여지승람
(풍속조)</td>
<td colspan="5">동국여지지
(풍속조)</td>
<td colspan="5">여지도서
(풍속조)</td>
</tr>
<tr>
<td>麻</td><td>桑</td><td>木綿</td><td>苧</td><td>織造</td>
<td>麻</td><td>桑</td><td>木綿</td><td>苧</td><td>織造</td>
<td>麻</td><td>桑</td><td>木綿</td><td>苧</td><td>織造</td>
<td>麻</td><td>桑</td><td>木綿</td><td>苧</td><td>織造</td>
</tr>
<tr>
<td>경기도</td>
<td></td><td></td><td></td><td></td><td></td>
<td></td><td></td><td></td><td></td><td></td>
<td></td><td></td><td></td><td></td><td></td>
<td></td><td>1</td><td></td><td></td><td></td>
</tr>
<tr>
<td>충청도</td>
<td></td><td></td><td></td><td>1</td><td></td>
<td></td><td></td><td></td><td>1</td><td></td>
<td></td><td>2</td><td></td><td>1</td><td></td>
<td></td><td>2</td><td>1</td><td>2</td><td>3</td>
</tr>
<tr>
<td>전라도</td>
<td></td><td></td><td></td><td>1</td><td></td>
<td></td><td>2</td><td></td><td></td><td></td>
<td></td><td>2</td><td></td><td></td><td></td>
<td></td><td>12</td><td></td><td></td><td>1</td>
</tr>
<tr>
<td>경상도</td>
<td></td><td>1</td><td></td><td></td><td>1</td>
<td></td><td>5</td><td></td><td></td><td>1</td>
<td></td><td>2</td><td></td><td>1</td><td></td>
<td>1</td><td>11</td><td>1</td><td></td><td>5</td>
</tr>
<tr>
<td>강원도</td>
<td></td><td></td><td></td><td></td><td></td>
<td>2</td><td>2</td><td></td><td></td><td></td>
<td>1</td><td>1</td><td></td><td></td><td></td>
<td>3</td><td>6</td><td></td><td></td><td></td>
</tr>
<tr>
<td>황해도</td>
<td></td><td>15</td><td></td><td></td><td></td>
<td></td><td>3</td><td></td><td></td><td></td>
<td></td><td>3</td><td></td><td></td><td></td>
<td>4</td><td>13</td><td></td><td></td><td></td>
</tr>
<tr>
<td>평안도</td>
<td></td><td></td><td></td><td></td><td></td>
<td></td><td></td><td></td><td></td><td></td>
<td></td><td>1</td><td></td><td></td><td></td>
<td>1</td><td>19</td><td></td><td></td><td>2</td>
</tr>
<tr>
<td>함경도</td>
<td></td><td></td><td></td><td></td><td></td>
<td></td><td></td><td></td><td></td><td></td>
<td></td><td></td><td></td><td></td><td></td>
<td>6</td><td>1</td><td></td><td></td><td>1</td>
</tr>
<tr>
<td>계</td>
<td></td><td>16</td><td></td><td>2</td><td>1</td>
<td>2</td><td>12</td><td></td><td>1</td><td>1</td>
<td>1</td><td>11</td><td></td><td>2</td><td></td>
<td>15</td><td>65</td><td>2</td><td>2</td><td>12</td>
</tr>
</table>

* 1. 지리지 풍속조에 여공(女功)과 직업(織業), 농직(農織), 경직(耕織)으로 표현된 것은 모두 직조(織造)로 간주하였다.
  2. 종상마(種桑麻)와 같이 길쌈 풍속이 두 개 이상 표기된 경우에는 각각 하나의 군현으로 간주하였다.

〈표 6-1〉은 조선 전·후기 지리지에 보이는 각 군현의 길쌈 풍속을 정리한 것이며, 이를 보기 쉽게 그린 것이 〈그림 6-1〉이다. 〈표 6-1〉을 보면 조선후기에 길쌈 농가의 수가 많이 늘어나는 것을 확인할 수 있다. 특히 양잠과 관련된 풍속이 있는 군현수가 늘어나고 직조에 종사하는 군현수도 늘어나는 것을 볼 수 있다. 그리고 그 지역도 강원도·전라도·평안도, 그리고 함경도 등 여러 지방으로 확대되고 있음을 볼 수 있다.

〈표 6-1〉에서 《세종실록지리지》와 《신증동국여지승람》을 비교

그림 6-1. 조선시대 각 군현의 길쌈 풍속

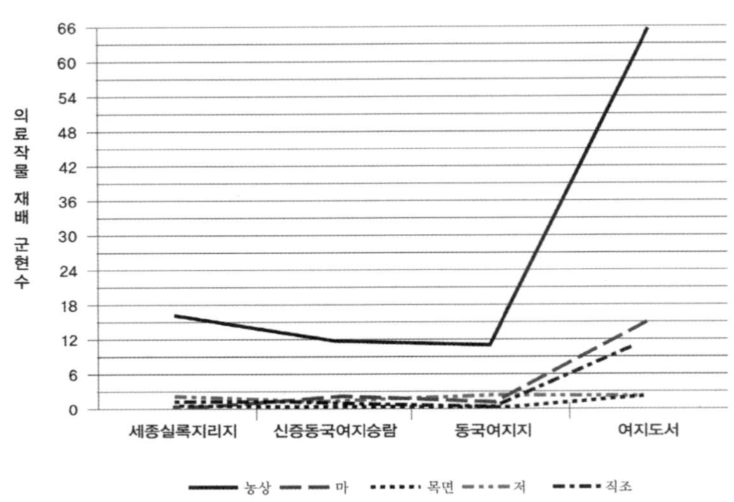

해 보면, 《신증동국여지승람》에는 강원도 울진, 전라도 금산·여산, 경상도 풍기·진주 등 지역이 농상을 숭상한다고 기록되어 있어[56] 16세기에 이들 지역으로 양잠업이 확대되는 모습을 확인할 수 있다. 양란 후의 상황이 잘 반영되어 있는 17세기의 지리지 《동국여지지》(東國輿地志)에는 충청도 청주·천안, 전라도 익산·광주, 경상도 함안, 평안도 성천 지역이 양잠업에 힘쓴다고 기록되어 있어,[57] 충청도·평안도 지역에도 양잠업에 종사하는 농가가 늘어감을 볼 수 있다. 19세기 《여지도서》에서는 황해도·평안도 대부분의 지역

---

56) 이 책 〈부록 표 1〉 참조.

57) 《동국여지지》에는 서민들의 경제생활과 밀접하게 연관되는 내용들이 많이 소개되어 있다.(박인호, 1989, 〈유형원의 《동국여지지》에 대한 일고찰―역사의식과 관련하여〉, 《청계사학》 6, 72~73쪽 참조)

에서 양잠업에 종사하고 있음을 알 수 있으며, 함경도 문천 지역이
뽕나무[桑]와 관련된 풍속이 있다고 기록된 것으로 보아 함경도까지
양잠업이 확대되어 갔음을 짐작할 수 있다. 18세기 함경도 경원 지
역에서는 뽕잎을 놓고 호인(胡人)과 다투는 일도 생겼다. 영조 3년
에 함경감사는 "후춘부락이 경원 지역과 거리가 매우 가까운데 봄과
가을에 두 나라 사이에 뽕잎을 놓고 다투는 일이 일어나고, 심지어
는 거병(擧兵)하여 서로 공격하는 일이 있는데, 비록 사소한 일이지
만 관계되는 바는 매우 중요하므로 엄중히 금지할 것"을 청하고 있
다.58) 비록 단편적인 사례이기는 하지만, 당시 함경도 지역에서도
양잠업에 종사하는 농가가 증가하여 갔음을 짐작할 수 있다.

조선후기에 양잠 종사 농가가 증가하였다는 것은 양잠업이 경제
성 있는 산업으로 성장하였다는 것을 말해 준다. 17세기에 관직을
버리고 향촌으로 내려가 양잠을 항산(恒産)의 수단으로 삼아 경영하
려는 사대부가 등장하다는 사실은59) 조선후기 양잠업의 경제성을
입증해 주는 한 사례로 제시될 수 있을 것이다.

〈표 6-2〉는 조선 전·후기 지리지 토산조에 보이는 의료작물(衣
料作物) 재배 군현수를 정리한 것이며, 표를 보기 쉽게 그린 것이
〈그림 6-2〉이다.

〈표 6-2〉와 〈그림 6-2〉를 보면, 조선후기 의료작물의 원료 재배
군현 수가 줄어들고 있음을 볼 수 있다. 지역에 따라 군현수가 많이

---

58) 《비변사등록》 영조 3년 11월 16일.
59) 17세기 사대부 남급(南礏)은 《잠농요어》를 저술하였다고 전해진다.(남미혜, 2007,
　　〈17세기 양잠정책의 추이와 양잠업의 성장〉, 《사학연구》 88 참조)

표 6-2. 조선시대 지리지의 의료작물 재배 현황

	세종실록지리지 (토의조)						신증동국여지승람 (토산조)						고사촬요 (토산조)					동국여지지 (토산조)					여지도서 물산(토산조)						
	麻	桑	柘	絲	木綿	苧	麻	桑	絲	木綿	絹	苧	麻	桑	絲	木綿	苧	麻	桑	絲	木綿	苧	麻	桑	絲	木綿	苧	綿紬	細布
경기도	36	36					8	9					8	9				9	9				4		4		1		
충청도	8	22	7		3	11		1				12		1			11		1			11			1	3	8		
강원도	24	24				2						3					3	2				3	3				2		
전라도	49	41			27	14						14					15					14	6	1		5	5		
경상도	31	25			13	2	1			5	1	3		1	5		3					2			1	4	3		
황해도	11	5				2	14	15				1	14	15			1	14	14			1	13		14	4			
평안도	43	43					39	41					40	41				39	41	2			33	1	33	8			
함경도	14	8					22	13					22	13				22	13				20		9			1	1
계	216	204	7		43	31	84	79		5	1	33	84	80	5		33	86	78	2		31	79	2	62	24	19	1	1

* 1. 지리지에 설면(雪綿), 면(綿), 면자(綿子)로 표시된 것은 모두 목면(木綿)으로 간주하였다.
  2. 한 군현에 두 개 이상의 작물이 표시된 경우에는 각각 하나의 군현으로 간주하였다.

그림 6-2. 조선시대 지리지의 의료작물 재배 현황

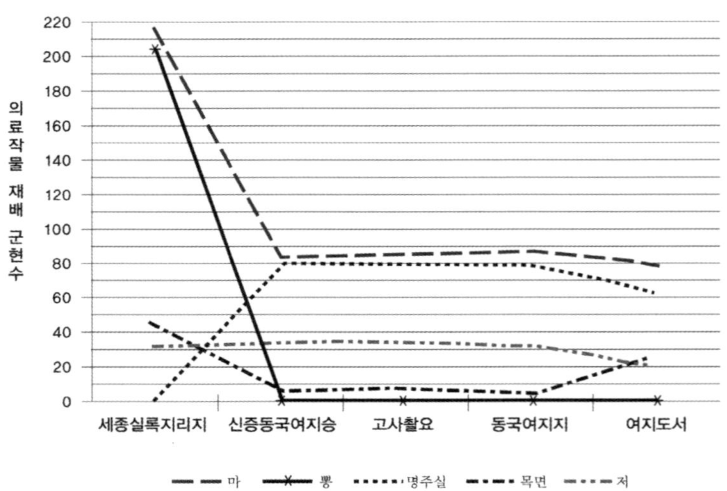

감소하는 경향을 보이기도 한다. 경기도에서 가장 많은 수치 변화가 있었으며, 강원도·전라도·경상도도 재배군현수가 줄어들고 있다. 반면 황해도와 평안도의 경우에는 변화의 폭이 크지 않다.

일반적으로 직조산업은 원료의 생산지역과 직물의 생산지대가 일치하는 경향을 보인다. 양잠의 경우 뽕잎[桑葉]의 주산지가 곧 명주의 생산지가 되는 것이다. 그리고 주 생산지에서 생산되는 직물은 다른 지역에서 생산되는 직물에 비하여 질도 좋고 시장가격도 좋기 마련이다. 그런데 앞의 〈그림 6-1〉에서 볼 수 있듯이, 시기가 내려갈수록 직조에 종사하는 군현 수는 증가하는 반면 〈그림 6-2〉에서 보이듯이 의료작물 원료 재배 군현 수는 줄어들고 있다. 이는 조선후기에 원료의 재배지와 직물의 생산지가 반드시 일치하지 않음을 보여주는 것이다. 또한 이러한 현상은 조선후기 양잠업이 점차 집약화되고 전문화되어 가고 있음을 의미하는 것이다.

조선후기에 뽕나무는 경제수종으로 인식되어 많이 재배되었다. 다산은 일찍이 뽕나무의 경제적 가치를 인식하고 이를 심을 것을 적극 주장하였다. 다산은 가난한 선비가 생계 걱정하지 않고 학문에 열중하기 위해서는 뽕나무를 심고 아내에게 부지런히 양잠을 하도록 해야 한다고 강조하였다.60) 또 사대부가의 생계를 도모하는 가장 좋은 방법으로 "뽕나무 심기는 선비의 명성을 잃지도 않고 큰 장사꾼의 이익을 올릴 수 있으니 이처럼 좋은 일은 없다"고 하면서, 뽕나무 365그루를 심어 해마다 365꿰미의 동전을 벌어들이는 남쪽지방

---

60) 정약용, 《국역다산시문집》Ⅷ, 권18, 贈言 〈爲尹惠冠贈言〉, 민족문화추진회, 1994.

사람을 본받을 것을 제안하였다.61) 다산이 사대부의 생업으로서 양
잠을 권장한 것은, 뽕나무 재배를 위해 특별히 기름진 땅을 구하지
않아도 되고, 지대나 부세의 부담이 그리 무겁지 않았기 때문이다.
다산의 이러한 제안은 당시 뽕나무를 수백 그루씩 심는 농가가 존재
하였으며, 그로 인한 수입이 수백 냥이 넘는다는 사실을 알려주는
것이다.

다산뿐 아니라 당시 실학자들도 뽕나무 재배를 적극 권장하고 있
었다. 홍만선은 "나무 심기는 자산(資産)을 늘리는 방법이며, 이런
까닭으로 옛사람들이 나무를 심고 가꾸는 것을 중히 여겼던 것이
다"62)라고 하며 뽕나무 심기를 권장하였다. 또한 《산림경제》 종수
(種樹) 편의 첫 항목에

이듬해 정월에는 대여섯 번 땅을 갈고 다섯 발짝에 한 그루씩 옮겨
심는다. 낮은 곳에는 심지 않는 것이 좋다. 물에 잠기면 죽기 때문이다.
심을 때는 구덩이마다 인분을 한 되쯤 퍼붓고 심는다. 가을로 접어들면
지면에 바싹 붙여 줄기를 자르고 다시 인분을 흠뻑 준 다음 흙으로 북
돋워준다. 이렇게 봄·가을로 매양 인분을 주고 북돋위주기를 3년만
하면 오디가 달리고 뽕잎 채취를 감내할 수 있을 뿐 아니라 그루마다
뽕잎 30근씩 거둬들일 수 있다.63)

---

61) 정약용, 《국역다산시문집》Ⅷ, 권18, 〈示學淵家誡〉, 민족문화추진회, 1994.
62) 홍만선, 《산림경제》 권2, 種樹 種樹序. "語云 十年之計 種之以樹 隨地所宜 雜植樹木
　　春則賞花 夏則蔭涼 秋則食實 以至材木器用 亦皆取資於是 此古人所以重栽植也 玆
　　錄種樹之方 爲第五."
63) 홍만선, 《산림경제》 권2, 種樹 種桑.

라고 하여, 그루마다 뽕잎 30근씩 거둬들일 수 있는 뽕나무 재배기술에 대해 설명하고 있다. 홍만선뿐 아니라 성호 이익도 뽕나무 잎과 껍질, 가지를 모두 유용하게 쓸 수 있는 요동·심양의 지상(地桑) 재배법을 빨리 시험해 볼 것을 제안하였다.[64]

한편 유수원도 뽕나무의 경제성에 대해서 극찬하였다.

> 뽕나무의 이익됨은 실로 면화에 비할 것이 아니니, 좋은 땅을 고르지 않아도 되고, 거름 주고 호미질하지 않아도 저절로 옷감을 얻을 수 있다. 그런데 습속이 부지런하지 못하여 뽕과 삼이 매우 드무니 통탄스럽기 이를 데 없다. 이제 만약 내가 논의한 대로 호적을 바르게 고친다면, 백성들의 집터가 넓고 좁은 것이라든지 한전(旱田)이 많고 적은 것을 모를 염려가 없을 것이니, 한결같이 밭이랑이 많고 적음에 따라서 이를 심을 것을 독려하는 것이 옳을 것이다.[65]

유수원은 면화보다도 경제성이 있는 작물이 뽕나무라고 보고, 각 농가마다 의무적으로 뽕나무를 심게 할 것을 제안하였던 것이다. 이처럼 조선후기 실학자들이 뽕나무 심기를 권장한 것은 물론 상품시장을 전제로 한 제안이었다.

18세기 양잠업은 자산을 늘릴 수 있는 산업으로 성장하고 있었으며 양잠을 경영해 부를 축적한 여성도 등장하였다. 18세기 사대부 이도원(1663~1704)의 서녀인 목씨의 아내 전주이씨가 대표적인 인물이다.[66] 성천에 거주하던 전주이씨는 양잠으로 만금을 축적하였

---

64) 李翼, 《星湖僿說》 권4, 萬物門 地桑.
65) 유수원, 《국역 우서》 권7, 論課種桑麻, 민족문화추진회, 1982.

다고 밝혔는데, 그녀가 많은 재산을 축적할 수 있었던 것으로 보아 그녀는 전업 양잠가였을 것이다. 당시 이러한 여성들의 경제력에 대해 '여자들의 수공이 매우 아름답다'고 칭송하는 사대부의 모습도 찾아볼 수 있다.[67)

조선후기에 양잠으로 인한 수익이 높아지자 양잠업이 전업화되는 현상도 나타나기 시작하였다. 19세기에 양잠업이 활성화되었던 평안도 강동의 일부 지역에서는, 집집마다에 5묘씩이나 되는 넓은 규모의 뽕밭을 경영하고 있었다. 논·밭두렁이나 언덕에 뽕나무를 심어 양잠을 하는 것이 아니라, 대량생산을 위해 포전(圃田)에 뽕나무를 심었다.[68) 또한 뽕나무 재배가 치부의 수단으로 되면서 수백 그루의 뽕나무가 있는 뽕밭들이 채무관계를 보증하는 저당의 담보물로 되거나 매매의 대상이 되기도 하였다. 1801년의 전주부 고문서에는, 전순칠이라는 사람이 그가 살던 기와집 및 집터, 뽕나무 40그루를 타인에게 저당하고 현금 180냥을 차용한 내용이 보인다.[69) 당시 뽕나무가 현금 대출의 담보 대상이 될 수 있을 만큼 경제적 가치를 지녔음을 보여주는 것이다.

66) 이에 대해서는 남미혜, 앞의 글(2008) 참조.
67) 盧尙樞,《盧尙樞日記》4, 戊子(순조 28년), 7월 3일[국사편찬위원회 편, 2005]. "以今年繭絲三斤 一斤則成疋 二斤則決價十三兩 買得鍮器一盤床器 婦女手功 可佳."
68) 장국종, 1998,《조선농업사》1, 백산자료원, 228쪽.
69) 위의 책, 224~225쪽.

6.2.2. 명산지의 형성

조선후기 직물업에서 상품생산이 가장 먼저 이루어진 것은 의생활에서 차지하는 비중이 면직물에 비해 뒤떨어졌던 모시·마포와 견직물에서였다.[70] 조선후기에 면포는 대중적인 옷감으로서 전 계층이 소비하는 직물이었지만, 모시나 명주와 같은 고급 직물은 주 소비층이 양반들이었다. 따라서 특정 계층의 소비를 염두에 두고 생산하기 위해서는 질을 향상시키는 것이 필요하였다. 조선후기 장시에서 이전에 찾아보기 힘든 다양한 고급 명주와 비단이 활발히 유통되고 있는 현상은 바로 이러한 이유에서였다.

다음 〈표 6-3〉은 조선 후기 장시에서 판매된 직물류를 정리한 것이며[71] 표를 보기 쉽게 그린 것이 〈그림 6-3〉이다.

〈표 6-3〉과 〈그림 6-3〉에서 보이듯이 조선후기 장시에서 명주·면포·마포·저포의 매매가 가장 활발한 지역은 영·호남과 관서지방이었다. 이 지방들은 조선전기부터 직물의 생산이 활발한 지역이었으며, 조선후기에도 길쌈의 명맥을 계속 이어내려 오는 지역이었다. 영·호남지방은 명주·면포·마·저포의 매매가 모두 활발하였으며, 관서지방은 명주·면포의 매매는 활발한 반면, 마·저포의 매매는 팔도 가운데 가장 부진한 모습을 보였다. 관동지방은 면포·마·명주의 매매가 비교적 활발하였는데, 이러한 현상은 앞의

---

70) 권태억, 1989, 《한국근대면업사연구》, 일조각, 32~33쪽.
71) 김대길, 1997, 《조선후기 장시연구》, 국학자료원, 102쪽 재인용.

표 6-3. 조선후기 장시에서 판매된 직물류

	명주	면포	마	저포
경기	0	32	20	0
호서	2	10	9	6
호남	8	40	23	19
영남	14	68	49	14
관동	8	24	21	0
해서	5	23	15	3
관서	9	42	0	1
관북	0	14	13	0
계	46	253	150	43

* 전거 : 《임원경제지》 아규지(倪圭志) 권4, 팔역장시(八域場市)

그림 6-3. 조선후기 장시에서 판매된 직물류

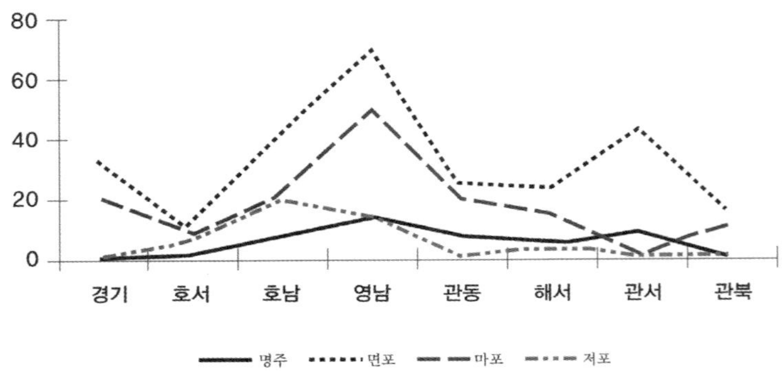

〈표 6-1〉에 보이는 조선시대 각 군현의 길쌈 풍속의 변화와 관련이 있어 보인다.

〈표 6-1〉《여지도서》 강원도 풍속조를 보면, 6개 군현에서 농상

에 힘쓴다는 기록이 보이는데, 이로서 조선후기 강원도에서 길쌈에 종사하는 군현수가 증가하였음을 알 수 있다. 1766년 강원도 영월 장릉참봉에 제수된 황윤석은 부임 전 영월 및 장릉 사정에 대해 탐문하는데, 영월 인근 4개 군에서 양잠에 힘써 명주 값이 그리 비싸지 않고 품질이 좋다는 이야기를 듣는다.72) 이 시기 강원도도 양잠농가의 증가로 명주의 생산이 활발해졌으며, 싸고 질 좋은 명주가 영월 장시[邑市]에서 매매되고 있음을 확인할 수 있다.

조선후기 장시에서 매매되는 명주의 거래량을 순서대로 나열하면 영남 > 관서 > 호남=관동 > 해서지방 순이었다. 〈표 6-3〉과 〈그림 6-3〉에서 볼 수 있듯이, 18세기 경상도와 평안도의 명주 유통은 매우 활발하였다. 경상도 가운데서도 특히 성주 지역이 명주의 주산지로 이름이 났는데, 성주는 《신증동국여지승람》 및 《영남지지》에 '풍속이 화려한 것을 숭상하고 여공(女功)을 잘하는 곳'으로 소개되었다.73) 무엇보다 성주의 두리곡은 명주로 이름난 고장이었다.74) 성주 지역의 '두리실 명주'는 그 역사가 단종 2년(1456)으로까지 거슬러올라가며, 길쌈 기술은 문중 부녀자들에게 전수되었다. 성주의 '두리실 명주'는 조선후기에도 공물로써 진상될 정도로 품질이 우수하였다.

---

72) 《頤齋亂藁》 권7 1766년 8월 3일(경자), 8월 7일(갑진).

73) 《嶺南地志》 道內各官土風民俗 星州條(《草間日記—附:竹所日記》, 한국정신문화연구원, 1997 영인본). "土地肥 水泉深 風氣暖 俗尙華麗 崇文好武 善女工."

74) 권병탁, 1988, 〈명주짜기〉, 《민족문화논총》 9, 187~188쪽. 16세기 사대부 이문건은 성주 지역으로 유배가 생활하면서 지속적으로 양잠업을 경영하고 있었다.[남미혜, 앞의 글(2003) 참조] 이처럼 성주의 양잠 전통은 조선전기까지 거슬러올라간다.

경상도 지역 못지않게 양잠업이 활성화된 지역은 관서지방이었다. 이 지방은 양잠을 전업으로 하는 농가도 많아서, 평범한 향촌의 아낙네라도 1년에 능히 5, 6필의 명주를 짠다고 이야기될 정도였다.[75] 특히 평안도 영변·성천 지역에서 생산되는 합사주(合絲紬)는 매우 고급품이어서, 다른 지역의 명주보다 값이 배나 되었다.[76] 평안도 지방은 전업 양잠농가가 많아 이 지역의 토업(土業)으로 인정받고 있었다.[77]

평안도 지역의 양잠 모습을 보고 관서지방의 한 시인은 "누에치는 달 강동의 고치따는 저자 지날 때에 북쪽 서쪽 장사치들 구름같이 모였구나. 강 건너 집집마다에 5묘씩의 뽕밭 푸르렀네"[78]라는 시를 남기기도 하였다. 이 시는 비록 단편적이기는 하지만 평안도 강동(江東) 지방의 뽕밭 보유 현황과 양잠업의 생산물인 고치와 명주실의 유통 상황을 보여준다. 당시 강동 지역은 누에고치 생산의 중심지로서 각 농가마다 뽕밭이 있었으며, 생산된 고치와 명주실, 그리고 명주는 상인들을 통하여 장시로 유통되었다.[79] 18세기 이후 도시의 성장과 부유한 상인층의 대두, 그리고 옷에 대한 신분적 제한의 약화, 사치풍조의 유행 등은 견직물에 대한 수요를 현저히 증대시켰으며,[80] 그 결과 명주가 지방 장시에서 활발히 거래되었다.

---

75) 《승정원일기》 1007책 영조 22년 8월 30일(계사).
76) 《林園十六志》 展功志 권2. "織紬關西産者最佳 寧邊成川等地 有合絲紬 光潤堅厚 最稱佳品 湖南羅州人 亦能織厚紬 價倍常品."
77) 《승정원일기》 1471책 정조 4년 9월 24일(기해).
78) 장국종, 앞의 책(1998), 222~223쪽 재인용.
79) 전석담·허종호·홍희유, 1989, 《조선에서 자본주의적 관계의 발생》, 이성과현실, 96쪽.

조선후기 지방 장시에서는 각 지역의 특산물인 반주(斑紬), 교직(絞織), 단(緞) 등과 같은 고급 견직물들이 유통되었다.81) 반주는 아랑주라고도 부르는데, 경사는 명주실, 위사는 명주와 무명실을 두 올씩 섞바꾸어 짜는 비단의 한 종류다. 반주로 짠 뒤에 염색을 하면 무명올과 비단올의 색깔이 농담(濃淡)이 다르게 물들어 색다른 느낌이 난다고 한다. 교직 역시 무명올을 섞어 짠 비단을 말하는 것이며, 단은 고급 비단으로서 문양과 색상에 따라 다양하게 불리며 종류는 수를 헤아릴 수 없을 정도로 많았다.82) 이러한 고급 비단의 특징은 색깔이 곱고 매끄럽고 윤기가 나 평직으로 짜여진 명주보다 훨씬 높은 값을 받을 수 있었다.

조선후기에 각 지역에서 좋은 품질의 명주가 생산되자, 각 고장을 대표하는 명주의 종류도 다양해졌다. 즉 평안도 영변은 합사주(合絲紬)의 생산지로, 성천은 분주(粉紬)83)와 동해주(東海紬)84)의 명산지로 이름이 났다. 특히 성천의 동해주는 서주(西紬)라고도 불렸는데, 날실과 씨실이 아주 세밀하여 명주 한 필의 부피가 한 주먹에 들어갈 정도로 적어 조선 최고의 명주로 손꼽혔다. 동해주는 방적과정이 다른 지역과 달랐다.

---

80) 위의 책, 51쪽.

81) 장현주·권영숙, 1998, 〈조선시대 견직물의 생산과 유통〉, 《복식》 40, 47~48쪽.

82) 김영숙, 앞의 책(1998), 116·182·274쪽 참조.

83) 분주(粉紬)는 어떤 종류의 비단인지 명확하지 않다.

84) 동해주(東海紬)는 서주(西紬)·동해주(銅海紬)라고도 불리는데, 부피가 매우 작아 당시 최고급 명주에 속하였다.[《頤齋亂藁》 권27 11월 18일(갑진; 영인본 5책, 한국정신문화연구원, 1999, 336쪽) "所謂西紬者 亦曰銅海紬 經緯極甚細密 一匹之卷 可容一握 在東國冠絶者也."]

고치켜기를, 삶아서 밤 재우지 말아야 하니, 삶아서 밤 재우면 실이
엉킨다. 향 피우면 실이 잘 나지 못하니 향 피우지 말아야 한다. 고치를
끓는 물에 삶아 자애에 켜는 것이, 냉분의 결정 광윤함만 같지 못하니,
고치를 삶아 동이에 건지고 구멍을 뚫어 실을 빼어, 물이 따뜻하여 차
지도 뜨겁지도 않게 하여 켜내면, 그 정신이 결백하고 실이 견고하여
윤기가 다른 것보다 훨씬 뛰어나니, 이것이 성천 동해주법이다.85)

즉, 보통 명주실을 방적할 때는 끓는 물에 고치를 넣어 실을 뽑아
내는 데 비해86) 성천의 동해주는 물의 온도를 낮게 하여 견사를 뽑
아내었다. 이러한 제사방법 덕분에 18세기 성천 지방은 고급 명주의
산지로 발전할 수 있었다. 한편 안주·개천·덕천 등지는 항라견직
(亢羅絹織)87)의 생산지로 이름이 났으며, 전라도 강진은 영초견직
(英綃絹織)88) 생산지로, 경기도 양주·가평 등지는 견직(絹織)원료
인 제사업의 중심지로 각각 발전하였다.89)

이처럼 18세기에 양잠의 명산지가 형성되었고 고급 명주도 생산
되어 유통되었지만, 일반 농가에서 명주 직조까지 병행하기는 쉽지
않았다. 강원도 지역에서는 직조를 하지 않고 고치 그대로 팔고 있
는 것으로 보아90) 당시 농가에서 누에를 쳐서 고치를 생산해 제

---

85) 《閨閤叢書》 卷之二, 浴蠶法.(정양완 역주, 1975, 보진재, 178쪽)
86) 이러한 방법은 16세기 성주 지역에서 양잠을 하였던 이문건가에서도 확인된다. 이에
    대해서는 남미혜, 앞의 글(2003), 165쪽.
87) 얇고 통기성이 풍부하여 여름용 옷감으로 많이 쓰인다. 항라는 여러 올의 위사 사이에
    경사를 꼬아 위사와 조직하여 짠 비단이다.[김영숙, 앞의 책(1988), 401쪽]
88) 영초(英綃)는 견직물의 하나로 모초(毛綃)보다 품질은 낮으나 바닥이 곱고 광택이
    있다. 여름용 옷감에 많이 사용한다.(위의 책, 285쪽)
89) 홍희유, 1989, 《조선중세 수공업사연구》, 지양사, 260~261쪽.

사·직조까지 모두 하기는 어려웠던 것으로 보인다.

18세기에 시장에 유통되는 상품(上品)의 직물은 대개 소수의 부농층이나 전업적인 직물 생산업자에 의해서 생산된 것이었다.[91] 그러나 보통 품질의 명주는 농가에서 생산되었으며 장시에서 거래되었다. 18세기 양잠에 종사하는 농가가 증가하고 명주의 명산지가 형성되었다는 점에서 조선후기 양잠업은 쇠퇴가 아니라 점진적인 발전을 하고 있었다.

90) 《승정원일기》 1013책 영조 23년 2월 14일(갑술). "上曰 右承旨曾見江原道 蠶桑亦務爲之耶 雖勤爲之 而無自織之事 以蠶繭斥賣矣 上曰 何爲不自織 象漢曰 雖織出 其麤疏無異於三升布之故也 上曰 薄薄酒勝茶湯 雖曰麤疏 猶勝於綿布矣 象漢曰 不然 凡織造之物 不能細密則易毀矣 上曰 嶺南亦爲之耶 象漢曰 雖或有之 而終不若黃海平安之好矣."
91) 김용섭, 1971, 《조선후기농업사연구》Ⅱ, 일조각, 166~168쪽.

맺는 말

조선시대에 양잠업은 농업과 함께 국가경제에서 중요한 위치를 차지하였으며 지속적으로 권장되었다. 필자는 이 책에서 조선시대 양잠정책의 시기별 추이 및 양잠업의 실태를 검토하였는데, 그 결과를 요약하면 다음과 같다.

조선시대의 주요 산업은 농업이었기 때문에 국가에서는 농업생산력을 발전시키기 위한 노력을 여러 각도에서 펼쳤다. 조선시대 농정은 대부분 '권농상'이라고 표현될 만큼 직물업이 국가경제에서 차지하는 비중이 컸다. 직물은 전근대사회에서 의복의 원료인 동시에 납세의 단위, 그리고 화폐 대용으로 사용되었기 때문에 국가에서는 재정의 근간이 되는 미(米)와 포(布)의 안정적 수취를 위하여 농업뿐만 아니라 의료(衣料)작물 재배에도 많은 관심을 가지고 있었다.

조선전기 의료직물의 종류로는 무명·삼베·모시·명주가 있었으며, 이들의 원료는 각각 목화·삼·모시풀·뽕나무 등이었다. 여러 종류의 의료작물 가운데 조선 초기 국가가 농민들을 대상으로 하여 중점적으로 육성하려 하였던 것은 양잠업이었다. 양잠업에 중점을 둔 이유는 의료작물의 재배환경과 밀접한 관련이 있었다. 무명·삼베·모시를 생산하기 위해서는 재배할 경작지가 필요하였다. 반면에 양잠은 산과 들에 뽕나무가 자생하고 있었으므로 농경지를 따로 소유하지 않고서도 쉽게 시작할 수 있었다. 또한 3월부터 5월까지 약 40일 동안 노동력을 집중적으로 투입해 소득을 올릴 수 있었으며, 원료인 뽕나무는 전국 어디에서나 재배가 가능하였다. 따라서 조선 초기 의료작물 재배 권장정책 가운데서 가장 우선 순위에 놓일 수 있었던 산업이 바로 양잠업이었다.

조선전기 국가의 양잠업에 대한 관심은 의례의 정비과정에서도 엿볼 수 있다. 조선왕조는 개국 초부터 유교식 예제를 정비하였는데, 그 가운데 민생과 밀접하게 관련이 있는 국가의례도 포함되어 있었다. 농업과 관련된 의례로 선농제와 친경례가 정비되고, 양잠과 관련된 의례로 선잠제와 친잠례가 정비되어 정기적으로 거행되었다. 선잠제는 고려시대에는 섭사(攝祀) 형태로 거행되었으며, 친잠례는 거행되지 않았다. 그런데 조선시대에는 양잠업의 중요성이 인식되면서 선잠제와 함께 친잠례가 여러 차례 거행되었다. 친잠례는 성종 8년에 처음 시작되어 조선전기에 총 여섯 번 거행되었다. 조선왕조 전 시기를 통틀어 총 여덟 번의 친잠례가 거행되는데, 그 가운데 여섯 번이 조선전기에 거행되었다.

조선전기에 수립된 권농정책은 농업을 주 산업으로 하면서 동시에 농가경제에 도움을 줄 수 있는 부업까지 고려한 것이었다. 부업 가운데 특히 의료작물의 권장 재배가 독려되었는데, 이는 생민(生民)의 기본 조건은 의식(衣食)의 생산이었고, 이것이 바로 민본(民本)이기 때문이었다. 따라서 목화·삼·뽕나무·모시풀 등과 같은 의료작물의 원료 재배를 권장하는 정책을 적극적으로 추진하였으며, 그 가운데 양잠이 중심에 있었다.

조선시대에 양잠업 권장을 위해 국가가 가장 우선적으로 시행해야 할 사안은 바로 뽕나무 심기였다. 양잠에서 가장 중요한 일이 바로 뽕잎의 안정적인 공급이었기 때문이다. 따라서 뽕나무 심기 권장 여부를 수령의 포폄과 고과의 기준으로 삼고, 관찰사와 수령을 통하여 적극적인 재식 장려정책을 시행하였다. 상목재식령(桑木栽植令)은 태종 16년에 잠실이 설치되면서 본격적으로 시행되었으며, 식상(植桑)정책에 대한 국가의 의지는 세조대에 반포된 〈양잠조건〉에 구체적으로 반영되었다.

양잠업을 널리 보급시키기 위해서는 이를 지도하고 관장하는 기관의 설립이 필수적이었다. 이러한 목적 아래 각 지역에 잠실을 설치하게 되는데, 잠실은 각 지방의 주요 도읍과 대궐·경중(京中)에 설치되었다. 태종 17년에 함경도와 평안도·강원도를 제외하고 개성·가평·청풍·의성·수안·태인 등 여섯 개 지역에 도회잠실이 설치되고, 이어 세종대에 평안도와 강원도·함경도에 각각 잠실이 설치되었다. 대궐에 잠실을 설치한 이유는 왕비가 누에를 치는 모습을 보임으로써 일반 백성이 보고 따르게 하기 위해서였다. 또한 한양을 중심으로 양잠업을 보급·확대시키려는 의도 아래 연희궁·

아차산·낙천정 등에도 잠실을 설치하여 운영하였다.

도회잠실이 설치된 개성·양근·가평·청풍·의성·수안·태인·홍천 등지의 농업환경은 별로 좋지 못한 곳이었다. 전라도 태인 지역만 제외하고는 모두 토지가 척박한 지역으로, 간전(墾田) 결수(結數)가 많지 않았으며 수전(水田) 비율도 상당히 낮은 지역이었다. 반면에 호당 평균인구수와 1결당 농업 인구수는 높아 농업에만 의지해서는 민생의 안정이 불가능할 것으로 보이는 지역이었다. 지방의 도회잠실은 농업 외에 다양한 산업에 종사해야 생계를 유지할 수 있는 지역에 중점적으로 설치되었다. 지방 잠실은 세종대에 이르러 전국에 하나씩 설치되었으며, 단종대에는 각 읍 단위로 설치가 확대되었다. 세조대에 이르러서도 읍 단위의 잠실은 그대로 유지되어 잠실의 숫자는 크게 늘어났다.

그러나 읍 단위의 잠실 설치가 반드시 긍정적인 결과만 가져온 것은 아니었다. 잠실의 숫자가 너무 많아져 관리가 소홀해지고 민폐를 끼친다는 지적이 끊이지 않았던 것이다. 잠실의 폐단을 시정하기 위해 잠실의 숫자를 줄이자는 의견이 개진되고, 곧이어 세종조의 예에 따라서 잠실의 숫자를 대폭 줄여서 각 도에 한 군데씩 두기로 결정하였다. 따라서 성종대 이후로는 각 도에 한 개씩 도회잠실을 두어 운영하였다. 이후 구황(救荒)정책의 일환으로 각 도의 잠실을 한시적으로 폐지하였으며, 성종 16년에 잠실은 잠정적으로 폐지되었다. 그 뒤 잠실은 연산군대에 재설치되었다가 폐지된 다음 중종대에 이르러 다시 복설(復設)되었다. 이처럼 성종대 이후로는 잠실의 운영은 점차 부실해지며 양잠 보급기관으로서의 기능을 상실해 가고 있었다.

지방 잠실은 관찰사와 수령 밑에 양잠관을 두어 양잠관이 잠실의 사역인들을 관리하는 체제로 운영되었다. 잠실 사역인은 잠모(蠶母), 종비(從婢), 노자(奴子)로 구성되었으며, 철저한 성별 분업이 이루어지고 있었다. 도회잠실(都會蠶室)과 경중잠실(京中蠶室)은 상벌제로 운영되었으며, 각 지방 잠실의 양잠 실적에 대한 책임은 전적으로 관찰사나 수령에게 있었고, 경중잠실도 관리자인 환관이나 별좌에게 그 책임이 있었다. 상벌제도의 시행을 통한 잠실의 운영은 잠실의 폐단을 가중시키는 원인으로 등장하였다. 잠실끼리의 경쟁을 통해 양잠업을 활성화시키고 잠업을 보급시키려 하였던 초기의 취지는 점차 희미해지고, 민가의 뽕잎을 탈취하여 민폐를 끼치는 기관으로 변모하였던 것이다. 이는 잠실이 각 지방과 한양[京中]에 자리를 잡아가면서 양잠 지도기관으로서의 역할을 제대로 수행하지 못하고 점차 세공(歲貢)을 충당하기 위한 기관으로 전락한 데에 원인이 있었다.

한편 연희궁·낙천정·아차산·신잠실 등 경중잠실도 운영되었다. 네 군데 잠실 가운데 가장 먼저 사료에 나타나는 잠실은 연희궁 잠실이며, 연희궁 잠실은 외잠실 또는 서잠실로도 불렸다. 낙천정 잠실은 세종 초에 설치되었으며, 아차산 잠실은 세조 초에 설립되었다. 또 새로이 신잠실이 한강 아래 원단동(圓壇洞)에 설치되어 환관의 관리 아래 있었다. 신잠실은 왕실의 이익과 밀접하게 관련이 있는 잠실이었던 듯, 대신들의 끈질긴 폐지상소 끝에 중종대에 혁파되었다.

조선전기에는 국가적인 차원에서, 또는 개인적인 차원에서 양잠서적이 활발히 편찬되었다. 태종 14년에는 《농상집요》(農桑輯要) 전체를 이두로 번역하여 간행하는 작업이 시도되었고, 이를 토대로 하여 독립된 양잠서적의 편찬도 이루어졌다. 독립된 양잠서적의 편찬은 태종 15년 한상덕(韓尙德)에 의해 이루어졌다. 한상덕은 《농상집요》의 양잠 부분만 발췌해 《양잠경험촬요》(養蠶經驗撮要)를 간행하였다. 한상덕이 편찬한 《양잠경험촬요》는 현존하는 가장 오래된 잠서로, 양잠의 기술 보급에 많은 영향을 끼쳤다.

세조대에는 국가적인 차원에서 다시 한 차례 잠서 번역본이 간행되었다. 세조는 최항(崔恒)과 한계희(韓繼禧) 등 문신 30여 명에게 언문으로 잠서를 번역하라고 명하였다. 세조대 《언해잠서》는 현전하지 않아 그 내용을 확인할 수 없으나, 한글로 번역하여 간행되었으므로 좀 더 많은 계층에서 쉽게 접할 수 있었을 것이라 생각한다.

조선전기 양잠업의 확대 정책에 따라 북방지역에도 양잠업을 보급시키려는 정책이 추진되었다. 평안도 지역은 일찍부터 자체적으로 양잠업이 발달하였으므로 북방지역의 양잠업 보급은 주로 함경도 지역을 중심으로 추진되었다. 북방지역으로의 양잠업 보급은 비교적 성공적이어서, 15세기 평안도·함경도 일대에 양잠업을 하는 농가의 수가 늘어났다. 조선후기에 평안도 지역이 양잠업의 주산지로 성장하고 함경도에도 양잠 농가가 증가하였던 것은 이 시기 정책의 추진과도 밀접한 관련이 있었다.

한편 16세기에 들어서도 양잠정책은 추진되었다. 중종은 연산조의 폐정(弊政)을 개혁하기 위해 각 분야의 제도를 정비하면서 서울의 동·서 잠실을 복설하였다. 중종대의 양잠 장려 정책은 향촌안정책의 일환으로서 양잠에 주목한 사림계(士林系)에 의해 추진되었다. 지방 잠실이 복설되고 두 차례의 친잠례가 거행되었으며, 두 차례의 농상교서가 반포되었다.

16세기의 시행된 양잠정책은 잠실을 통한 양잠업의 보급보다는 농민들의 자발적인 참여를 유도하는 방식으로 전개되었다. 이는 16세기의 사회경제적 조건이 15세기와는 다르게 전개되는 점과도 밀접하게 관련이 있었다. 향촌에서는 장시가 활성화되고 상업 분위기가 고조되면서 농가의 잉여생산물들이 상품으로 판매되고 있었다. 따라서 16세기 권잠정책은 농상교서를 반포하고 양잠서적을 간행함으로써 농민들이 자발적으로 참여하는 방식으로 시행되었다.

16세기에 양잠업은 향촌의 부업으로 성장하고 있었다. 16세기 양잠업의 부업화를 가능하게 한 사회적 요인은 바로 복식 부분에서 사치풍조의 유행이었다. 15세기 중반부터 서서히 진행되기 시작하여 16세기에 사회문제로 등장한 사치풍조의 유행은 의식주, 혼인, 상장(喪葬), 장신구, 잡물 등 각종 분야에 걸쳐 진행되었다. 그리고 그 가운데 가장 문제가 되었던 것은 바로 복식 부분의 사치풍조였는데, 특히 사라능단(紗羅綾緞)과 초서피의 사용이 가장 문제였다. 사라능단은 전적으로 수입에 의존한 고가품이었기 때문에, 주로 궁궐이나 양반·지주·부상대고들이 주요 소비층이었으며, 일반인들은 이보다 가격이 낮은 명주를 사용하였다.

16세기에 복식 부분에서 사치풍조가 유행함에 따라 명주의 수요가 점차 증가하였다. 사회적으로 사치풍조가 유행한 것과도 관련이 있었지만, 좀 더 근본적인 이유는 명주의 소비층이 두터워졌고, 명주가 민간에도 널리 유통되었기 때문이다. 사회적으로 고급 옷을 선호하는 분위기가 형성되자 직조기술에도 변화가 나타나기 시작하였다. 민간에서도 사직(私織)이 상당히 성행하였으며, 주초교기교직(紬綃交綺交織)한 고급 직물과 수주(水紬), 정주(鼎紬), 토주(吐紬)와 같은 고급 명주가 생산되었다. 이러한 고급 명주가 조선전기에 생산되었다는 것은 직조기술이 발전하고 있음을 보여주는 것이다.

16세기에 사치풍조가 유행하자 고급 직물의 생산이 경제적으로 유리해졌다. 따라서 농가에서는 의료작물 가운데 양잠업을 부업의 우선 순위에 놓고 적극적으로 경영하게 되었으며, 좀 더 질 좋은 직물을 생산하려는 노력을 하게 되었다. 사치풍조의 성행에 따라 밀무역으로 시작된 사라능단의 수입과 고급 옷감의 수요증가는 고급직물에 대한 소비를 증가시켜 조선의 양잠업 발달과 방직기술의 발전에 긍정적인 영향을 끼치고 있었던 것이다.

16세기에 양잠업은 향촌의 일반적인 부업으로 자리잡았다. 경상도 성주로 유배를 가 그곳에서 생활한 사대부 이문건은 해마다 양잠을 경영하였다. 대부분의 사대부가에서 양잠을 경영하였던 이유는 일차적으로는 의복의 원료를 조달하기 위해서였다. 또 다른 이유는 양잠 경영으로 많은 이윤을 남길 수 있었기 때문이다. 이문건은 해마다 평균 60말[斗] 이상의 고치를 수확하여 일부는 생활을 위해 소비하고, 일부는 공물 방납에 이용하였다. 즉 이문건은 상업적 목적에서 양잠업을 경영하고 있었던 것이다.

이처럼 조선전기에 양잠업은 국가의 양잠정책 시행과 16세기 사회경제적인 변화 추세에 부응하여 농가경제력을 신장시킬 수 있는 대표적인 부업으로 성장하고 있었다. 16세기에 장시가 늘어남에 따라 양잠업은 더욱 활성화될 수 있었다. 양잠업은 경작할 전답이 적은 사대부들이나 농민들에게 생계유지를 위한 주요 경제활동으로 행해졌으며, 지주들에게는 고수익을 보장해 주는 주요 산업으로 인식되고 있었다.

16세기에는 양잠기술에도 발전이 있었다. 17세기 초에 편찬된 《농가월령》(農家月令)의 양잠 관련 조항은 당시 농가의 양잠일정[蠶農曆]과 일치하였다. 《농가월령》의 양잠 조항은 비교적 간략한데, 이는 당시 농가의 양잠기술에 대한 이해도와 관련이 있었다. 16세기에는 양잠의 세세한 과정까지 언급하지 않아도 될 정도로 양잠기술을 습득하고 있었다. 《농가월령》에 소개된 뽕잎가루를 저장해 두었다가 누에가 깨어나는 3월에 사용하는 방법은 당시 조선에서 쓰이던 양잠기술이었다. 이는 중국 양잠법에서 탈피하여 조선의 독자적인 양잠기술을 수립하고 있음을 의미하는 것이다.

조선전기에 활발히 추진되던 양잠정책은 양란 이후 거의 시행이 되지 못하였다. 국가경제를 활성화시키기 위한 노력은 다각도로 전개되었지만, 광해군–현종대에는 특별한 농상정책이 추진되지 못하였다. 숙종대에는 윤휴를 비롯한 남인측에 의해서 〈상목재식사목〉(桑木栽植事目)이 제정되지만, 이들이 서인들에 의해 피화(被禍)됨에 따라 더 이상 시행되지 못하였다.

조선후기에 양잠정책을 강력히 추진한 국왕은 영조였다. 영조는 양잠정책 시행에서 상징이 되는 중요한 행사인 친잠례를 거행하고, 각 도 수령들을 통하여 식상(植桑) 정책을 적극적으로 추진하였다.

영조대에는 조선전기와 같이 국영잠실의 운영으로서가 아니라, 위에서 직접 모범을 보여 백성들이 보고 따르게 하고, 양잠의 원료인 뽕나무를 많이 확보하는 정책으로 백성들의 참여를 유도하였다. 영조대의 식상(植桑)정책은 당시 '상정'(桑政)으로 표현되었는데, 이는 영조대 정치영역에서 양잠이 차지하는 비중을 보여준다.

조선후기에는 곡물·직물·채소 등 다양한 물품들이 상품화되었으며, 이러한 물품들은 주요 산지가 형성되고 전국적으로 인정을 받고 있었다. 이러한 현상은 양잠업에서도 예외가 아니었다. 18세기에는 양잠원료의 재배산지와 양잠 전업농가가 출현하고 있었으며, 다양한 종류의 명주가 생산되어 장시에서 유통되었다. 길쌈에 종사하는 군현수가 점차 늘어났으며, 양잠지역도 확대되었다. 조선후기 영조대의 권잠정책 시행이 양잠업의 전업화(專業化)를 가져온 주된 요인은 아니었지만, 당시 상업적 분위기의 활성화와 함께 양잠업의 전업화를 가속화시킨 한 요인으로 이해할 수 있다.

일반적으로 사회경제적인 변화는 국가의 정책 수립에 영향을 끼치고, 또 반대로 국가의 정책은 사회경제적 변화의 주된 동인(動因)이 되기도 한다. 이는 양잠정책에서도 마찬가지로 적용될 수 있다. 조선시대 양잠업은 조선전기 잠실의 운영과 양잠정책 덕분에 16세기 향촌에서 활성화되었다. 그러나 16세기 중반 이후로 들어서면 강력히 추진되던 '권농상' 정책이 더 이상 적극적으로 추진되지 않는다. 이는 16세기 이후의 사회경제적인 변화과정과 밀접한 관련이 있다. 조선후기 농업생산력의 발전, 장시의 확대, 부유한 상인층의 대두, 도시의 성장과 구매력의 증가 등 여러 가지 사회경제적 요인이 양잠업을 부업의 수준이 아닌 재화를 생산할 수 있는 산업의 한 영역으로 성장시키고 있었다. 조선후기 사회·경제적 변화는 정책에 의해서가 농민 자신들의 의지에 따라 재배작물을 선택하게 유도하고 있었다. 농민들이 자발적으로 경제성 있는 작물을 선택하여 경영하기 시작한 것이다.

지금까지 학계의 시각은 16세기 이후 목화가 대중화됨에 따라 양잠을 비롯한 여러 의료직물 산업이 쇠퇴되어 갔다고 보는 것이 일반적이었다. 양잠이 목화에 비해 생산이 더 활발하였던 것은 아니지만, 조선후기 장시의 증가, 상인층의 성장, 경제력의 향상 등 사회경제적 변화는 양잠업을 전업화로 이끄는 동인이 되었다. 따라서 목화의 대중화가 여타 직물 산업의 생산을 위축시켰다는 기존의 학계 시각은 재고되어야 한다. 목화의 대중화는 의생활의 수준을 향상시킬 수 있었으며, 고급 직물에 대한 대중적 요구를 불러일으켰다. 이로 인해 직물의 질적 수준이 향상될 수 있으며, 그 결과가 바로 조선후기 고급 품질의 직물생산과 명주 명산지의 형성으로 나타난 것이다.

조선시대 양잠업은 농업과 긴밀한 관계 속에 있었고, 양잠기술 관련 조항은 농서에 기재된 경우가 많다. 따라서 이 책에서 조선시대 농서의 양잠 관련 조항을 면밀히 살펴보아야 하였으나, 필자의 능력 부족으로 깊이 있게 살펴보지 못한 아쉬움이 남는다. 이러한 점이 바로 이 책의 한계임을 자인하며, 앞으로 후속연구에서 이를 보완할 것을 약속한다.

보 론

조선시대 양잠업과 여성

조선시대 특수직 여성, 잠모(蠶母)

18세기에 양잠으로 재산을 모은 전주이씨

조선시대 특수직 여성, 잠모(蠶母)

1. 잠모의 선발과 교육

잠모는 글자의 뜻 그대로 양잠을 하는 여성을 의미하는데, 좀 더 정확히 말하면 궁중에서 양잠하는 여관(女官)을 일컫는 말이다. 송서(宋書)에 한나라 의식에 황후가 친잠을 하면 제후의 처 6명을 잠모로 삼았다고 기록되어 있어[1] 잠모가 국가의 공적인 존재였음을 알려준다. 따라서 조선시대 잠모는 양잠하는 여성 전체를 가리키는 말이 아니라, 각 지역에 설치한 국영잠실이나 궁궐의 잠실에서 근무하였던 여성을 공식적으로 부르는 명칭이다. 우리나라 양잠의 역사가 삼국시대까지 거슬러 올라가므로[2] 잠모는 조선시대 이전에도 존재하였을 것으로 생각되나, 조선시대 이전 기록에서는 확인되지 않

---

1) 諸橋轍次, 1958, 《大漢和辭典》, 大修館書店.
2) 《삼국사기》에 농사와 누에치기를 권장하였다는 기록이 보인다.(《삼국사기》 권1 신라 본기 시조혁거세 거서간 17년)

는다.

'잠모'라는 용어는 조선 초에 잠실이 설치되면서 처음 등장하며, 태종 16년에 잠모의 존재가 확인된다.

> 새로 조종과 미원에 잠실을 두고 각각 잠모(蠶母) 10명, 종비(從婢) 10명, 노자(奴子) 20명씩을 소속시켰다.[3]

태종 16년은 잠실이 처음 설립된 해로 본격적으로 양잠 육성책이 시작된 해다. 조종(朝宗)과 미원(迷原)의 잠실에 양잠 전담인력으로 잠모, 종비, 노자를 각각 둔 것으로 보아, 잠실에서 이들의 역할은 각기 달랐던 것으로 보인다.[4] 잠모와 종비, 노자들은 호조에 소속되어 잠실로 파견된 환관이나 별좌, 감고의 지휘를 받으며 양잠 일을 하였다. 종비는 연엽비라고 불리는 것으로 보아 뽕잎을 손질하거나 뽕잎을 썰어 누에에게 주는 일을 주로 담당하였다. 잠실의 노자는 적상노 또는 적상군[5]으로도 불리며, 주로 뽕잎을 공급하는 일을 맡았다. 뽕잎을 채취하는 일을 노(奴)에게 맡긴 이유는 노동량과 밀접한 관련이 있었다. 잠실 주위에 뽕나무가 없을 경우에는 멀리 나가 뽕잎을 따야 하였으며, 때로는 나무 위에 올라가 채취해야 하였다. 또 채취된 많은 양의 뽕잎을 수레에 실어 운반하는 일도 쉽지 않았기 때문에, 조선시대 사대부가에서도 뽕잎을 따는 일은 대부분 노가 담

---

3) 《태종실록》 권31 태종 16년 2월 24일(정해).
4) 잠실의 조직에 대해서는 이 책, 〈그림 2-1〉, 〈그림 2-2〉 참조.
5) 《성종실록》 권45 성종 5년 7월 24일(정축); 《중종실록》 권25 중종 11년 5월 22일 (임인).

당하였다. 잠실의 종비와 노자가 비교적 단순한 업무에 종사한 반면, 잠모는 종비와 노자를 부리며 사잠(飼蠶)을 하는 동시에 양잠의 전 과정을 책임지는 임무를 수행하였다.

그러면 조선시대 잠모는 어떤 과정을 거쳐 선발되었으며, 이들에 대한 교육은 어떻게 이루어졌을까? 우선 잠모는 조선시대 특수직 여성인 궁녀나 의녀·기녀·무녀 등과 달리 모(母)라는 칭호를 붙이기 때문에 '여'(女)로 호칭되는 여성들과 어떤 차별성이 있었던 것으로 보인다.

시기적으로 많은 차이가 있기는 하지만, 통일신라시대 신라장적에서 이를 구별하는 한 단서를 찾을 수 있다. 신라장적에서는 '여'(女)와 '모'(母)의 호칭을 연령에 따라 구분하고 있었다.6) 신라시대에는 '여'와 '모'가 직급으로도 사용되었던 것으로 보이는데, 신라 궁중 수공업 관사에는 '모', '여'자로 불린 직급의 여성들이 존재하였으며, 이들은 직물류의 생산을 담당하였다. 따라서 신라시대 '모'와 '여'자는 직급에 대한 호칭이라고도 볼 수 있다.7) 그런데 신라시대 이후로는 '모'나 '여'자에 대한 기록이 보이지 않아 이를 곧바로 조선시대에 적용하기는 힘들 것이다. 그렇다면 조선시대에 '모'와 '여'의 호칭에는 어떤 차이가 있을까?

---

6) 신라촌락문서에서는 여성을 나이에 따라 노모(老母)-제모(除母)-정녀(丁女)로 나누었다.

7) 신라시대 궁중 수공업 관사에 모(母)와 여자(女子)라는 명칭이 보이는데. 이는 직조 기술자들의 관직명이었다고 한다. 이에 대해서는 박남수, 1996, 《신라수공업사》, 신서원, 제3장 제2절과 한국여성연구소 여성사연구실, 1999, 《우리여성의 역사》, 청년사, 97쪽 참조.

‘모’의 사전적 정의는 자식을 낳은 여성, 노녀(老女), 그리고 여성 존장의 칭호이다.8) 조선시대에 ‘모’라고 불린 특수직 여성들은 잠모(蠶母), 다모(茶母),9) 무수리[水母],10) 유모(乳母)11) 등을 들 수 있는데, 이들은 남편이 있기도 하고 대체적으로 나이가 많은 편에 속하는 여성들이었다. 남편이 있는 여성이 잠모로 선발된 예가 있고,12) 남편이 있는 여자들도 무수리가 된 예13)에서 확인할 수 있다. 따라서 ‘모’로 호칭되는 여성들은 기혼자인 경우가 많았고, ‘여’로 호칭되는 여성들보다 나이가 많았다고 볼 수 있다. 조선시대의 ‘모’, ‘여’의 칭호는 신라시대처럼 직급에 따른 구분이 아니라 연령에 따른 구분이었을 것이라고 보는 것이 타당할 듯하다. 즉 모는 궁녀, 의녀나 기녀 등과 같은 어린 나이에 선발되는 여성들이 아니라, 나이가 적당히 들었으며 기혼인 자로 선발되는 경우가 많았다고 보는 것이 옳을 듯하다.

그렇다면 잠모가 되기에 적당한 나이는 몇 살이었을까? 성종대 기사에 18세인 여성이 나이가 어려서 잠모로 적합하지 않다는14) 지적이 있는 것을 보면, 잠모로 선발되기 위해서는 최소한 18세는 넘어야 하였던 것으로 보인다. 잠모를 이처럼 나이가 든 여성으로 선발한 까닭은 양잠이 여성의 부덕으로 인식되는 일이었고, 또 누에의

---

8) 諸橋轍次, 앞의 책(1958).
9) 관청에서 일하는 여종[賤婢]다.
10) 세수간을 담당하는 여종이다. 《중종실록》 권58 중종 22년 4월 3일(기유) 참조.
11) 왕의 유모는 종1품 봉보부인(奉保夫人)의 직을 받았다.(《경국대전》 이전, 외명부)
12) 《연산군일기》 권53 연산군 10년 5월 5일(갑오).
13) 《태종실록》 권27 태종 14년 6월 8일(기유).
14) 《성종실록》 권222 성종 19년 11월 7일(병인).

사육과정이 까다로웠기 때문이다.

양잠은 목화나 마, 모시의 생산과정과는 달리 금기사항이 많아 농사과정에서 세심한 주의가 필요하였다. 누에는 임산부나 상중(喪中)인 사람, 술을 지니고 있거나 깨끗하지 않은 사람을 싫어하므로 이런 사람은 잠실에 출입하지 못하게 하였다. 또한 잠모는 의복을 자주 바꾸어 입어서는 안 되었으며, 술을 먹고 뽕을 따거나 누에 먹이를 주면 안 되는 등 금기사항이 많았다. 한편 누에는 매우 예민해서 더러운 것, 식초, 노린내, 비린내, 연기와 자극성이 있는 냄새, 강한 빛, 바람, 우는 소리 등 여러 가지 냄새와 소음을 싫어하기 때문에[15] 사육에 많은 신경을 써야 하였다.

따라서 나이가 든 여성 가운데에서 잠모를 뽑았던 까닭은 양잠의 금기사항과 관련이 있었을 것이다. 누에를 잘 치기 위해서는 경험과 숙련된 기술이 필요하였기 때문이고, 나이가 어릴 경우 양잠을 그르칠 수 있기 때문이었다.[16] 또한 명주실을 방적하는 기술은 연륜이 쌓여야 능숙해질 수 있기 때문이었다. 이러한 까닭에서 양잠의 금기사항이나 사육과정에 능통하고 경험이 많은 여성을 잠모로 선발하였던 것이다.

조선시대 의녀나 기녀들 대다수가 노비 가운데서 선발되었듯이, 잠모도 관비 가운데서 선출되었다. 도회잠실의 잠모는 각사(各司)나

---

15)《四時纂要抄》三月.

16) 여종이 조심성이 없어서 방바닥에 놓인 누에를 밟는다든지, 고치를 잘못 보관하여 쥐로 인한 피해를 입는 경우가 가끔 있었다.(《쇄미록》 1598년 무술 5월 26일, 5월 18일 참조)

혁파한 사사(寺社) 노비 가운데서 선발되었으며,17) 궐내잠실의 잠모는 장흥고나 예빈시, 병조 등 여러 관청의 관비 가운데 누에를 잘 칠 줄 아는 여성이 선발되었다.18)

세조대에 반포된 〈양잠조건〉에는 잠모의 선발기준에 대해 다음과 같이 언급하였다.

> 여러 고을에서 누에를 칠 때 뽕따는 사람을 촌민(村民)은 제외하고, 입번한 인리(人吏), 일수(日守), 관노비(官奴婢)를 사역시키고, 잠모는 공처(公處)의 계집종으로서 누에를 잘 치는 사람을 사역시키며, 감고는 품관 중에 부지런하고 근면한 사람을 가려 정하여 누에를 쳐서 실을 뽑아 해당 관청에 상납하여 본조에 전해 보고한다.19)

위 사료는 각 관청의 노비 가운데 누에를 잘 치고 명주실을 뽑아내는 기술이 우수한 비(婢)를 잠모로 선발하였음을 보여준다. 잠실에 파견된 별좌나 감고가 양잠을 하는 여름철에 잠실에 와서 일을 하고, 소속관사로 복귀하였던 것처럼,20) 잠모도 양잠철에만 파견되어 근무하고, 끝나면 소속관사로 복귀하였던 것으로 보인다.

---

17)《태종실록》권32 태종 16년 8월 5일(갑자)

18)《성종실록》권199 성종 18년 1월 23일(갑자), 성종 19년 11월 7일(병인);《중종실록》권18 중종 8년 3월 10일(기묘);《단종실록》권12 단종 2년 9월 16일(갑자);《세조실록》권16 세조 5년 6월 28일(무인).

19)《세조실록》권16 세조 5년 6월 28일(무인).

20)《용재총화》권10(민족문화추진회 역, 1974,《국역 대동야승》, 240쪽). "東蠶室在城東峨嵯山下 宦官主之 今又設新蠶室於漢江下圓壇洞 亦令宦官主之 而西蠶室在城西十里餘 卽古衍禧宮 置別坐二人專任之 其後別坐移屬尙衣院 夏則養蠶 蠶畢仕于本院 東西各繅絲納于承政院 校功多少而賞罰之 南江栗島多種桑柘 年年摘葉飼蠶."

그러면 잠모에 대한 교육은 어떻게 이루어졌을까? 조선시대에 여(女)로 호칭되는 특수직 여성 대부분은 10세 안팎부터 선발되어 교육을 받았다. 궁녀는 10세 전후에 선발되어 교육을 받기 시작하였으며,21) 의녀 역시 10세에서 15세 미만의 나이 어리고 총명한 여성을 선발하여 교육시켰다.22) 기녀의 경우에는 나이 15세에 기안(妓案)에 올라 음률을 익히고 춤을 배웠으며, 관기의 경우에는 나이 30이 넘으면 은퇴해 노동을 해야 하였다.23) 무녀의 경우 몇 살부터 무녀 교육을 받았는지는 확실히 알 수 없지만, 대부분 무녀의 딸이 무업을 전수받는 경우가 많은 것으로 보아, 무녀 역시 나이 어려서부터 무업을 전수받았을 것이다.

국영잠실에서 근무하던 잠모가 이들 특수직 여성과 다른 점은, 선발되어 교육을 받고 일하였던 것이 아니라 선발될 당시 어느 정도 기술을 가지고 있었다는 점이다. 따라서 선발 후 체계적인 교육을 실시할 필요가 없었을지도 모르겠다. 그러나 조선 초기 양잠의 중요도와 고치 생산 실적에 따라 상벌이 시행되고 있었던 점을 고려한다면 잠모에게 교육을 실시하지 않았다고 생각하기는 어렵다.

국영잠실의 별좌나 감고는 품관 가운데에서 부지런하고 근신한 사람으로 선발되었으며, 이들은 잠실 감독과 방서(方書)를 익혀 감독·지도할 의무가 있었다.24) 방서는 태종대에 이두로 간행된 《농

---

21) 이화여대 여성사편찬위원회, 1972, 《한국여성사(고대-조선시대)》, 이화여대, 511쪽.
22) 《태종실록》 권35 태종 18년 6월 21일(경자); 《세종실록》 권22 세종 5년 12월 4일(신해); 《성종실록》 권175 성종 16년 2월 15일(정묘).
23) 이배용, 2005, 《한국역사 속의 여성들》, 어진이, 73쪽.
24) 《단종실록》 권12 단종 2년 9월 16일(갑자).

상집요》속의 〈양잠방〉을 말하는 것으로,[25] 누에 사육 과정에 대해 자세히 서술한 양잠서적이다. 따라서 잠모를 감독·지도할 의무를 진 감고가 〈양잠방〉을 익혀서 잠모를 교육시킨 것으로 보인다. 조선시대 잠모는 의녀처럼 체계적인 지도 아래 교육을 받지는 않았지만, 감고의 교육과 지도를 거쳐 자신의 기술을 점차 증진시켜 나갈 수 있었을 것이다.

2. 잠모의 업무

조선시대 잠모는 크게 세 가지 업무를 담당하였다. 첫째, 양잠을 하여 견사를 생산하는 업무, 둘째, 왕비의 친잠례 때 의례 보조자, 셋째, 일반 농가에 대한 양잠기술 전수 등이다.

먼저 국영잠실의 양잠 업무에 대해 살펴보기로 하자. 잠실에서는 양잠을 하여 견사를 생산해 상납할 의무가 있었다.[26] 조선 초기에 잠실에서 양잠을 전담하는 인원은 대략 30, 40명 정도였으며,[27] 여성과 남성이 거의 같은 비율로 배치되었다. 잠실의 노동과정은 일반 농가와는 달리 철저한 성별 분업에 기초하여 이루어졌는데,[28] 노

---

25) 《태종실록》 권33 태종 17년 5월 24일(기유).
26) 《경국대전》 권2, 호전, 잠실조.
27) 《태종실록》 권31 태종 16년 4월 1일(계해).
28) 노동력이 풍부한 농가에서는 양잠과정에서 남녀 성별 분업이 비교적 철저히 이루어진 반면에, 노동력 동원이 쉽지 않은 일반 농가에서는 주로 유휴 노동력을 이용하여 양잠을 하였다. 노동력이 풍부한 농가에서는 적상(摘桑)하는 일은 남노(男奴)들이 담당하였고, 그렇지 못한 일반 농가에서는 여성들이 연엽(鍊葉), 사잠(飼蠶), 적상(摘桑)의

(奴)들은 주로 뽕잎을 채취하는 일을 하였으며, 잠모와 종비(從婢)는 먹이주기[飼蠶]과 잎 다듬기[鍊葉] 등의 일을 주로 하였다. 종비가 뽕잎을 다듬고 누에 먹이는 일을 하였던 데 비해 잠모는 누에알이 부화하여 고치로 성장하고 이를 방적할 때까지, 즉 양잠의 전 과정을 관리하였다.

아래 표는 조선시대 잠실에서 생산한 고치와 명주실, 그리고 잠종의 양을 정리한 것이다.

조선전기 잠실의 생산량

연 월	지 역	종 류		
		고치[繭]	명주실[絲]	잠종지
태종 16년 5월 26일	경기도 조종	98석 10말	22근	200장
	경기도 미원	24석	10근	140장
태종 17년 5월 24일	경기도	?	황색명주실	
태종 17년 5월 27일	전라도, 풍해도	?	황색·백색명주실	
태종 17년 윤5월 12일	개성부	?	황색·백색명주실	
태종 17년 윤5월 17일	경상도, 풍해도	?	명주실	
세종 9년 5월 27일	전라도 태인	120석		
세조 8년 4월 18일	내잠실, 외잠실, 아차산 잠실	?	?	
성종 5년 7월 29일	전라도 태인	50말	40근	

* 물음표는 수량이 적혀 있지 않은 것임.
** 출전: 《조선왕조실록》

일을 모두 담당하였던 것으로 보인다.

표에서 볼 수 있듯이 대궐 및 지방 잠실에서는 누에고치와 명주실, 그리고 누에종자 등을 생산하여 조정에 바쳤다. 국영잠실에서는 황색명주실[黃眞絲], 백색명주실[白眞絲] 두 종류의 명주실을 생산하였는데, 고치를 방적[繅絲]하는 임무는 모두 잠모가 담당하였다. 명주실은 방적기술의 유무에 따라 질이 좌우되기 때문에, 잠모의 방적기술 유무는 매우 중요하였다. 잠실에서 수확해 바친 실로 대궐에서 사(紗)와 능(綾)을 짜는 것으로 보아,29) 잠실에서 생산된 명주실은 품질이 우수하였음을 짐작할 수 있다.

세조대에는 상의원의 능라장을 선발하여 사행편에 보내 중국의 방적기술, 염색법 등을 배워오게 하였다.30) 따라서 당시 상의원의 방적기술은 상당한 수준이었을 것이다. 잠실에서 방적 임무를 맡은 잠모에게도 이와 동등한 기술 수준을 요구하는 것은 당연하였다. 그런 이유에서 잠모 선발에 신중을 기하였던 것이며, 당사(唐絲)와 같은 양질의 실을 뽑을 수 있는 잠모를 가려 선발하였던 것이다. 잠모는 비록 종비나 노자와 같은 노비 신분이었지만, 뽕잎을 따거나 손질하거나 하는 단순한 일을 하지 않고 양잠과정을 총지휘하는 실무 책임자 역할을 하였다.

둘째, 잠모는 친잠례 거행 때 의례의 보조자 역할을 맡았다. 조선시대에 여성이 관련되어 있거나 주체가 되는 의례는 주로 길례와 가례인데,31) 그 가운데 친잠례는 여성 주도 의례로서 국가의 주요 행

---

29) 《태종실록》 권34 태종 17년 8월 22일(을사).
30) 《세조실록》 권24 세조 7년 5월 28일(정묘).
31) 홍순민, 2005, 〈조선시대 여성의례와 궁녀〉, 《역사비평》 봄호, 368쪽.

246

사 가운데 하나였다. 왕비의 친잠례는 근본인 농상에 모범을 보인다
는 의미와 함께, 왕비가 직접 생산활동에 참여함으로써 일반 여성들
의 생산활동을 적극 장려하는 의미를 가지고 있었다.

조선시대에 친잠례는 모두 여덟 번 거행되었으며, 그 가운데 여섯
번이 조선전기에 거행되었다. 조선시대에 왕비의 친잠례가 본격적
으로 거행된 시기는 성종 8년이다. 성종 8년 3월 14일에 처음 거행되
었는데, 친잠례 전날에는 국왕이 선잠제(先蠶祭)에 쓸 향과 축문을
친히 전하고[32] 다음날 관리로 하여금 대행하게 하였다. 친잠례 당일
에는 왕비가 내·외명부를 거느리고 창덕궁 후원에 신축한 채상단
에 나가 의식을 직접 거행하였다. 친잠례는 왕비를 비롯하여 1품에
서 3품까지의 내·외명부와, 공주·옹주 및 모든 종재(宗宰)와 다섯
승지의 처가 참석하고, 그 밖에 상의(尙儀), 상궁(尙宮), 상기(尙記),
상전(尙傳), 상공(尙功), 전제(典製), 전빈(典賓)[33] 등 내·외명부 대
부분이 참여하는 대규모 행사였다. 친잠례에 의례의 보조자로서 참
석하는 잠모는 여덟 명 정도였던 것으로 보인다.[34]

친잠례에서 잠모의 역할에 대해 살펴보기로 하자. 친잠례 때 왕비
는 채상단(採桑壇)에 올라가 뽕나무 다섯 가지에서 뽕잎을 따고,
내·외명부 1품은 각각 일곱 가지를 채취하며, 내·외명부 2, 3품은
각각 아홉 가지를 채취한다. 왕비는 뽕잎을 따는[採桑] 의식만 거행
하며, 누에에게 뽕잎을 주는 의식은 참석한 내·외명부가 거행하였

32) 《성종실록》 권78 성종 8년 3월 13일(경진).
33) 《성종실록》 권78 성종 8년 3월 14일(신사).
34) 《친잠의궤》 규14543(박소동 역, 1999, 《국역 친경·친잠의궤》, 민족문화추진회).

다. 뽕잎을 딴 뒤 왕비가 단에서 내려오면 내·외명부가 잠실로 들어가 뽕잎을 누에에게 뿌려 먹이는데, 이를 끝으로 친잠례는 마무리된다. 친잠례 때 잠모의 역할은 왕비가 뽕잎을 딸 때 집기를 가지고 있다가 전해주는 것과,35) 내·외명부가 딴 뽕잎을 받아 잘게 써는 일이었다.36)

영조 43년에 거행된 친잠례에서도 잠모의 역할은 크게 달라지지 않았다. 친잠례 때 잠모는 뽕잎을 따는 데 필요한 기물을 가지고 있다가 이를 왕비에게 전해주고, 뽕잎을 잘게 썰어서 내명부에게 주는 보조 역할을 하였다.37) 이처럼 조선시대 잠모는 친잠례 때 의례의 보조 역할을 담당하던 존재였다. 조선시대 여관(女官)으로 표현되는 공적 존재인 궁녀와 마찬가지로 잠모도 공적인 성격을 갖는 존재라고 할 수 있다.

셋째, 잠모는 일반 농가로 양잠기술을 보급하는 역할을 담당하였다. 국영잠실에서 수확한 누에씨[蠶種]는 주로 종친 및 2품 이상, 의정부·승정원에 하사하였고,38) 지방의 도회잠실에서 거둔 잠종은 각 읍에 한두 장씩 나누어 주어 양잠하게 하였다.39) 각 지방에 설치된 도회잠실은 국가의 이익을 취하기 위해 설립된 기관이 아니라 백성들에게 양잠법을 보급하는 것이 주목적이었기 때문에,40) 지방 잠

---

35) 위와 같음.
36) 《성종실록》 권77 성종 8년 윤2월 27일(을축).
37) 《영조실록》 권108 영조 43년 3월 10일(갑술).
38) 《세종실록》 권51 세종 13년 2월 25일(경신); 《중종실록》 권18 중종 8년 4월 28일(병인).
39) 《단종실록》 권12 단종 2년 9월 16일(갑자); 《세조실록》 권16 세조 5년 6월 28일(무인).
40) 《태종실록》 권33 태종 17년 윤5월 17일(임신).

실에서는 향촌민들을 지원하는 일을 하였다. 따라서 잠실 인근 지역의 향촌민들이 잠종을 얻거나 사육하는 방법 등 양잠기술에 대해 도움을 청하는 경우가 있었을 것이다. 잠실에서는 잠종 배포, 양잠기술 전파, 뽕잎 관리, 누에 사육과정, 방적기술 등에 관한 일을 하고 있었으므로 잠모 또한 잠실의 구성원으로서 이러한 임무를 수행하였던 것으로 여겨진다.

그렇다면 잠모의 노동에 대한 국가의 반대급부는 어느 정도였을까? 경제적 기여에 상응하는 보상을 받고 있었을까? 조선시대 상궁이나 시녀들이 국가 관료기구의 공식적인 구성원으로 인정받지 못하였던 것처럼,[41] 잠모에 대한 대우도 이와 다를 것이 없어 보인다. 이들의 노동에 대한 대가가 어떤 식으로 주어졌는지 정확하지는 않지만, 태종 16년에 호조에서 잠실에서 양잠하는 사람들에게 월급[月料]을 주도록 청한 사실이 있는 것으로 보아,[42] 급료 지급 문제가 논의되었던 것으로 보인다. 그러나 별다른 논의 없이 태종 17년에 잠모를 포함해 잠실에서 일하는 노비의 잡역을 면제하고,[43] 세종대에는 신공(身貢)을 전량 면제하는 것으로 결정되었다.[44] 따라서 이들에게 따로 급료는 지급되지 않았던 것으로 보인다.

그러나 조선시대 궁녀가 공식적인 녹이나 요를 받지는 못하였지만 식품이나 옷감 같은 생활필수품을 공급받았던 것처럼, 잠모도 노

---

41) 홍순민, 2004, 〈조선시대 궁녀의 위상〉, 《역사비평》 가을호, 263쪽.
42) 《태종실록》 권31 태종 16년 4월 1일(계해).
43) 《태종실록》 권33 태종 17년 5월 24일(기유).
44) 《세종실록》 권43 세종 11년 3월 10일(병진).

역에 대한 현물은 받았을 것으로 생각된다. 잠모에게 미포(米布)로써 상을 주는 규정은 세조 5년에 반포된 〈양잠조건〉에 밝혀 놓았는데,[45] 생산량이 많을 경우 미포로써 상을 주고, 친잠례에 의식의 보조자로 참여한 노고에 대한 보상으로 면포 한 필을 주었다.[46] 이것으로 보아 정기적인 녹(祿)은 없었지만 신공(身貢)을 면제 받았고, 노역에 대한 상을 쌀이나 포와 같은 현물로 부정기적으로 지급받았던 것 같다.

잠실의 공적 구성원으로서 잠모의 존재는 시간이 흐름에 따라 점점 잊혀져 갔다. 중종대 이후 잠실이 폐지되면서 잠모의 존재는 점차 사라지게 되었다. 광해군대에 친잠례가 거행되었지만, 친잠례에서 잠모의 존재를 찾아볼 수 없다. 잠모 대신에 의녀에게 친잠의식을 연습하게 하는 모습만 보인다.[47] 물론 성종대의 친잠례에서도 여기(女妓)와 의녀(醫女)가 의장을 받드는 일을 하였지만, 그들은 의식의 실제 보조자는 아니었고, 잠모가 의례의 보조자로서 주된 역할을 하고 있었다. 그러나 잠실이 폐지되면서 잠모의 존재는 사라졌던 것이다.

잠모가 친잠례의 보조자로서 다시 등장하는 것은 영조대이다. 영조대에 친잠례를 거행하면서 잠모의 존재가 다시 등장한다. 당시 영조는 잠실이 후비(后妃)들이 양잠을 하려고 설치한 것으로 인식하고 있었으며,[48] 잠모의 존재에 대해서 잘 알지 못하였다. 영조는 "《대

---

45) 《세조실록》 권16 세조 5년 6월 28일(무인).
46) 《성종실록》 권275 성종 24년 3월 21일(병술).
47) 《광해군일기》 권150 광해군 12년 3월 16일(갑오).

명회전》에 잠모라는 용어가 나오는데, 이는 누구이며 복색은 어떠한가" 물으며, 잠모의 존재에 대해 관심을 보였다.49) 그리고 채상례(採桑禮)가 끝나자 영조는 "내가 잠모에 대해 이제 알았다"고 하면서 그들의 노고에 대한 상으로 면포 한 필을 내릴 것을 분부하였다.50) 잠모에 대한 시상 명령이 곧바로 시행되지 않자 영조는 호판 및 중관을 처벌하라는 지시를 내릴 정도로51) 잠모에게 특별한 관심을 가지고 있었다. 조선시대의 잠모는 국가의례의 보조자로서 공적인 존재였지만, 국영잠실의 쇠퇴와 함께 그 존재가치가 사라져 갔다.

3. 잠모의 역사적 성격

조선시대 잠모는 잠실에 근무하던 기술직 여성으로, 그 존재의미에 대해서는 크게 두 가지로 해석할 수 있다.

첫째, 잠모의 존재는 여성의 공적인 영역에서 경제적 활동 확대라는 점에서 의미를 찾을 수 있다. 전근대 사회에서 여성이 공적 영역에서 활동할 수 있는 길은 거의 없었다. 왕실 여성의 경우, 여왕으로 즉위하거나 왕위 계승자의 어머니로서 섭정을 하기도 하고, 유사시에는 왕실의 최고 어른으로서 왕의 사후 후계자를 결정하는 정치적

---

48) 《영조실록》 권89 영조 33년 5월 23일(계축).
49) 《승정원일기》 1263책 영조 43년 1월 20일(을유)
50) 《승정원일기》 1265책 영조 43년 3월 9일(계유).
51) 《승정원일기》 1265책 영조 43년 3월 10일(갑술).

역할을 하기도 하였다. 그러나 전근대 사회에서는 여성이 직업을 가지고 사회생활을 하는 것은 대부분 인정되지 않았으며, 궁녀·기녀·의녀·무녀 등 특수직 여성들 일부만 존재하였다.52)

조선시대에는 여성들의 생산활동이 거의 가정 안에서 이루어지고 있었으며, 생산적 기여에 대한 인정을 받지 못하고 있었다. 그러나 당시 거실(巨室)이나 소점(小店)이나 할 것 없이 모두 다 양잠을 할 정도로53) 조선시대 여성들은 생산활동에 적극적으로 참여하고 있었다.

조선시대에 잠모로 선발해 달라고 하는 청탁사건이 일어나고 있는 것을 보면, 잠모직은 선호도 높은 직종이었던 듯하다.

> 영의정 윤필상이 와서 아뢰기를, "반감 내은석은 신이 수릉관 때 반감입니다. 3년간 같이 있었던 까닭으로 항상 신의 집에 내왕하였는데 하루는 와서 말하기를, '딸자식 부합을 잠모로 정해 주기를 바란다.'고 하기에 신이 인정으로서 부득이하여 편지로 형조 판서에게 청하였던 것입니다. 내은석은 지금 문소전 반감이 되어 가난이 막심한데 신이 어찌 뇌물을 받을 이치가 있겠습니까? 다만 부합이 잠모에 합당한지의 여부를 살피지 아니하고서 청하였으니 신이 참으로 죄가 있습니다." 하니, 전교하기를, "양잠의 일은 정승이 아는 바이오. 요즘 양잠을 삼가지 아니하여 뽑은 실이 당사(唐絲) 같지 못하기 때문에 반드시 잠모로서 능한 자를 기다려 양잠하게 하였는데 내은석이란 자가 정승에게 청하

---

52) 이배용, 1988, 〈한국사 속에서 여성의 공적 영역과 사적 영역〉, 《여성학논집》 14·15 합집, 172~177쪽.
53) 《용재총화》 권10(민족문화추진회 역, 1974, 《국역 대동야승》 I, 240쪽).

자, 정승이 인정으로 청하였으니 그것이 무슨 죄가 있겠는가? 다만 내 은석은 생각하기를, '딸이 잠모가 되면 누에고치를 훔쳐서 이익을 취할 수 있고 또 본시(本寺)의 고역을 면할 수 있다.'고 여겨 정승에게 청한 것이다. 그를 국문하도록 하라." 하였다."[54]

이처럼 당시 잠모직은 다른 관청의 일보다 훨씬 수월하였고, 게다가 사리(私利)를 추구할 수 있는 좋은 자리였다. 잠실의 근무여건이 비교적 좋은 편이었기 때문에 잠모 청탁사건은 심심치 않게 일어나고 있었다. 중종대에는 병조 소속 관비 은덕이 내관(內官)에게 청탁하여 잠모로 차정된 일로 관련자들이 추국을 받은 사건이 있었다.[55] 이러한 사건들은 잠모직에 대한 당대인들의 인식을 보여준다는 점에서 흥미롭다.

둘째, 잠모의 존재를 통해 산업 분야에서 기술직 여성이 존재하였음을 확인할 수 있다. 조선시대에 여성이 기술을 가지고 활동할 수 있는 기회는 별로 없었다. 조선시대 기술직 여성으로 보통 의녀를 드는데, 여성들은 양잠업과 같은 산업 분야에도 진출해서 그 능력을 인정받고 있었다. 잠모는 비록 관노비 신분이었지만, 양잠기술을 숙지하고 방적기술까지 갖춘 전문직 여성이었다. 16세기 이후 양잠업이 활성화됨에 따라 잠실 운영이 부실해지고 그에 따라 잠모직도 폐지되어 그 존재가 잊혀졌지만, 잠모는 조선시대에 양잠 실무능력을 인정받아 전문적인 역할을 수행하였던 기술직 여성이었다.

---

54) 《성종실록》 권222 성종 19년 11월 8일(정묘).
55) 《중종실록》 권18 중종 8년 3월 10일(기묘).

이처럼 잠모는 조선시대 양잠의 보급과 발전에 중요한 역할을 담당하였던 국가기관의 공적인 존재였다. 조선시대 잠모의 존재를 통하여 여성들이 산업 분야의 발전을 이끄는 데 큰 역할을 하였음을 거듭 확인할 수 있다. 또한 조선시대 잠모의 존재를 통하여 그동안 도외시되었던 여성 노동의 가치와 사회적 기여도를 적극적으로 평가할 수 있을 것이다.

조선시대에는 잠모뿐 아니라 대궐의 기술직에 종사하였던 여성들이 상당수 있었음이 확인된다. 상의원에 소속되어 방직 및 세탁, 의복과 관련된 일을 담당하였던 사람들 대부분이 여성이었다. 이처럼 조선시대 공적 영역에서 활동하였던 여성들의 존재가 확인되므로, 이에 대한 활발한 연구가 진행되어 여성 생산노동의 가치와 사회적 기여도가 적극적으로 재평가되어야 할 것이다.

18세기에 양잠으로 재산을 모은 전주이씨

1. 전주이씨와 그의 가계

　조선시대 여성들은 출산과 자녀양육을 비롯하여 가족 노동력의 재생산을 위한 가사노동을 전담하는 한편, 농업노동·직조노동·행상 등 여러 생산활동에도 종사하였다. 조선후기 상업경제가 발달하고 지방 장시가 증가하면서 경제활동에서 여성이 차지하는 비중은 점차 높아져 갔다. 조선후기 여성들은 상업·산업의 영역에서 활발히 활동하였고, 그 결과 많은 재부를 축적하기도 하였다.

　지금까지 조선시대 여성으로서 많은 재부를 축적한 여성으로는 김만덕 외에는 별로 알려진 바가 없다. 김만덕은 18세기 제주도의 상인으로, 제주도에 대기근이 닥치자 전 재산을 풀어 육지에서 쌀을 사들여 제주도민을 위한 진휼미로 기부한 여성이다.[1]

---

1) 김만덕에 대한 연구는 김은석 외, 2004, 《의녀 김만덕 활약상 자료조사 연구 보고서》, 김만덕기념사업회; 박무영·김경미·조혜란, 2004, 《조선의 여성들—부자유한 시대

　　필자는 조선시대 여성의 경제활동에 관한 흔적을 찾기 위해 사대부의 문집을 검토하다가, 18세기에 평안도 성천 지방의 양잠 재산가였던 전주이씨의 존재를 확인하였다. 그동안 역사학계에서 조선시대에 경제적으로 성공한 여성에 대해서는 일부 소개된 바 있지만,[2] 전주이씨처럼 산업의 영역에서 재산을 모은 여성에 대해서는 알려지지 않았다.[3] 조선시대 하층 여성은 자신의 기록을 남기지 못하였기 때문에 역사상 그 존재가 확인되면서도 이들에 대한 역사를 재구(再構)하는 것은 매우 힘들다. 더구나 전주이씨처럼 양반의 서녀로 태어나 가족 구성원으로 인정받지 못한 주변부 여성을 역사적 인물로 온전히 복원하는 일은 쉽지 않다. 기존 연구성과도 거의 없고,[4] 또한 사료의 부족 때문에 어려움은 있지만, 이 글에서는 전주이씨의 치산담(治産談)을 소개함으로써 조선시대 여성의 경제활동의 구체적 실례를 제시하는 데에[5] 의미를 두고자 한다.

　　에 너무나 비범했던》, 돌베개, 192~208쪽 참조.

2) 김만덕 외에도 강원도 통천 박선엽의 처 김씨가 있다. 이에 대해서는 한국여성연구소 여성사연구실 편, 1999, 《우리 여성의 역사》, 청년사, 241~246쪽 참조.

3) 전주이씨와 관련된 연구로는 국문학계의 연구 성과가 있다. 조태영, 1994, 〈조선후기 전(傳)에서 보는 사회와 자아의 형상—18세기 효(孝)·열전(列傳)에 투영된 양상〉, 《한국문화》 15, 97~101쪽; 박무영, 2003, 〈정범조(丁範祖)의 여성 관련 작품과 여성 인식〉, 《한문학보》 8, 186~187쪽 참조.

4) 조선후기 서녀 출신으로 이름이 난 여류 시인들에 대한 연구는 국문학계에서 진행되고 있다. 이에 대해서는 김미란, 1995, 〈19세기 전반기 기녀, 서녀 시인들의 문학사적 위치〉, 《문학과 사회집단》, 한국고전문학회 편, 집문당, 289~317쪽 참조.

5) 조선시대 사대부가 여성의 생산노동이나 경제활동과 관련된 연구는 역사학계보다는 국문학계에서 문학작품 분석과 관련해 연구가 활발히 진행되고 있다. 역사학계의 연구로는 이순구, 1993, 〈조선초기 여성의 생산노동〉, 《국사관논총》 49; 이순구, 1998, 〈조선시대 양반가 여성의 일상생활 일례—병자일기를 중심으로〉, 《조선시대의 사회와 사상》이 참조된다. 국문학계의 연구성과로는 이동연, 2002, 〈조선후기 여성치산과

이 글에서 살펴볼 여성은 18세기에 양잠업을 경영해 부를 축적한 목씨의 아내 전주이씨다. 이씨에 관한 기사는 18세기의 남인학자인 정범조(丁範祖; 1723~1801)의 문집 《해좌집》(海左集)6)에 〈목씨부전〉(睦氏婦傳)으로 실려 있다. 임란 뒤에는 전(傳)과 실기(實記) 등 여러 문학 양식이 등장하며 많은 작품이 생산되는데, 그 가운데 전(傳)은 인물의 행적과 품성을 사실에 입각하여 서술하는 문학 양식이다. 주로 인물의 포폄에 목적을 두고 씌어지기 때문에 입전 인물들은 대부분 충신·효자·열부 등 그 행위를 기릴 만한 행동을 한 지배층 인물들이 대부분이다. 그런데 조선후기에 이르면 입전의 대상이 이인(異人)·거지·농민·상인·기녀·시정부류 등 다양한 인물로 넓혀진다.7) 정범조의 문집에는 모두 다섯 개의 전이 실려 있는데,8) 목씨의 아내는 적실가문을 보존시킨 착한 품성의 소유자로 인정받아 입전되었다.

〈목씨부전〉의 저자 해좌 정범조는 시율과 문장에 뛰어난 남인계 학자로, 체제공과 함께 남인을 이끌던 지도자이며 이론가로 평가된

〈복선화음가〉,《한국고전여성문학연구》 4; 정혜원, 1997, 〈조선 후기문학에 나타난 여성과 치산〉,《인문과학연구》 6, 상명대 인문과학연구소 등이 참조된다.

6) 영·정조 시대의 대표적인 남인 학자이자 문장가로 이름난 정범조는 생전에 여러 차례 자신의 시문을 정리하여 자편해 두었다.[《한국문집총간》 239~240집,《해좌집》(海左集) 해제 참조, 1999, 민족문화추진위원회]

7) 장경남, 1998, 〈임란(壬亂) 실기(實記)문학과 전(傳)의 관련 양상〉,《고소설연구》 6, 385쪽.

8) 남편의 상(喪)을 마치고 자진(自盡)한 정씨 부인에 대한 이야기인 〈정씨전〉(鄭氏傳), 영천(榮川)의 아전 이야기인 〈김광한전〉(金光漢傳), 〈목씨부전〉(睦氏婦傳), 남이(南怡)의 이야기인 〈남장군전〉(南將軍傳), 전쟁포로로 청나라에 잡혀갔다가 돌아와 승려가 된 노승(老僧)에 대한 이야기인 〈이화암노승전〉(梨花庵老僧傳)이 그것이다.

다.9) 그는 정조에 의해 당대 문학의 제1인자로 평가되어, 70세가 넘은 고령에도 오랫동안 문사의 임무를 맡은 바 있다. 정범조와 목씨의 아내 전주이씨는 같은 시대에 생존하였던 인물로 먼 인척관계에 있었지만 서로 면식은 없는 사이였다. 그러면 목씨의 아내 전주이씨의 가계를 살펴보기로 하자.

목씨의 아내로만 전하는 이 여성은 전주이씨 선성군파의 후손으로 종실 가문의 서녀다. 이씨는 정범조의 외가 쪽 실존 인물로, 이도원(李道原; 1663~1704)의 서녀로 태어났다.10) 부친 이도원은 조선의 둘째 임금인 정종의 넷째 아들 선성군(宣城君) 이무생(李茂生)의 10세손이다. 선성군 이무생은 9남 3녀를 두었는데, 그 가운데 일곱째 아들이 병산군(屛山君)이며, 병산군의 후손은 지산군(知山君)-이원군(利原君)-양원(陽元)-귀경(龜慶)-홍광(弘匡)-익로(翼老)-우진(宇晉)-도원(道原)으로 이어진다.(〈전주이씨 가계도〉11) 참조)

가계도에서 볼 수 있듯이, 이도원의 집안은 당대 명문가로 선성군 이무생의 현손(玄孫)인 노저(鷺渚) 이양원(李陽元)은 선조대에 영의정을 지냈으며, 이도원의 백부인 이우정(李宇鼎) 또한 형조판서 등을 역임하였다. 이도원의 부친 이우진(李宇晉; 1640~1698)은 1683년(숙종 9) 증광문과에 병과로 급제하였고,12) 1691년에 사헌부헌납으

---

9) 유봉학, 1998, 《조선후기 학계와 지식인》, 신구문화사, 32쪽.
10) 《海左集》 권39, 睦氏婦傳. "睦氏婦者 注書李公道原庶女也 注書公嘗從其父承旨公 成川任所 昞州妓以生睦氏婦 亡何 注書公歿 睦氏婦旣生長成川 嫁爲成川人睦氏婦."
11) 全州李氏宣城君派璿源續譜編纂委員會 편, 2001, 《全州李氏宣城君派璿源續譜》 上·中·下를 토대로 작성.
12) 《國朝文科榜目》. 이우진은 숙종 9년(1683) 계해 증광시 병과에 18위로 합격하였다.

전주이씨 가계도

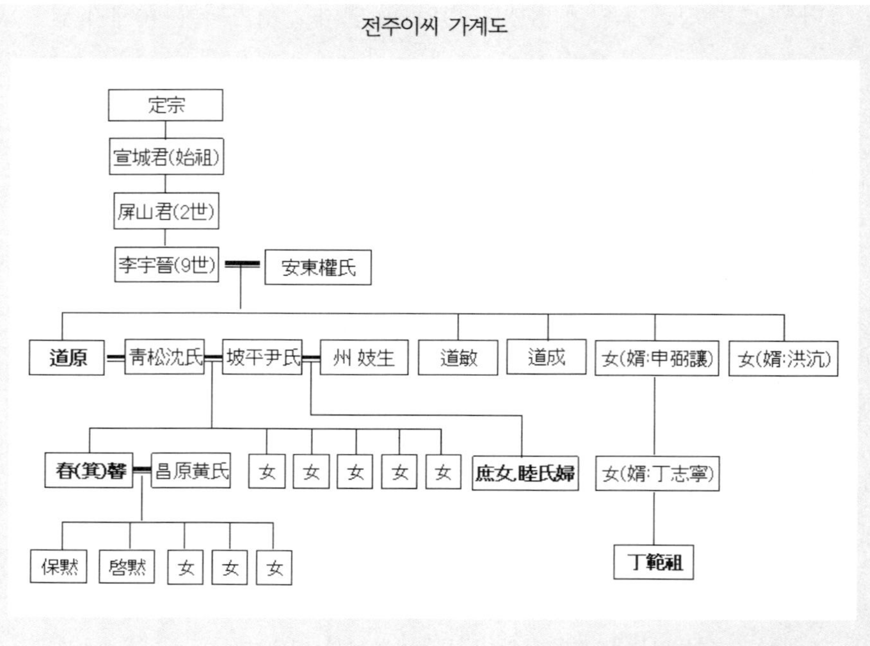

로 등용되어 사헌부집의를 역임하였으며, 이후 암행어사로 파견되
기도 하였다. 1689년(숙종 15) 기사환국으로 남인이 집권하면서 민정
중이 다른 노론의 중진들과 함께 관직을 삭탈당하자 형 이우정과 함
께 이에 반대하다가 민종도와 그의 아들 민언량으로로부터 오랜 동안
크게 원한을 사기도 하였다. 1693년(숙종 19) 8월에 성천부사로 제수
되었고[13] 1695년에 갑산부사에 임명되었으나,[14] 기사환국 이후에
외관(外官)에 부임한 자들을 여론이 모두 비난하고 배척하였기 때문

---

13)《승정원일기》353책 숙종 19년 8월 24일(을미)
14)《승정원일기》366책 숙종 22년 6월 23일(정미).

에 부임하지 않다가 숙종의 문책을 받고 부임하였다. 그 뒤 봉산군수로 재임하다가[15] 1698년(숙종 24) 12월 임지에서 사망한다.[16]

이우진은 슬하에 도원(道原), 도민(道敏), 도성(道成) 세 아들과 두 딸을 두었는데, 맏아들인 이도원만 과거에 급제하였다.[17] 사위는 신필양(申弼讓)과 홍항(洪沆)으로, 신필양의 딸이 바로 〈목씨부전〉의 저자 해좌 정범조의 어머니가 된다.[18] 이우진의 맏아들인 이도원은 29세인 1691년 과거에 급제하여 그 해에 가주서(假注書)를 제수 받았다.[19] 그러나 얼마 뒤 가주서의 신분으로 사모(沙帽)와 이엄(耳掩)을 착용하여 물의를 빚어 추고를 받게 되고,[20] 신병을 이유로 관직에서 물러나[21] 성천부사로 부임하는 부친을 따라 성천으로 내려갔다. 그러다 그곳 기생을 곁눈질하여 딸을 낳게 되는데, 이 여성이 바로 목씨의 아내 전주이씨다.[22] 그는 성천에서 기생을 만나기 전에 이미 심벌(沈橃)[23]의 딸과 혼인을 한 상태였다. 청송심씨와의 사이에 자식이 있었는지 명확하지 않지만, 청송심씨가 죽자 이도원은 다

---

15) 《승정원일기》 380책 숙종 24년 8월 2일(계묘).

16) 《승정원일기》 382책 숙종 24년 12월 19일(기미).

17) 《國朝文科榜目》, 이도원은 숙종 17년(1691) 신미 증광시 병과에 2위로 합격하였다. 자(字)는 천숙(天叔)이며 급제 당시 29세였다.

18) 《海左集》 권39, 睦氏婦傳. "承旨公諱宇晉 爲余母氏外祖故余特詳睦氏婦如此."

19) 《승정원일기》 345책 숙종 17년 4월 18일(계유).

20) 《승정원일기》 350책 숙종 18년 12월 3일(정축).

21) 《승정원일기》 350책 숙종 18년 12월 13일(정해).

22) 이도원이 부친을 따라 성천으로 내려간 해가 1693년이고, 바로 그 다음해에 승문원부정자로 임명되어 한양으로 올라왔으므로, 이씨 부인의 출생연도는 1694년 무렵이 될 것이다. 이씨 부인의 생년을 1694년으로 가정한다면 1697년생인 이도원의 아들 이춘형과는 세 살 차이가 난다.

23) 1645년(인조 23)~1711년(숙종 37). 조선후기의 문신으로 아버지는 광사(光泗)다.

시 진사 윤태경(尹泰慶)의 딸과 혼인하여 슬하에 1남 5녀를 두었다.

이도원이 부친의 임지인 평안도 성천 지역에서 지낸 기간은 1년 남짓하다. 그는 성천에 내려간 지 1년 만에 승문원 부정자를 제수받고[24] 한양으로 올라온다. 한양에서 관직을 수행하던 중 갑술환국(甲戌換局; 숙종 20, 1694)이 일어나 남인이 정계에서 물러나고, 서인계가 다시 정국을 장악하게 되면서 남인계였던 그의 집안은 몰락하기 시작하였다. 1696년(숙종 22) 12월에 이도원의 직첩이 환수되었고,[25] 숙부인 이우겸이 남인의 재기를 노렸던 민언량의 옥사에 연루되어 국문을 받게 되면서[26] 그의 집안은 풍비박산 났다. 그로 인한 충격을 받아서인지 이도원은 1704년(숙종 30) 41세의 젊은 나이로 어머니 안동권씨(1640~1710)보다 먼저 세상을 떠났다.[27] 이도원이 세상을 뜨던 그해 맏아들 춘형(春馨, 1697~1763)[28]은 겨우 일곱 살이었다. 이후 춘형은 한양을 떠나 강원도 횡성으로 들어가 그곳에서 세거하게 되며,[29] 평안도 성천에 거주하고 있던 서녀 이씨의 존재는 잊혀졌다.

---

24) 《승정원일기》 359책 숙종 20년 6월 19일(을묘).

25) 《승정원일기》 368책 숙종 22년 12월 2일(갑신).

26) 《숙종실록》 권35 숙종 27년 11월 9일(임진).

27) 全州李氏宣城君派璿原續譜編纂委員會 편, 2001, 《全州李氏宣城君派璿原續譜》 卷之中, 341, 363쪽.

28) 자(字)는 경인(景仁)이다. 《해좌집》에는 경인의 이름이 춘형(春馨)으로 나오는 데 비해, 《전주이씨선성군파선원속보》(卷之中, 363쪽)에는 기형(箕馨)으로 기재되어 있다. 이 글에서는 《해좌집》의 기록대로 춘형으로 부르기로 한다.

29) 이도원의 묘는 경기도 죽산(竹山)에 있는 반면, 이춘형과 그의 자손 묘는 강원도 횡성(橫城)에 있다.

2. 양잠의 고장, 평안도 성천

조선시대 대부분의 양반들은 첩을 두었으며, 양반의 40퍼센트가 첩자녀를 두었음이 확인된다.30) 양반의 첩이 되는 여성은 주로 기녀와 비(婢)였으며, 그 사이에서 태어난 자손은 종모법에 따라 어머니의 신분을 따르게 되어 있었다. 조선시대에 서자의 경우는 가족의 일원으로 받아들여지기도 하였지만, 서녀의 경우에는 대부분 가족 구성원으로 인정받지 못하였다. 그러나 당시 제도상 종친 시마 이상, 외성 소공 이상, 공신, 그리고 동서반 3품 정직의 자손과 이조·병조·사간원·사헌부·홍문관·도총부·선전관을 지낸 사람의 자손으로 공천(公賤)을 취하여 낳은 천첩 자녀는 속량(贖良)이 허락되었다.31)

이도원 집안은 종친이었고, 이우진은 사헌부집의를 역임한 바 있으므로 얼녀(孽女)인32) 전주이씨는 속량될 수 있었다. 당시 사대부의 얼녀들은 속량이 되어도 사회적으로는 천첩의 자손이라는 인식에서 벗어나기 힘들어서 양반의 정처(正妻)로는 출가하지 못하고 첩으로 출가하는 예가 많았다.33) 그러나 이씨는 종실의 서녀였고 당시

---

30) 최재석, 1983, 《한국가족제도사연구》, 일지사, 547쪽.

31) 《경국대전》; 《대전회통》, 刑典, 賤妻妾子女條.

32) 첩의 자녀 가운데에도 양첩이 낳은 자녀는 서(庶), 천첩이 낳은 자녀는 얼(孽)로 구분된다. 어머니가 주기(州妓)였으므로 이씨는 얼녀(孽女)였다.

33) 이에 대해서는 구완회, 1985, 〈조선 중엽 사족얼자녀의 속량과 혼인―《미암일기》(眉巖日記)를 통한 사례 검토〉, 《경북사학》 8, 71~76쪽.

성천부사의 얼손녀였으므로, 첩의 신분이 아닌 양인의 정처로 출가하였던 것으로 보인다.

혼인을 한 뒤 전주이씨는 적극적으로 자기 인생을 개척하기 시작하였다. 그녀는 성천에서 만금(萬金)을 축적한 재력가로 성공하게 되는데,34) 그녀가 고향에서 선택한 일은 양잠업이었다. 전주이씨는 그 많은 일 가운데서 왜 양잠업을 선택하였을까?

전주이씨가 양잠업에 종사하게 된 것은 바로 평안도 지방의 토업(土業)35)이 양잠업이었던 점과 밀접한 관련이 있다. 18세기 평안도는 양잠업의 명산지였다. 그러나 평안도 지역이 처음부터 양잠으로 유명한 고장은 아니었다. 조선 초기 평안도는 함경도와 더불어 토지가 척박하여 농사를 짓기에 적당하지 않은 지역으로 인식되었다. 《세종실록지리지》 평안도 성천조를 보면 "논이 겨우 57결이다. 땅이 기름지고 메마른 것이 반반 되며, 토의(土宜)는 오곡과 뽕나무·삼·닥나무·왕골·옻·배·가래나무"36)라고 기록되어 있다. 따라서 평안도 농민들은 농업만으로 생계를 유지할 수 없었고, 차선책으로 부업을 선택해야 하였다.

조선시대 농민이 부업을 선택할 때 고려해야 할 점은 환금성이 높은가, 유휴노동력을 최대한 이용할 수 있는가, 원료재배가 쉬운가,

---

34) 《海左集》 권39, 睦氏婦傳. "睦氏婦者 注書李公道原庶女也… 睦氏婦又專伻書報曰… 其言曰 吾躬蠶桑 積産至萬金 家甚饒."

35) 《승정원일기》 1471책 정조 4년 9월 24일(기해). "上御宣政殿 晝講入侍… 景源曰 孟子一篇 無非行王黜伯之道 而此章尤爲行王之本焉 農桑二字 實爲急務之急務 以我國言之 八路之民 非不力農 而但桑政 只是關西一路 作爲土業 而他道則無聞 請申飭諸道 各務蠶桑之功焉 上曰 好矣."

36) 《세종실록지리지》 평안도 안주목 성천도호부.

토지가 필요한가, 수세의 대상이 되는가 하는 점이었다. 당시 여성들이 부업으로 손쉽게 선택할 수 있었던 산업은 목화·삼·모시풀·뽕나무와 같은 의료작물 재배와 길쌈이었다. 의료작물들은 수세의 대상이 되고 환금성이 높았지만, 경작조건이 모두 같지는 않았다. 의료작물 가운데 목화는 씨를 뿌릴 수 있는 전답이 필요한 작물이었다. 또한 목화는 3월 파종에서부터 7월의 수확에 이르기까지 일곱 차례 정도의 김매기를 해주어야 할 정도로[37] 많은 노동력을 필요로 하였다. 따라서 목화농사는 1년 농사짓는 것과 다를 바 없이 노력과 노동력이 많이 드는 부업이었다. 이러한 까닭에 소유전답이 1결 미만이고 노비를 소유하지 못한 소농들의 경우, 목화의 대량재배는 쉽지 않았으며, 소량의 목화 재배로 이익을 남기기란 더 힘들었다. 마와 저 또한 경작할 전답이 필요한 작물이었다.

반면 양잠업은 뽕나무를 재배할 전답이 필요하지 않으며, 농사기간도 3월부터 5월까지 약 40일에 지나지 않았다. 약 40일 정도 노동력을 집중 투입하여 단기간에 수확할 수 있는 부업이었던 것이다. 게다가 양잠의 원료가 되는 뽕나무는 전국 각지에 자생하였기 때문에 양잠기술을 습득하면 누구나 시작할 수 있는 부업이었다. 조선후기 실학자 다산 정약용의 이야기처럼 "가뭄 걱정 없이 가장 단기간에 높은 수확을 올리는 농사"[38]가 바로 양잠업이었다.

이처럼 양잠업은 여러 가지 면에서 유리한 경영 조건들이 있었기

---

37) 민성기, 1985, 〈《농가월령》과 16세기의 농법〉, 《부대사학》 9, 289~290쪽.
38) 국역 《茶山詩文集》 권1 詩 蚖珍詞七首贈內(1994, 민족문화추진회). "半年麻枲勞耕
 耡 終歲棉花慮雨暘 最是蠶功收效疾 三旬贏得繭盈箱…."

때문에 조선전기 부업정책은 여러 의료작물 가운데서 양잠업을 중심으로 추진될 수 있었다.39) 조선 초기 평안도와 함경도 지역의 여러 고을에 뽕나무가 무성하고 누에를 치는 농가가 있다는 사실이 조정에 전해지면서, 세조대에 본격적으로 양잠업 보급정책이 추진되었다. 당시 평안도 지역으로의 양잠업 보급은 매우 성공적이어서, 세조 12년(1466)에는 평안도 영변 등 13개 읍에서 숙견(熟繭)과 진사(眞絲)를 공물로 바쳤으며,40) 노비 신공을 명주로 납부하는 경우도 많았다.

17세기 이후 평안도는 양잠업의 고장으로 변모해 갔으며, 18세기에 이르러서 평안도 양잠업은 지역의 대표적 산업으로 성장하였다. 평안도는 고급 명주의 생산지로 유명하였는데, 영변(寧邊), 성천(成川) 등지에서 생산되는 합사주(合絲紬)는 다른 지역의 명주보다 값이 두 배나 될 정도로 품질이 우수하였다.41) 특히 성천에서 생산되는 동해주(東海紬)는 날실과 씨실이 아주 세밀하여 한 필의 부피가 한 주먹에 들어올 정도밖에 안 돼 당시 최고의 명주로 꼽혔다.42) 전주이씨는 지역의 대표적 산업인 양잠업을 선택하여 적극적으로 경제활동을 하기 시작하였다.

---

39) 남미혜, 2002, 〈조선초기 농상정책의 수립과 양잠 의례의 정비〉, 《이화사학연구》 29.
40) 《세조실록》 권39 세조 12년 5월 24일(갑오).
41) 《林園經濟志》 展功志 권2. "織紬關西産者最佳 寧邊成川等地 有合絲紬 光潤堅厚 最稱佳品 湖南羅州人 亦能織厚紬 價倍常品."
42) 《頤齋亂藁》 권27, 11월 18일(甲辰; 영인본 5책, 한국정신문화연구원, 1999, 336쪽). "所謂西紬者 亦曰銅海紬 經緯極甚細密 一匹之卷 可容一握 在東國冠絶者也."

3. 뽕잎 판매를 통한 치산

조선후기에는 농업생산력의 발전과 상품화폐경제의 발달에 힘입어 부업의 원료들이 상품화되어 판매되고 있었다. 양잠 부분에서도 예외는 아니어서, 단순히 자가(自家)의 양잠을 하기 위해 뽕나무를 심는 것이 아니라, 판매를 염두에 두고 수백 그루씩 뽕나무를 재배하는 농가가 나타났다.

뽕나무의 경제성에 대해서는 조선후기 실학자들도 주목하였다. 홍만선은 자산을 늘리는 방법으로 나무 심기를 권장하였는데, 특히 뽕나무 재배법에 대해서 자세히 언급하였다.[43) 홍만선은 《산림경제》종수 편의 첫 항목으로 뽕나무 심는 것에 대해 언급하고, 한 그루당 뽕잎 30근씩 거두어들일 수 있는 재배기술에 대해 자세히 설명하였다. 한편 성호 이익도 뽕나무 잎과 껍질, 가지를 모두 유용하게 쓸 수 있는 요동·심양의 지상(地桑) 재배법을 빨리 시험할 것을 제안하였다.[44)

뽕나무의 경제적 가치를 인식하고 심을 것을 적극 권장한 실학자는 다산 정약용이다. 다산은 가난한 선비가 생계 걱정 하지 않고 학문에 열중하기 위해서는 뽕나무를 심고 아내에게 부지런히 양잠을 하도록 해야 한다고 강조하였다.[45) 다산이 사대부의 생업으로서 식

---

43) 洪萬選, 《山林經濟》 권2 種樹 種桑.
44) 李翼, 《星湖僿說》 권4 萬物門 地桑.
45) 정약용, 《국역다산시문집》Ⅷ, 권18 爲尹惠冠贈言(민족문화추진회, 1994).

상(植桑)을 권장한 이유는, 뽕나무는 재배를 위해 특별히 기름진 땅을 구하지 않아도 되고, 또 땅을 갈지 않아도 되는 산업이기 때문이었다. 이처럼 실학자들이 뽕나무 심기를 권장한 것은 물론 상품시장을 전제로 한 제안이었다.

18세기 양잠업이 활발하였던 평안도 성천·은산·삼등·중화·자산·강동 같은 지역은 뽕밭이 무성하였음이 확인된다. "양서지방은 잠상을 전업으로 삼고 있으며, 평안도 삼등(三登) 지방은 뽕나무를 많이 심어 수풀을 이루어, 비록 필부라도 1년에 능히 5, 6필의 명주를 직조한다"고 이야기되고 있었다.46) 관서지역의 한 시인은 무수한 뽕나무를 보고 "누에치는 달 강동의 고치 따는 저자 지날 때에 북쪽 서쪽 장사치들 구름같이 모였구나. 강 건너 집집마다에 5묘씩의 뽕밭 푸르렀네"47)라는 시를 남기기도 하였다. 이 시는 비록 단편적이기는 하지만, 평안도 지역의 뽕밭[桑田] 보유 현황과 양잠 생산물의 유통 상황을 잘 보여주고 있다.

이러한 당시 상황 속에서 양잠의 고장 평안도 성천에 거주하던 목씨의 아내 전주이씨가 경제수종으로서 뽕나무를 재배하였음을 추측하는 일은 그리 어렵지 않을 것이다. 그러나 〈목씨부전〉은 그녀가 적실가문을 도운 일에 초점이 맞춰져 있어서 그녀의 뽕밭 재배 규모나 경영 상황 등에 대해서는 자세히 알 길이 없다. 당시 평안도의 양

---

46)《승정원일기》1007책 영조 22년 8월 30일(계사). "三十日未時 上御歡慶殿… 榮魯曰 兩西則專以蠶桑爲業 臣待罪三登時見之 則多植桑木菀然成林 雖匹婦一年能織五六 疋矣."
47) 장국종, 1998,《조선농업사》1, 백산자료원, 222∼223쪽 재인용.

잠업이 활기를 띠고 있었으므로, 전주이씨도 이러한 시속에 적응하여 치산 능력을 발휘하였음을 짐작할 수 있다.

4. 고치 판매와 명주 길쌈을 통한 치산

전주이씨는 뽕잎의 재배뿐만 아니라 고치를 판매하거나 명주 길쌈으로 재산을 모았던 것으로 보인다. 조선시대에 양잠 농가에서 생산된 고치는 고치 그 자체로 팔리거나 명주실로 판매되었으며, 직조되어 판매되기도 하였다. 양잠업이 활발하였던 경상도 일대 장시(場市)에는 각 농가에서 생산한 고치가 산처럼 가득 쌓여 있었으며, 이를 무역하기 위해서 원지(遠地)에서 사람들이 많이 모여들어 '이익의 소재'로[48] 이야기가 될 정도였다. 조선후기에도 강원도 등 일부 지역에서는 고치를 싸게 팔고 있는 것으로 보아,[49] 농가에서는 생산한 고치를 전량 수매하는 경우도 많았던 것으로 보인다. 이처럼 16세기 이후 양잠업은 바로 장시와의 밀접한 관련 속에서 이루어졌으며, 17세기에는 매전(買田)을 보장할 수 있을 정도의 산업으로 인식이 되었다.[50]

조선전기에는 직조기술의 미비로 명주실을 공물로 수납하여 중앙의 관장(官匠)이 직조하였다. 그러나 조선후기 관장제가 무너지고

---

48) 金坽, 《溪巖日錄》 1634년 5월 22일.
49) 《승정원일기》 1013책 영조 23년 2월 14일(갑술).
50) 李惟泰, 《庭訓》 種桑; 이해준 편저, 1998, 《초려(草廬) 이유태의 향약과 정훈》, 신서원.

사장제가 발달하면서51) 사직(私織)이 등장하였다. 명주 길쌈은 다른 직물에 비해 직조방법이 까다로워 일반 농가에서 직조하기는 쉽지 않았다. 따라서 직조기술이 좋지 않은 농가에서는 고치 그대로 판매를 하였으며, 직조기술을 갖춘 농가에서는 명주로 직조하여 판매하였다. 당시 조선의 명주는 중국의 사라능단과 비교하여 품질이나 광택 면에서 많은 차이가 났다. 그러나 일부 지역에서 생산되던 고급 명주는 중국의 사라능단과 비교하여 질적으로 크게 차이나지 않았던 것으로 보인다.

조선후기에는 각 직물의 명산지(名産地)가 형성되기 시작하는데, 전라도 강진은 영초견직(英綃絹織)52)의 생산지로, 경기도 양주·가평 등지는 견직(絹織) 원료인 제사업의 중심지로 각각 발전하였다.53) 충청도 서천·한산·임천 지방은 모시의 이익이 매우 커 전국에서 최고였으며,54) 평안도 영변·성천 등지에서 생산되는 합사주와 전라도 나주 지방에서 생산되는 후주(厚紬)는 다른 지역의 명주보다 값이 두 배나 될 정도로 품질이 매우 우수하였다.55) 각 지역의 장시에서는 지역 특산물인 반주(斑紬), 단(緞) 등과 같은 고급 견직물들이 유통되었다.56) 전주이씨의 고향인 성천은 분주(粉紬),57)

---

51) 김영호, 1974, 〈조선후기 수공업의 발전과 새로운 경영형태〉, 《대동문화연구》 9, 173∼174쪽.

52) 영초(英綃)는 견직물의 하나로 모초(毛綃)보다 품질은 낮으나 바닥이 곱고 광택이 있다. 여름용 옷감에 많이 사용한다.[김영숙, 앞의 책(1988), 285쪽]

53) 홍희유, 1989, 《조선중세 수공업사연구》, 지양사, 260∼261쪽.

54) 李重煥, 《擇里志》 忠淸道.

55) 《林園經濟志》 展功志 권2. "織紬關西産者最佳 寧邊成川等地 有合絲紬 光潤堅厚 最稱佳品 湖南羅州人 亦能織厚紬 價倍常品."

동해주(東海紬)의 산지로 이름난 지역이었다.

전주이씨가 양잠으로 많은 재산을 모았던 것으로 보아 그녀는 고급 명주 직조기술을 보유하였을 가능성이 높다. 조선시대에 길쌈과 바느질은 여공(女功)의 으뜸으로 간주되었고, 여성들은 삯바느질과 길쌈으로 가정경제를 책임지기도 하였다. 선조의 후궁이었던 정빈(靜嬪) 민씨(閔氏)는 생전에 "여공에 뜻을 두어 명주실과 고치를 손질하고 옷감을 짜는 데 힘쓰는 것이 가난한 집 여자와 같았다"고 하고,[58] 김만중의 어머니는 거질(巨帙)의 책을 사고 싶어하는 아들을 위해 짜던 베틀의 명주베를 잘라서 책값으로 지불하였다고 한다.[59]

이렇듯 길쌈은 신분의 고하에 관계없이 여성의 부덕으로서, 그리고 가정경제에 크게 도움이 되는 부업이었다. 길쌈을 부지런히 할 경우에는 재물을 축적하여 별장을 살 수도 있었고,[60] 최소한 사대부의 일상생활 가운데 하나인 접빈객의 예를 다할 수 있었다.[61] 19세기 경상도 선산에서 생활하던 노상추는 자가의 양잠으로 천사(繭絲) 세 근을 생산하게 되자, 한 근은 명주로 짜고, 나머지 두 근은 13냥을

---

56) 장현주·권영숙, 1998, 〈조선시대 견직물의 생산과 유통〉, 《복식》 40, 47~48쪽.

57) 분주(粉紬)는 어떤 종류의 비단인지 명확하지 않다.

58) 조혜란·이경하 역주, 2006, 〈진조모 정빈 민씨의 행장〉, 《17세기 여성생활사 자료집》 3, 보고사, 62쪽.

59) 정형지·김경미 역주, 2006, 〈어머니 정경부인 행장〉, 《17세기 여성생활사 자료집》1, 보고사, 357쪽.

60) 의인 정씨는 여공을 부지런히 하여 많은 재물을 비축해서 별장을 짓고 양천강(楊川江) 어구에 어선을 마련해 두어 남편(具思謇)이 그곳에서 학문을 닦게 하였다고 한다.(申欽, 《象村集》 권24, 宜人鄭氏墓誌銘)

61) 이명로(李明老)의 부인 한씨는 베를 짜서 남은 것을 가지고 손님들을 대접하였는데, 오랫동안 그렇게 하였어도 싫어하는 기색이 없었다고 한다.(정형지·김경미 역주, 2006, 〈숙부인 한씨 묘지명 병서〉, 《17세기 여성생활사 자료집》1, 보고사, 128쪽)

받고 팔았다고 기록하고 있다. 그리고 그 돈으로 유기 반상기를 한 개 구입하고, 여성들의 솜씨에 대해 칭찬하였다.[62] 이처럼 조선후기 에 여성들은 양잠업으로 가산을 늘려갈 수 있었다.

그런데 조선후기에 모든 여성들이 양잠에 종사하였던 것은 아니 었다. "양잠이 고역이라 이제 부녀자들이 하지 않는다", "지금 여성 들은 방적을 하지 않아 잠실에서 뽕잎을 구한다는 애기를 들어본 적 이 없다"는 이야기가 영조대에 나오고 있었다.[63] 또 당시 부녀자들 이 편안한 것만 좋아하여 양잠을 고역스러워하고, 밤에 잠자는 데 방해가 된다 하여 근래 양잠을 하는 집이 거의 없다는 지적도 보인 다.[64]

잘 알려졌듯이 누에는 기온이나 습도에 매우 민감하여 매일의 기 상변화에 세심하게 대응하여야 하며, 한밤중의 기상 변화에도 유의 해야 한다. 따라서 양잠기간 동안에는 밤낮을 가리지 않고 누에를 보살피는 일이 중요하였으므로 양잠 농가의 부녀자들은 잠을 제대 로 잘 수 없었다. 게다가 일부 사대부가의 여성들은 양잠이 어진 사 람이 차마 하지 못할 일이라는 생각을 하기도 하였으므로,[65] 대부분

---

62) 盧尙樞, 《盧尙樞日記》 4, 戊子(순조 28년), 7월 3일(《盧尙樞日記》, 국사편찬위원회
   편, 2005). "以今年繭絲三斤 一斤則成疋 二斤則決價十三兩 買得鍮器一盤床器 婦女
   手功 可佳."
63) 《승정원일기》 1127책 영조 32년 1월 16일(갑신).
64) 《승정원일기》 1081책 영조 28년 4월 13일(갑진).
65) 사대부가의 여성들은 누에치기가 어진 사람이 할 바가 아니라고 보았다. 즉 "실을 켤
   때 뜨거운 물속에 고치를 넣으면 물속에서 급히 움직여 서로 구르니, 이것은 대개 누
   에가 그 속에서 오히려 살고자 하는 뜻이 있어 그 끓는 것을 견디지 못하기 때문이다.
   이 어찌 어진 사람이 차마할 바이랴. 그러나 또한 그만두지 못할 것이니, 이따금 적게
   쳐서 늙은 분의 옷을 지음이 좋다."(《閨閤叢書》 卷之二, 양잠조; 정양완 역주, 1975,

의 사대부가 여성들은 가족의 의복 조달과 약간의 여윳돈을 마련하기 위해 소극적으로 양잠에 임하였던 것으로 보인다. 그러나 양인 신분인 전주이씨의 경우에는 적극적으로 양잠업에 뛰어들어 치산의 수단으로 삼았던 것 같다.

조선후기 도시의 성장과 부유한 상인층의 대두, 그리고 옷에 대한 신분적 제한의 완화 등은 견직물에 대한 수요를 현저히 증대시켰으며,66) 그 결과 고급 명주가 생산될 수 있었다. 양잠으로 생산된 고치·명주실, 그리고 명주는 상인들을 통하여 평안도 각지로 흘러나갔고,67) 각 지방의 장시에서 거래되었다.

조선후기 장시에서는 지역간 상품교역이 이루어지는 가운데 소규모의 상품을 취급하는 행상에서 거상에 이르기까지 다양한 형태의 상인들이 활동하였다. 장돌뱅이 또는 장꾼이라고도 하는 행상들은 대개 지역간 상품가격의 차이를 이용하여 이익을 얻었는데, 여러 장시를 돌아다니며 상업활동을 영위하였다.68) 18세기에 평안도 지역은 국제교역과 국내 상업 모두에서 괄목할 만한 성과를 보여 전국에서 가장 번성한 지역으로 일컬어졌다.69)

평안도 지역의 장시에서 명주·면포의 매매가 매우 활발하자 전주이씨는 장시와 행상을 잘 활용하였던 것으로 보인다. 그녀는 적실

보진재, 176쪽)

66) 전석담·허종호·홍희유, 1989, 《조선에서 자본주의적 관계의 발생》, 이성과현실, 51쪽.

67) 위의 책, 96쪽.

68) 김대길, 2004, 〈조선후기 장시의 발달과 장꾼〉, 《실천민속학연구》 6, 301~302쪽.

69) 오수창, 1995, 〈17·18세기 평안도 유생(儒生)·무사층(武士層) 성장의 사회경제적 배경〉, 《규장각》 18, 9~11쪽.

가문의 후손을 찾기 위해 상인에게 행장을 꾸리게 하고 장사할 재화를 보내면서 부탁하기를, "사방 원근을 막론하고 반드시 우리 집 사람들을 찾아본 연후에 돌아와 알려 달라"고 하였다. 상인을 고용한 것으로 보아 전주이씨는 양잠의 생산뿐 아니라 판매 과정에도 적극 개입하였던 것 같다. 이로 보아 전주이씨는 당시 지역경제 사정과 물가에 대해 상세히 알고 있었으며, 좋은 조건으로 거래할 수 있는 시기와 방법도 알고 있었으리라는 추측이 가능하다. 또한 상인을 활용하여 혈족을 찾으려 하였던 것으로 보아, 당시 장시가 단순한 물건매매의 장소가 아니라 정보교환·수집·홍보의 장[70]이었다는 사실을 인식한 현명한 여성이었음을 짐작할 수 있다.

그렇다면 전주이씨가 자신의 재산 규모로 이야기하고 있는 만금(萬金)은 당시 얼마만큼의 가치를 지녔을까? 막연히 재산이 많다는 표현을 한 것으로 이해해도 될 듯싶지만, 당시 자료를 살펴 그 용례를 확인해 보기로 하자. 정조대에 제주도에 흉년이 들자 만덕은 천금(千金)을 내어 쌀을 사들여 기근에 굶주리던 제주도민을 살렸다.[71] 천금이란 액수는 당시 제주도민을 먹일 수 있는 곡식을 살 만큼 많은 양의 재화였다. 《조선왕조실록》을 살펴보면 만금을 가진 경우 큰 부자로 인식되었다. 18세기에 만금을 소유하고 있으면 대상(大商)의 대열에 낄 수 있었으며,[72] 백 칸짜리 집을 지을 수 있을 정

---

70) 김대길, 1997, 《조선후기 장시연구》, 국학자료원 참조.
71) 《樊巖集》 권55, 萬德傳(《한국문집총간》 235~236집, 1999). "聖上十九年乙卯 耽羅大饑 民相枕死 上命船粟往哺 鯨海八百里 風檣來往如梭 猶有未及時者 於是萬德捐千金貿米."
72) 《영조실록》 권35 영조 9년 7월 13일(임진).

도의 재력을 가진 사람으로[73] 간주되었다. 지방 관기와 양반 사이에서 서출로 태어난 목씨의 아내 전주이씨는 양잠업으로 만금을 소유한 여성 재력가로 성장하였다.

5. 적실 가문을 보존시킨 서녀

전주이씨는 제주도 여상(女商) 김만덕과 함께 조선시대 대표적인 여성 재산가로 기록될 수 있다. 그녀는 많은 재산을 모으고 풍족하게 생활하였지만 혈족에 대한 그리움이 무척 컸던 것 같다. 그것은 어려서 부친의 정이나 형제애를 전혀 경험하지 못하였던 성장과정에서 연유하였을 것이다. 전주이씨는 사람을 시켜 아버지 이도원의 자손들을 찾기 시작하였다. 그러나 강원도 횡성으로 들어가 살고 있는 적실 자손들을 찾는 일은 쉽지 않았다. 그녀는 각 지역의 사정에 밝은 상인에게 부탁을 해 이도원 자손의 행방을 수소문하기 시작하였다. 그러기를 여러 해 한 뒤 드디어 횡성에 거주하고 있던 이도원의 아들 춘형을 찾게 되었다.

이도원 사후 가문이 몰락하자, 이춘형은 관직에 뜻을 버리고 횡성으로 이주하여 그곳에서 아주 어렵게 생활하고 있었다. 해좌 정범조는 이춘형의 제문(祭文)을 지었는데, 그 제문에는 이춘형의 삶의 행적이 그대로 드러나 있다. 당시 이춘형의 집은 너무 가난하여 제대

---

73) 《정조실록》 권19 정조 9년 3월 1일(경술).

로 먹지 못한 것이 십 수 년이나 되었으며, 오두막집은 비바람을 가리기에 부족하였고, 처자는 추위에 얼고 굶주렸다고 묘사되어 있다. 그러나 이춘형은 남에게 그런 내색을 전혀 하지 않았으며, 말년에는 성리서에 침잠하여 독서를 낙으로 삼았다고 한다. 정범조는 그가 어려운 생활 속에서도 고결한 뜻을 지니고 있었다고 평가하였다.74)

이춘형은 창원황씨와 혼인하여 보묵(保默)과 계묵(啓默) 두 아들과 딸 셋을 두었는데,75) 그의 두 아들 역시 과거에 급제하지 못하였다. 전주이씨는 이춘형의 거주지를 알아낸 다음 그에게 편지로 아버지의 기일에 횡성으로 찾아갈 뜻을 전하였다. 그리고 아버지 기일에 횡성으로 들어가 적실아우 이춘형과 그동안의 회포를 풀고 전답을 마련해 주며, 집안의 제사가 끊어지지 않게 잘 보살폈다.76) 당시 이춘형의 집안은 가난하여 사대부의 일상생활로 간주되던 '봉제사'를 하지 못할 형편이었다. 서출누이의 경제적 도움을 받아 이춘형은 부모님과 조상의 제사를 받들 수 있었으며, 이춘형 사후에도 그 자손들은 생활에 어려움을 느끼지 않고 지낼 수 있었다. 전주이씨는 적

---

74) 《海左集》 권33, 祭李公春馨文. "景仁生世顯之家 一日窮約掩抑 絜妻子入窮山絶峽
之中 故舊親愛 聲塵漠然 豈有不感愍者哉 然未嘗闃景仁之有幾微也 景仁入峽來 貧
不能食者十數年 屋廬不能蔽風雨 妻子有凍餒之色 豈有不少撓其操者哉 然未嘗見景
仁之有毫末苟取於人者也 盖景仁晚年 沉潛乎性理之書 識足以養其內 義足以制其外
故能不隕廓於貧賤 而潔其身以歸也."

75) 앞의 〈전주이씨 가계도〉 참조.

76) 《海左集》 권39, 睦氏婦傳. "一日有商踵李公門 致赫蹄書 坼視則睦氏婦也 叙離潤問
存沒居住甚殷勤 而商云睦氏爲裝遣商貨 屬曰勿論四方遠近 必尋見我家人 然後歸報
商旣去 頃之 睦氏婦又專伻書報曰 當及先大人忌日身往也 及期果來 與親黨相見甚歡
爲備物助祭需 遂發橐中藏 買置良田 爲奉祭祀及李公衣食業 其言曰 吾躬蠶桑 積産
至萬金 家甚饒 然顧無逮吾大人養也 思以不得逮大人者 用情於吾嫡弟 故如是耳."

실아우에 대한 경제적 지원뿐 아니라, 그의 아들 가운데 학문적으로 성과가 있는 자식을 서울로 보내어 거처를 마련해 주고 과거 공부를 시키려는 계획도 하였는데, 어떤 연유에서인지 실행에 옮기지는 못하였다고 한다.77)

그녀는 양잠업 경영으로 축적한 재산을 자신의 혈족을 찾아 적실 가문을 유지하는 데에 사용하였다. 전주이씨는 아버지께 효도를 하고 싶었지만 그것이 불가능하기 때문에, 대신 적실아우[嫡弟]에게 마음을 쓰는 것이라고 하였다. 그녀의 효성과 착한 품성에 대해 정범조는 다음과 같이 칭송하였다.

독서한 사대부 남자 중에 능히 이렇게 할 사람이 얼마나 있겠는가? 하물며 시집간 여자일까 보랴? 딸은 시집을 가면 비록 그 부모라도 사랑이 옮겨가는 바가 있고 힘이 미치지 못하는 바가 있는데, 하물며 그 형제에게 있어서랴? 더욱이 천출의 여자로서 적출의 형제와 은애가 서로 이어지지 않는 목씨의 아내 같은 여성임에랴? 목씨의 아내는 그 천성이 윤리에 독실하여 남과 비교가 안 되는 사람이라고 할 만하다. 승지 공의 휘는 우진이고, 내 모친의 외조이다. 그러므로 내가 목씨의 아내에 대하여 이와 같이 특별히 자세히 하는 것이다.78)

---

77) 위의 책. "又以子孫居窮峽不便科宦 請於李公 以其諸子中有進就者一人 與俱至京師 欲買田宅使居之 有故不果 然李公方貧甚 賴而頗自給 睦氏婦旣辭歸 李公亦歿 而所以供給其諸子不少衰."
78) 위의 책. "睦氏婦容姿儁爽 有丈夫氣云 丁子曰 士大夫讀書男子 能如此者有幾乎 而況於女子之嫁者乎 女子嫁則雖於其父母 愛有所移 而力有所不相及 而況於其兄弟乎 又況以賤出女子 而與其嫡兄弟 恩愛不相接 如睦氏婦者乎 睦氏婦者 其天性篤倫理 可謂有絶人者矣 承旨公諱宇晉 爲余母氏外祖故余特詳睦氏婦如此."

정범조는 사대부가의 남자도 하기 힘든 일을 하였다고 그녀에 대해 찬사를 아끼지 않고 있다. 그녀가 천출 태생임에도 입전(立傳)될 수 있었던 것은, 적실가문을 살리고자 한 착한 성품과 함께 그것을 가능하게 한 그녀의 경제력 덕택이었다.

조선후기는 농업은 물론 상·공업 부문에서도 비약적인 발전을 이룬 시기였다. 조선후기 사회·경제적 변화는 여성에게도 큰 변화를 가져와 여성들은 좀 더 적극적으로 경제활동에 참여하여 경제력을 향상시켜 나갔다. 18세기 이후에 여성들은 상업이나 의료작물의 재배 및 길쌈 등으로 부를 축적해 나갔으며,[79] 자신들의 경제력을 바탕으로 사회적 처지를 향상시킬 가능성을 서서히 열어갔다. 상업으로 모은 돈을 제주도민을 위해 기부한 김만덕이나, 재화 1,500꿰미를 지역민을 위해 희사한 강원도 통천의 김씨와 같이,[80] 경제적으로 성공한 여성들이 역사에 등장하는 것이 바로 그 한 예다. 제주 출신 만덕이나 통천인 김씨는 사대부가의 여성이 아닌 일반 여성들이었다. 만덕은 굶주리던 제주도민을 살린 공으로 대궐을 구경하고 그녀의 소원인 금강산을 유람하였다. 또한 통천인 박선엽의 처 김씨는 재화를 기부한 공으로 숙부인(淑夫人)의 첩지까지 받았다. 조선후기 여성들은 가부장권의 강화 속에서 그 입지가 축소되었으나 한편으

---

79) 조선후기 문학사에는 여성들의 치산을 다룬 작품들이 많이 등장한다. 이에 대해서는 이동연, 2002, 〈조선후기 여성치산과 〈복선화음가〉〉, 《한국고전여성문학연구》 4, 291쪽; 정혜원, 1997, 〈조선 후기문학에 나타난 여성과 치산〉, 《인문과학연구》 6, 상명대 인문과학연구소, 13~17쪽 참조.
80) 《정조실록》 권13 정조 6년 5월 10일(병오); 《승정원일기》 1509책 정조 6년 5월 10일(병오).

로는 경제력에 힘입어 자신들의 사회적 처지를 향상시키고 있었던 것이다.

이들 여성들과는 달리 목씨의 아내 전주이씨는 양잠으로 모은 많은 재산을 사회에 기부하지 않고 적실가문을 유지하는 데 사용하였다. 따라서 여성으로서 많은 재부를 모았음에도 그녀의 존재가 공적인 기록으로 남지 못하고 정범조의 문집에 전(傳)의 형태로 남게 되었다. 전주이씨는 천출로 태어났지만 신분적 굴레에서 벗어나 양반도 무시 못 할 경제력을 갖추고 자신의 삶을 주체적이고 능동적으로 개척한 여성이다. 우리는 조선후기 상업뿐 아니라 산업의 영역에서도 여성들이 남성들 못지않게 경제적 활동을 활발히 해 자기 성취를 실현해 나가고 있음을 전주이씨의 존재로 확인할 수 있다.

부 록

표 1. 각 군현의 호수와 간전결수

경기도   (*표는 잠실 설치 지역)

지역		인구수	호수	간전결수	호당 평균구수 (단위/명)	1인당 간전결수 (단위/결)
총계	경기도 (실제계산수)	50,352 (50,352)	20,882 (20,892)	200,347 (194,260)	2.41 (2.41)	3.98 (3.86)
	* 加平縣	987	288	3,057	3.42	3.10
	高陽縣	1,314	679	6,326	1.93	4.81
	果川縣	743	244	3,128	3.04	4.21
	廣州牧	3,110	1,436	16,269	2.16	5.23
	喬桐縣	562	221	1,986	2.54	3.53
	交河縣	1,629	590	3,956	2.76	2.43
	衿川縣	937	327	2,762	2.86	2.95
	金浦縣	651	318	3,022	2.04	4.64
	麻田縣	484	146	1,171	3.31	2.42
	朔寧郡	722	233	3,854	3.09	5.34
	安山郡	588	302	2,289	1.94	3.89
	安城郡	1,763	424	5,436	4.15	3.08
	安峽縣	410	140	1,422	2.92	3.47
	* 楊根郡	1,686	388	4,343	4.34	2.57
	陽城縣	1,210	425	4,742	2.84	3.92
	陽智縣	609	346	2,068	1.76	3.39
	陽川縣	509	222	1,877	2.29	3.69
	漣川縣	360	186	1,939	1.93	5.39
	永平縣	419	138	2,487	3.03	5.93
	龍仁縣	1,168	457	5,988	2.55	5.13

陰竹縣	1,088	390	3,163	2.78	2.91
利川縣	3,898	1,026	7,532	3.79	1.93
仁川郡	1,412	357	2,601	3.95	1.84
臨江縣	878	364	3,934	2.41	4.48
臨津縣	613	274	2,571	2.23	4.19
長湍縣	467	170	1,645	2.74	3.52
積城縣	380	212	2,663	1.79	7.01
砥平縣	515	267	3,335	1.92	6.47
振威縣	535	221	2,841	2.42	5.31
川寧縣	1,234	413	4,573	2.98	3.70
通津縣	971	458	5,361	2.12	5.52
抱川縣	1,222	371	3,948	3.29	3.23
海豊郡	1,381	792	6,564	1.74	4.75
江華都護府	3,283	2,445	5,606	1.34	1.71
南陽都護府	778	487	4,348	1.59	5.59
富平都護府	954	429	5,296	2.22	5.55
水原都護府	4,926	1,842	19,154	2.67	3.89
楊州都護府	2,726	1,481	15,190	1.84	5.57
驪興都護府	1,144	538	6,145	2.12	5.37
原平都護府	1,316	494	5,325	2.66	4.05
鐵原都護府	770	351	4,343	2.19	5.64

1) 《世宗實錄地理志》를 이용하여 작성함.

2) 호당 평균구수는 人口數÷戶數로, 1人當 간전결수는 結數÷人口數로 계산하였다.

충청도

지역		인구수	호수	간전결수	호당 평균구수 (단위/명)	1인당 간전결수 (단위/결)
총계	충청도 (실제계산수)	100,790 (100,791)	24,170 (24,161)	236,300 (236,096)	4.17 (4.17)	2.34 (2.34)
	結城縣	1,698	304	3,251	5.58	1.91
	公州牧	1,0049	2,167	18,526	4.63	1.84
	槐山郡	1,303	445	3,880	2.92	2.98
	藍浦縣	949	180	2,668	5.27	2.81
	尼山縣	1,591	384	3,787	4.14	2.38
	丹陽郡	724	235	1,169	3.08	1.61
	唐津縣	1,489	284	2,632	5.24	1.77
	大興縣	1,518	388	3,026	3.91	1.99
	德山縣	3,214	649	5,199	4.95	1.62
	沔川郡	3,155	405	4,053	7.79	1.28
	木川縣	2,186	404	3,017	5.41	1.38
	文義縣	1,871	353	2,754	5.3	1.47
	保寧縣	1,213	365	3,127	3.32	2.58
	報恩縣	1,457	327	5,229	4.45	3.59
	扶餘縣	1,337	382	3,762	3.5	2.81
	庇仁縣	651	166	1,622	3.92	2.49
	瑞山郡	1,887	489	7,283	3.85	3.86
	舒川郡	1,876	421	3,774	4.45	2.01
	石城縣	1,208	395	2,449	3.05	2.03
	新昌縣	1,556	338	3,064	4.6	1.97
	牙山縣	1,822	482	6,566	3.78	3.60
	燕歧縣	1,446	348	2,916	4.15	2.02
	連山縣	1,487	378	3,836	3.93	2.58
	延豊縣	341	143	1,011	2.38	2.96
	永同縣	951	227	2,592	4.18	2.72
	永春縣	582	195	1,198	2.98	2.06

禮山縣	1,477	321	3,732	4.6	2.28
沃川郡	1,834	558	4,178	3.28	2.54
溫水縣	1,516	343	3,853	4.41	2.54
恩津縣	1,717	506	4,207	3.39	2.45
陰城縣	726	171	1,993	4.24	2.74
林川郡	1,671	460	4,624	3.63	2.77
全義縣	572	166	1,575	3.44	2.75
定山縣	1,113	258	2,277	4.31	2.04
堤川縣	1,235	415	3,915	2.97	3.17
竹山縣	2,118	470	5,789	4.5	2.73
稷山縣	2,111	553	5,446	3.81	2.58
鎭岑縣	583	153	1,480	3.81	2.54
鎭川縣	1,923	550	6,599	3.49	3.43
天安郡	2,385	506	5,158	4.71	2.16
靑山縣	607	235	1,573	2.58	2.59
靑安縣	1,419	293	3,334	4.84	2.35
靑陽縣	1,021	265	2,559	3.85	2.51
淸州牧	6,738	1,589	18,193	4.24	2.70
* 淸風郡	656	191	1,955	3.43	2.98
忠州牧	7,452	1,871	19,893	3.98	2.67
泰安郡	547	173	2,985	3.16	5.46
平澤縣	704	179	2,234	3.93	3.17
韓山郡	1,607	342	3,060	4.69	1.90
海美縣	855	258	2,763	3.31	3.23
鴻山縣	1,971	348	3,385	5.66	1.72
洪州牧	6,031	1,379	11,386	4.37	1.89
黃澗縣	742	308	1,725	2.4	2.32
懷德縣	1,266	300	2,688	4.22	2.12
懷仁縣	633	146	1,146	4.33	1.81

강원도

	지역	인구수	호수	간전결수	호당 평균구수 (단위/명)	1인당 간전결수 (단위/결)
총계	강원도 (실제계산수)	29,009 (25,782)	11,084 (9,776)	65,916 (65,908)	2.62 (2.64)	2.27 (2.56)
	杆城郡	313	227	1,302	1.38	4.16
	高城郡	871	375	1,316	2.32	1.51
	金化縣	517	181	3,288	2.85	6.36
	金城縣	759	340	3,938	2.23	5.19
	狼川縣	750	264	1,884	2.84	2.51
	楊口縣	641	297	1,797	2.15	2.80
	寧越郡	611	324	1,463	1.88	2.39
	蔚珍縣	1,483	270	1,351	5.49	0.91
	原州牧	3,233	1,148	7,556	2.81	2.34
	伊川縣	582	333	3,310	1.74	5.69
	麟蹄縣	207	125	1,233	1.65	5.96
	旌善郡	459	203	1,005	2.26	2.19
	通川郡	1,363	290	1,810	4.7	1.33
	平康縣	212	163	3,778	1.3	17.8
	平昌郡	501	233	1,078	2.15	2.15
	平海郡	911	247	940	3.68	1.03
	* 洪川縣	1,154	420	5,579	2.74	4.83
	橫城縣	595	313	2,737	1.9	4.6
	歙谷縣	675	219	623	3.08	0.92
	三陟都護府	2,613	581	1,998	4.49	0.76
	襄陽都護府	1,277	857	1,833	1.49	1.43
	春川都護府	1,950	1,119	5,737	1.74	2.94
	淮陽都護府	592	222	4,586	2.66	7.75
	江陵大都護府	3,513	1,025	5,766	3.42	1.64

경상도

지역		인구수	호수	간전결수	호당 평균구수 (단위/명)	1인당 간전결수 (단위/결)
총계	경상도 (실제계산수)	173,759 (140,092)	42,227 (34,119)	301,147 (261,439)	4.11 (4.10)	1.73 (1.87)
	開寧縣	2,359	531	4,190	4.44	1.78
	巨濟縣	423	153	709	2.76	1.68
	居昌縣	1,640	505	3,423	3.24	2.09
	慶山縣	1,337	318	3,479	4.2	2.60
	慶州府	5,894	1,552	19,733	3.79	3.35
	高靈縣	1,722	287	2,177	6	1.26
	固城縣	2,885	531	3,941	5.43	1.37
	昆南郡	1,300	270	1,824	4.81	1.40
	軍威縣	677	284	2,208	2.38	3.26
	機張縣	397	174	730	2.28	1.84
	基川縣	709	160	1,634	4.43	2.30
	金山郡	3,064	533	4,673	5.74	1.52
	大丘郡	1,329	436	6,543	3.04	4.92
	東萊縣	1,151	290	1,723	3.96	1.50
	聞慶縣	1,065	261	2,789	4.08	2.62
	奉化縣	473	243	1,006	1.94	2.13
	比安縣	1,972	463	2,675	4.25	1.36
	泗川縣	1,817	370	2,077	4.91	1.14
	山陰縣	1,138	257	1535	4.42	1.35
	三嘉縣	2,027	307	1,913	6.6	0.94
	尙州牧	3,132	1,845	15,360	1.69	4.90
	星州牧	5,807	1,479	15,555	3.92	2.68

新寧縣	1,301	382	2,047	3.4	1.57
安陰縣	793	481	1,793	1.64	2.26
梁山郡	937	425	2,030	2.2	2.17
彦陽縣	1,458	421	1,518	3.46	1.04
盈德縣	1,110	286	1,246	3.88	1.12
靈山縣	1,134	257	3,001	4.41	2.65
迎日縣	1,742	417	2,106	4.17	1.21
榮川郡	3,087	377	7,432	8.18	2.41
永川郡	3,672	863	4,118	4.25	1.12
禮安縣	749	174	908	4.3	1.21
醴泉郡	3,800	781	7,298	4.86	1.92
龍宮縣	2,125	396	4,191	5.36	1.97
蔚山郡	4,161	1,058	6,482	3.93	1.56
宜寧縣	1,629	504	3,558	3.23	2.18
* 義城縣	1,955	637	5,068	3.06	2.59
義興縣	955	307	1,830	3.11	1.92
仁同縣	1,086	320	3,345	3.39	3.08
長鬐縣	813	203	1,264	4	1.55
知禮縣	1,200	230	1,138	5.21	0.95
眞寶縣	526	78	877	6.74	1.67
珍城縣	872	234	1,750	3.72	2.01
晉州牧	5,906	1,628	12,730	3.62	2.15

鎭海縣	953	202	765	4.71	0.80
昌寧縣	4,352	825	4,846	5.27	1.11
淸道郡	3,361	649	3,932	5.17	1.17
靑松郡	810	134	1,315	6.04	1.62
淸河縣	724	235	799	3.08	1.10
草溪郡	2,537	463	2,568	5.47	1.01
漆原縣	1,330	337	1,819	3.94	1.37
河東縣	1,108	346	1,272	3.2	1.15
河陽縣	1,087	177	2,216	6.14	2.04
咸安郡	3,266	732	3,976	4.46	1.22
咸陽郡	1948	428	2,473	4.55	1.27
咸昌縣	2,140	368	2,929	5.81	1.37
陜川郡	1,517	464	2,975	3.26	1.96
玄風縣	1,871	477	3,625	3.92	1.94
興海郡	1,885	423	1,913	4.45	1.01
金海都護府	6,642	1,290	7,809	5.14	1.17
密陽都護府	5,522	1,612	10,285	3.42	1.86
善山都護府	4,218	809	9,170	5.21	2.17
順興都護府	1,679	284	2,459	5.91	1.46
寧海都護府	1,538	215	2,720	7.15	1.77
昌原都護府	4,955	1,094	4,663	4.52	0.94
安東大都護府	3,320	847	11,283	3.91	3.40

전라도

지역		인구수	호수	간전결수	호당 평균구수 (단위/명)	1인당 간전결수 (단위/결)
총계	전라도 (실제계산수)	94,248 (95,247)	24,073 (24,073)	277,588 (264,268)	3.92 (3.96)	2.94 (2.77)
	康津縣	1,644	355	7,179	4.63	4.37
	古阜郡	1,592	357	6,601	4.45	4.15
	高山縣	2,028	260	3,116	7.8	1.54
	高敞縣	974	164	2,235	5.93	2.29
	高興縣	686	157	2,156	4.36	3.14
	谷城縣	657	148	2,353	4.43	3.58
	光陽縣	1,220	228	2,010	5.35	1.65
	求禮縣	677	137	1,735	4.94	2.56
	錦山郡	1,890	452	3,952	4.18	2.09
	金堤郡	2,065	409	7,281	5.04	3.52
	金溝縣	1,207	262	3,729	4.6	3.09
	羅州牧	4,026	1,089	15,339	3.69	3.81
	樂安郡	1,439	306	2,016	4.7	1.40
	南平縣	1,333	236	5,105	5.64	3.83
	綾城縣	763	139	3,229	5.48	4.23
	大靜縣	8,500	1,357	2,227	6.26	0.26
	同福縣	289	90	1,662	3.21	5.75
	萬頃縣	727	172	3508	4.22	4.82
	務安縣	1,030	315	4,020	3.26	3.90
	茂長縣	2,033	356	5,895	5.71	2.90
	茂朱縣	715	172	1,501	4.15	2.10
	茂珍郡	4,182	860	1,0880	4.86	2.60
	寶城郡	1,245	253	5,233	4.92	4.20
	扶安縣	1,662	323	7,140	5.14	4.30
	淳昌郡	1,092	317	5,724	3.44	5.24
	礪山縣	1,419	312	4,362	4.54	3.07

靈光郡	2,137	331	9,604	6.45	4.49
靈巖郡	1,229	333	6,504	3.69	5.29
玉果縣	837	136	2,573	6.15	3.07
沃溝縣	1,194	257	4,444	4.64	3.72
龍潭縣	274	86	1,851	3.18	6.75
龍安縣	662	190	1,991	3.48	3.01
雲峯縣	551	139	1,796	3.96	3.26
益山郡	1,623	319	3,726	5.08	2.29
任實縣	803	138	5,392	5.81	6.71
臨陂縣	1,949	396	6,447	4.92	3.31
長城縣	840	183	3,366	4.59	4.01
長水縣	812	320	1,773	2.53	2.18
全州府	5,829	1,565	18,664	3.72	3.20
井邑縣	858	130	2,658	6.6	3.10
旌義縣	2,073	685	3,208	3.02	1.55
濟州牧	8,324	5,207	3,977	1.59	0.48
珍山郡	514	114	1,207	4.5	2.35
鎭安縣	722	169	2,772	4.27	3.84
珍原縣	747	144	2,340	5.18	3.13
昌平縣	952	219	2,577	4.34	2.71
*泰仁縣	1,526	247	5,304	6.17	3.47
咸悅縣	1,384	288	3,298	4.8	2.38
咸平縣	1,608	315	6,487	5.1	4.03
海珍郡	707	122	5,941	5.79	8.40
和順縣	615	209	1,247	2.94	2.03
興德縣	1,051	216	3,134	4.86	2.98
南原都護府	4,912	1,300	12,508	3.77	2.55
潭陽都護府	1,760	346	5,852	5.08	3.32
順天都護府	2,618	467	7,315	5.6	2.79
長興都護府	1,041	276	6,124	3.77	5.88

황해도

	지역	인구수	호수	간전결수	호당 평균구수 (단위/명)	1인당 간전결수 (단위/결)
총계	황해도 (실제계산수)	71,897 (71,899)	23,511 (23,512)	104,772 (223,880)	3.06 (3.06)	1.46 (3.11)
	康翎縣	1,068	389	3,108	2.74	2.91
	江陰縣	964	374	3,499	2.57	3.63
	谷山郡	2,828	816	6,726	3.46	2.38
	文化縣	2,136	950	7,185	2.24	3.36
	白川郡	3,167	996	8,477	3.17	2.68
	鳳山郡	6,200	1,564	13,343	3.96	2.15
	松禾縣	1,945	685	7,088	2.83	3.64
	*遂安郡	3,786	1,085	6,987	3.48	1.84
	新恩縣	3,189	808	9,256	3.94	2.90
	信川縣	3,081	936	12,002	3.29	3.89
	安岳郡	3,703	991	8,839	3.73	2.39
	瓮津縣	985	327	4,016	3.01	4.08
	牛峯縣	2,180	778	6,820	2.8	3.13
	殷栗縣	1,143	392	3,887	2.91	3.40
	長連縣	874	330	2,235	2.64	2.56
	長淵縣	2,104	964	16,668	2.18	7.92
	載寧郡	3,885	1,293	15,726	3	4.05
	兎山縣	1,186	376	2,033	3.15	1.71
	豊川郡	992	339	4,711	2.92	4.75
	海州牧	6,814	1,926	28,919	3.53	4.24
	黃州牧	5,291	2,034	13,113	2.6	2.48
	開城留後司	10,393	5,663	5,357	1.83	0.51
	瑞興都護府	4,337	1,446	8,800	2.99	2.03
	延安都護府	3,718	1,583	9,715	2.34	2.61
	平山都護府	6,323	2,130	20,727	2.96	3.28

* 개성부는 총계에 포함시키지 않았음

평안도

	지역	인구수	호수	간전결수	호당 평균구수 (단위/명)	1인당 간전결수 (단위/결)
총계	평안도 (실제계산수)	105,444 (111,541)	41,167 (37,175)	308,751 (311,770)	2.56 (3.0)	2.93 (2.79)
	嘉山郡	1,756	473	3,371	3.71	1.92
	江東縣	1823	894	8,031	2.03	4.40
	江西縣	1,699	986	4,931	1.72	2.90
	价川郡	5,439	1,200	10,280	4.53	1.89
	郭山郡	2,481	302	2,654	8.21	1.07
	德川郡	3,716	881	6,039	4.21	1.62
	孟山縣	907	354	2,862	2.56	3.15
	茂昌郡	291	127	698	2.29	2.40
	博川郡	1,035	599	3,942	1.72	3.81
	碧潼郡	2,726	416	2,749	6.55	1.01
	三登縣	742	375	2,527	1.97	3.40
	三和縣	3,105	410	4,363	7.57	1.40
	祥原郡	1,899	703	6,847	2.7	3.60
	宣川郡	4,417	528	8,146	8.36	1.84
	隨川郡	3,108	527	3,372	5.89	1.08
	順安縣	1,751	664	5,243	2.63	2.99
	順川郡	1,741	602	8,731	2.89	5.01
	安州牧	8,567	2,690	12,980	3.18	1.51
	陽德縣	952	325	4,733	2.92	4.97
	閭延郡	1,573	262	785	6	0.50
	永柔縣	2,171	816	7,138	2.66	3.29
	龍岡縣	2,643	1,724	8,442	1.53	3.19
	龍川郡	1,132	379	8,318	2.98	7.35
	虞芮郡	331	77	518	4.29	1.56

雲山郡	2,763	225	4,354	12.28	1.57
渭源郡	1,544	217	1,650	7.11	1.69
殷山縣	1,200	612	6,846	1.96	5.70
義州牧	1,498	531	7,178	2.82	4.80
理山郡	1,686	577	6,454	2.92	3.83
麟山郡	323	138	1,444	2.34	4.47
慈山郡	1,181	591	6,878	1.99	5.82
慈城郡	2,576	405	1,497	6.35	0.58
定寧縣	839	297	2,906	2.82	3.46
定州牧	5,466	1,033	10,254	5.29	1.87
中和郡	2,710	1,503	13,895	1.8	5.13
甑山縣	835	301	2,228	2.77	2.67
昌城郡	2,200	335	2,005	6.56	0.91
鐵山郡	659	234	3,702	2.81	5.62
泰川郡	615	278	6,084	2.21	9.89
平壤府	14,440	8,125	48,160	1.77	3.33
咸從縣	1,539	807	4,359	1.9	2.83
熙川郡	1,060	319	5,737	3.32	5.41
江界都護府	4,248	604	11,309	7.03	2.66
朔州都護府	394	222	3,583	1.77	9.09
成川都護府	2,999	1,068	9,714	2.8	3.24
肅川都護府	1,855	1,318	9,208	1.41	4.96
寧邊大都護府	2,906	1,121	14,625	2.59	5.03

함경도

	지역	인구수	호수	간전결수	호당 평균구수 (단위/명)	1인당 간전결수 (단위/결)
총계	함경도 (실제계산수)	66,978 (107,558)	14,739 (19,002)	130,413 (151,488)	4.54 (5.67)	1.95 (1.41)
	甲山郡	891	356	3,940	2.15	4.42
	鏡城郡	9,031	409	8,944	22.08	0.99
	高原郡	1,178	635	5,981	1.85	5.08
	吉州牧	14,819	1,673	12,833	8.85	0.86
	端川郡	2,731	832	9,277	3.28	3.40
	文川郡	953	450	3,103	2.11	3.26
	三水郡	348	113	620	3.07	1.78
	預原郡	2,698	494	3,682	5.46	1.36
	龍津縣	882	187	2,067	4.71	2.34
	宜川郡	850	303	4,446	2.8	5.23
	咸興府	8,913	3,538	27,774	2.51	3.12
	慶源都護府	3,233	291	2,182	11.1	0.67
	慶源都護府	5,271	1,162	4,096	4.53	0.78
	慶興都護府	5,058	402	2,283	12.58	0.45
	富寧都護府	2,294	262	2,913	8.75	1.27
	北靑都護府	4,459	1,539	11,044	2.89	2.48
	安邊都護府	3,997	1,030	13,957	3.88	3.49
	穩城都護府	3,637	800	2,970	4.54	0.82
	定平都護府	3,819	811	10,647	4.7	2.79
	鍾城都護府	21,815	900	4,347	24.24	0.2
	會寧都護府	2,157	624	3,853	3.45	1.79
	永興大都護府	8,524	2,191	10,529	3.89	1.23

표 2. 조선시대 지리지 풍속조(風俗條) 비교

(*진한 부분이 務農桑 지역)

		慶尙道地理志	世宗實錄地理志	新增東國輿地勝覽	嶺南地志	東國輿地志	輿地圖書
		風俗	風俗	風俗	風俗	風俗	風俗
경기도	楊州						農桑爲業
충청도	林川		種苧爲利	種苧爲利有畿內之遺俗		種苧爲利	民務農織
	韓山						織苧布爲利
	淸州					民務耕桑	
	天安					務農桑	務稼穡織造
	稷山						東南多種木花務織業
	舒川						務苧織
	鎭川						勤業農桑
	保寧						本業耕織
	鴻山						勤於蠶農
강원도	江陵			知種麻養蠶作綿布			知種麻養蠶作綿布
	高城			種麻不紡績常而爲網			
	蔚珍			務農桑		力農桑	務稼穡種桑麻
	歙谷						務稼穡種桑麻專以耕織爲業
	平海					不喜養蠶績麻爲衣	力農桑
	襄陽						務農桑
	淮陽						力稼穡 務絺綌
	狼川						專務農桑

		慶尙道地理志	世宗實錄地理志	新增東國輿地勝覽	嶺南地志	東國輿地志	輿地圖書
		風俗	風俗	風俗	風俗	風俗	風俗
경상도	安東	務農桑	尙勤儉務農桑	尙勤儉務農桑 夫耕婦蠶	務農桑		務農桑
	星州		尙華麗善女功	尙華麗善女功	善女功	善女功	善女功
	榮川	務蠶桑			務蠶桑		
	淸道	務蠶桑			務蠶桑		
	金山	善女功			善女功		
	大邱	務蠶桑			務蠶桑		民業耕織
	慶州						乙夜績麻
	豊基			民樂耕桑			民樂耕桑
	義城	務蠶桑		尙儉率務蠶桑	務蠶桑		尙儉率務蠶桑
	英陽						務蠶桑
	禮安	務蠶桑			務蠶桑		
	仁同	務蠶桑			務蠶桑		務農桑
	奉化	務蠶桑		尙節儉務蠶桑	務蠶桑		務蠶桑
	咸安					務農桑 農桑相雜	民務農桑
	晉州			農夫蠶婦 服其勤		農蠶服勤	農夫蠶婦服其勤
	盈德						民業耕織
	淸河						務耕織
	機長						尙農桑
	靈山						種桑栽竹
	南海						俗尙耕織
	開寧						勤綿農
	聞慶						務農桑

		慶尙道地理志	世宗實錄地理志	新增東國輿地勝覽	嶺南地志	東國輿地志	輿地圖書
		風俗	風俗	風俗	風俗	風俗	風俗
	長城		宜苧異乎他邑				
	益山						務農桑
	光州						力業農桑
	錦山			淳朴務農桑			
	礪山			尙儉務農桑			
	靈巖						務農桑
	靈光						民務農桑
	咸平						民本農桑
	求禮						農桑爲務
전라도	同福						勤於農桑
	高山						務農桑
	務安						本業耕織
	康津						務農桑
	樂安						務農桑
	潭陽						務農桑(補遺)
	礪山						務農桑(補遺)
	珍山						惟務農桑(補遺)
	金溝						務農桑(補遺)

		慶尙道地理志	世宗實錄地理志	新增東國輿地勝覽	嶺南地志	東國輿地志	輿地圖書
		風俗	風俗	風俗	風俗	風俗	風俗
황해도	延安						農桑爲本業
	黃州		務蠶桑	務農桑		務農桑	務蠶桑
	瑞興		山高多桑柘 蠶事爲業				本業農桑
	鳳山		土瘠多桑柘 蠶事爲業				務農勤桑
	安岳		務蠶桑				務農桑
	信川						銳赴農桑
	新溪						務蠶桑
	遂安		務蠶桑				務本業
	谷山		務蠶桑	務蠶桑		務蠶桑	務蠶桑
	新恩		務蠶桑				
	載寧		尙蠶桑				
	長淵		蠶桑魚鹽爲利	蠶桑魚鹽爲利		蠶桑魚 鹽爲利	農麻及魚鹽 爲業
	平山		務蠶桑				務桑麻
	牛峯		務蠶桑				
	兎山		尙蠶桑				農桑爲業 尙麻絲
	江陰		務蠶桑				
	豊川		務蠶桑				
	長連		尙蠶桑鹽鐵				務農桑
	松禾						桑麻爲業
	殷栗						力農桑

		慶尙道地理志	世宗實錄地理志	新增東國輿地勝覽	嶺南地志	東國輿地志	興地圖書
		風俗	風俗	風俗	風俗	風俗	風俗
평안도	成川					務田蠶	力田務蚕
	龍岡						男女勤於農桑
	龍川						勤於田蚕
	熙川						崇尙農桑
	博川						務農桑
	泰川						民業農桑
	理山						務桑農
	寧遠						務農桑
	江西						務農務織
	德川						惟務農桑
	順川						桑麻本業
	朔州						勤農桑
	祥原						崇尙農桑
	三登						力農桑務耕織
	陽德						務農桑
	孟山						務農桑
	江東						勤農桑
	殷山						務農桑
	安州						禮義田蚕
	定州						勤農桑
함경도	明川						資績麻奴僕及 貧人之執役
	定平						本業耕織
	文川						勤儉農桑
	北靑						男務農事 女執麻絲以資衣食
	端川						産生麻一種
	穩城						不尙蠶桑 惟以藝麻織布爲業
	慶源						織麻布以衣
	慶興						女服事于麻枲

표 3. 조선시대 지리지 토산조(土産條)에 보이는 의료작물

경기도

	世宗實錄地理志	新增東國輿地勝覽	攷事撮要	東國輿地志	興地圖書
	土宜	土産	土産	土産	物産(土産)
廣州	桑	絲 麻	絲 麻	絲 麻	
驪州		絲	絲	絲	
驪興	桑 麻				
利川	桑 麻				
楊根	桑 麻				
砥平	桑 麻				
陰竹	桑 麻				
陽智	桑 麻				
鐵原	桑 麻				
竹山				麻	
果川	桑 麻				
川寧	桑 麻				
水原	桑 麻				
富平	桑 麻				
南陽	桑 麻				
仁川	桑 麻				
安山	麻				
安城	桑 麻	絲 麻	絲 麻	絲 麻	
振威	桑 麻				
陽川	麻				
龍仁		絲 麻	絲 麻	絲 麻	絲 麻
金浦	桑 麻				
衿川	桑 麻				
陽城	桑 麻				

通津					
楊州	桑	絲麻	絲麻	絲麻	苧
坡州					
高陽	桑麻				
永平	桑麻				
原平	桑麻				
抱川	桑麻				
積城	桑麻				
交河	桑麻				
加平	桑麻				
長湍	桑麻	絲麻	絲麻	絲麻	
安峽	桑麻				
江華	桑麻				
豊德					
朔寧	桑麻	絲麻 蔥-고을 사람들이 파를 많이 심어 이익을 본다.	絲麻	絲麻	絲麻
麻田	桑麻	絲麻	絲麻	絲麻	絲麻
漣川	桑麻	絲麻	絲麻	絲麻	絲麻
喬桐	桑麻				
臨江	桑麻				
海豊	桑麻				

충청도

	世宗實錄地理志	新增東國輿地勝覽	攷事撮要	東國輿地志	輿地圖書
	土宜	土産	土産	土産	物産(土産)
忠州	桑				
清風	桑 柘	絲	絲	絲	
丹陽	桑 柘 麻				
槐山	桑 柘				
延豊	桑				
陰城	桑				
永春	桑				
堤川	桑				
清州	桑 柘				
天安	桑				
沃川	桑 柘				木花
文義					
稷山					
木川					
懷仁	桑				
清安	桑 柘				
鎭川					
報恩	桑				
永同	桑 麻				木花
黃澗					
靑山	桑 柘				
公州	桑				
林川	麻 木綿 苧	苧	苧	苧	苧

韓山	苧	苧	苧	苧	苧
全義					
定山	苧	苧	苧	苧	苧
恩津	桑				
懷德					
鎭岑	桑				
連山		苧	苧	苧	苧 升麻
尼山		苧	苧	苧	
扶餘	桑 苧	苧	苧	苧	苧
石城		苧	苧	苧	苧
燕歧	桑				木花
洪州	苧				
舒川	麻 苧	苧	苧	苧	苧
瑞山	苧 麻	苧		苧	
泰安					
沔川	、 桑	苧	苧	苧	
溫陽					
平澤					
鴻山		苧	苧	苧	苧
德山					
靑陽	苧	苧	苧		
大興					
庇仁	麻 苧				
藍浦	麻 苧				
結城					
保寧	木綿				
牙山					
新昌					
禮山					
海美	苧 麻				
唐津					
溫水	木綿				

강원도

	世宗實錄地理志	新增東國輿地勝覽	攷事撮要	東國輿地志	輿地圖書
	土宜	土産	土産	土産	物産(土産)
江陵	桑 麻 苧	苧	苧	苧 麻	苧
三陟	桑 麻 苧	苧	苧	苧 麻	
襄陽	桑 麻	苧	苧	苧	苧
平海	桑 麻				
杆城	桑 麻				升麻
高城	桑 麻				
通川	桑 麻				
蔚珍	桑 麻				
歙谷	桑 麻				
原州	桑 麻				
春川	桑 麻				
旌善	桑 麻				
寧越	桑 麻				
平昌	桑 麻				
麟蹄	桑 麻				
橫城	桑 麻				
洪川	桑 麻				
淮陽	桑 麻				麻
鐵原	桑 麻				
金城	桑 麻				
楊口	桑 麻				
狼川	桑 麻				
伊川	桑 麻				
平康	桑 麻				麻
金化	桑 麻				
安峽	桑 麻				

경상도

	慶尙道地理志 土宜耕種	世宗實錄地理志 土宜	新增東國輿地勝覽 土産	攷事撮要 土産	東國輿地志 土産	輿地圖書 物産(土産
慶州						
蔚山	麻	麻	苧	苧		苧
梁山						
永川	桑 麻 木綿	木綿 桑 麻				
興海	麻	麻				
東萊						
清河	麻	麻				
迎日						
長鬐						
機長						
彦陽						
安東	桑 麻	桑 麻	雪綿	雪綿		雪綿
臨河	桑 麻					
豊山	桑 麻					
一直	桑 麻					
吉安	桑 麻					
甘泉	桑 麻					
才山	桑 麻					
寧海	麻	桑 麻				
英陽	麻					
青杞	桑 麻					
青松	桑 麻	桑 麻				
醴泉	桑 麻	桑 麻	雪綿	雪綿		雪綿
榮川						
豊基						
義城	桑 麻	桑 麻	絹 綿	絲 綿		絲 綿
盈德						
奉化						
眞寶	桑 麻	桑 麻				

郡縣						
軍威				綿子	綿子	緜子
比安						
禮安	桑 麻	桑 麻		雪綿	雪綿	
龍宮						
大丘		麻 木綿				
壽城	麻					
解顔	麻 木綿					
密陽			麻			
淸道						
慶山						
河陽	木綿 麻	木綿 麻				
仁同	桑 麻	桑 麻				
玄風						
義興	桑 麻	桑 麻				
新寧	桑 麻	桑 麻				
靈山	麻	麻				
兼城	麻					
昌寧	桑 麻	桑 麻				
尙州	桑麻 木綿	木綿 桑 麻				
中牟	桑 麻					
靑里	桑 麻					
星州	木綿	木綿 桑 麻 靑苧				
加利	麻 紵 木綿					
花園	木綿					
八莒	桑 木綿					
善山	桑 麻	桑 麻				
海平	桑 麻					
金山	木綿	木綿				
開寧	木綿 桑	桑 木綿				
知禮						

高靈						
聞慶						
咸昌						
晉州	桑 麻 木綿	桑 麻 木綿				
班城	桑 麻 木綿					
永善	桑 麻 木綿					
岳陽	桑 麻 木綿					
興善	木綿					
陝川						
草溪	木綿					
咸陽						
昆陽						
南海	麻 木綿					
居昌						
泗川						
三嘉		桑 麻				
宜寧		桑 麻 苧 木綿	苧	苧	苧	苧
河東	桑 麻 木綿	桑 麻 木綿				
山陰		桑 麻 木綿				
安陰						
丹城						
金海	桑 麻	桑 麻				
熊神	桑 麻					
莞浦	桑 麻					
昌原	桑 麻	桑 麻				
咸安			苧	苧	苧	苧
巨濟						
固城						
漆原						
鎭海						
熊川						
順興	桑 麻	桑 麻				
昆南		木綿 麻				
珍城		桑 麻 木綿				

* 《東國輿地志》의 경우 경상좌도 36개가 누락됨.

전라도

	世宗實錄地理志	新增東國輿地勝覽	攷事撮要	東國輿地志	輿地圖書
	土宜	土産	土産	土産	物産(土産)
光州					
長城	桑 麻 木綿 苧	苧	苧	苧	苧
靈巖	麻				
靈光	麻 苧				
咸平	桑 麻 木綿 苧	苧	苧	苧	苧
高敞	木綿				
綾州					
光陽	麻 木綿				
求禮	桑 麻 木綿				
興陽					綿花
同福	桑 麻 木綿				
和順	桑 麻 木綿				
淳昌	桑 麻 木綿				
龍潭	桑 麻				桑麻 木花
昌平	桑 麻 木綿				
任實	桑 麻	苧	苧	苧	
茂朱	桑 麻				木花
鎭安	桑 麻				
谷城	桑 麻 木綿				木綿 麻
玉果	桑 麻 木綿				木花 麻
興德	木綿				
扶安	麻 苧		苧	苧	
沃溝	桑 麻				
龍安	桑 麻 苧				
咸悅	桑 麻 苧	苧	苧	苧	
高山	桑 麻 木綿	苧	苧		
泰仁	桑 麻 苧	苧	苧	苧	苧
羅州	桑 麻				
茂長	木綿				
南平	桑 麻				

務安	桑 麻 木綿				
長興	麻 木綿				
珍島					
康津	桑				
海南		苧	苧	苧	苧
雲峯	桑 麻				麻
鎭安					生麻
長水	桑 麻				升麻
順天	桑 麻	白苧	苧	苧	
茂珍	桑 麻 木綿				
樂安	桑 麻 木綿				
高興	桑 麻 木綿				
綾城	桑 麻 苧 木綿				
寶城	桑 麻 苧	苧	苧	苧	
海珍	桑 麻 木綿 苧				
珍原	桑 麻 木綿 苧	苧	苧	苧	
全州	木綿 桑 麻				
濟州					
南原	桑 麻 木綿				
潭陽	桑 麻 苧 木綿	苧	苧	苧	
礪山	桑 麻				
益山	桑 麻				
古阜	麻				
錦山	桑 麻				
珍山	桑 麻				
金堤	麻	苧	苧	苧 笠(人造絲笠爲業)	
大靜					
旌義					
臨陂	桑 麻				
萬頃	苧 麻				
金溝	麻 苧 木綿	苧	苧	苧	
井邑	桑 麻 木綿	苧	苧	苧	苧

황해도

	世宗實錄地理志	新增東國輿地勝覽	攷事撮要	東國輿地志	輿地圖書
	土宜	土産	土産	土産	物産(土産)
黃州	桑 麻	絲	絲	絲	絲
平山	麻	絲	絲		
瑞興		絲 麻	絲 麻	絲 麻	絲 麻
鳳山		絲 麻	絲 麻	絲 麻	絲 麻
安岳	桑 麻	絲 麻	絲 麻	絲 麻	繭絲 綿
載寧		絲 麻	絲 麻	絲 麻	
遂安		絲 麻	絲 麻	絲 麻	麻
谷山		絲 麻	絲 麻	絲 麻	繭絲 麻
信川		絲 麻	絲 麻	絲 麻	絲 麻 木綿
新溪					繭絲
牛峰	麻				
文化		絲 麻	絲 麻	絲 麻	絲 麻
兎山	桑 麻				
長連					繭絲 綿
海州		絲 麻	絲 麻	絲 麻	麻
延安					
豊川	麻	絲 麻	絲 麻	絲 麻	麻
白川					
瓮津	苧 麻	絲 麻	絲 麻	絲 麻	絲 麻
松禾	桑 麻				麻 絲
殷栗	桑 麻	絲 麻	絲 麻	絲 麻	絲 麻
江陰					
康翎	苧 麻	苧 麻	苧 麻	苧 麻	麻
長淵	麻	絲 麻	絲 麻	絲 麻	絲 麻
金川					紡績繭絲木綿

평안도

	世宗實錄地理志	新增東國輿地勝覽	攷事撮要	東國輿地志	輿地圖書
	土宜	土 産	土産	土産	物産(土産)
平壤	桑 麻	絲 麻	麻 絲	絲 麻	絲 麻
中和	桑 麻	絲 麻	絲 麻	絲 麻	麻(昔有今無)
龍岡	桑 麻	絲 麻	絲 麻	絲 麻	絲
三和	桑 麻	絲	絲	絲	桑 蠶絲 綿花
咸從	桑 麻	絲	絲 麻	絲	絲
甑山	桑 麻	絲	絲	絲	絲
順安	桑 麻	絲 麻	絲 麻	絲 麻	絲 麻
江西	桑 麻	絲 麻	絲 麻	絲 麻	木綿
安州	桑 麻	絲 麻	絲 麻	絲 麻 雪綿	絲 麻
定州	桑 麻	絲 麻	絲 麻	絲 麻	絲 麻
肅川	桑 麻	絲 麻	絲 麻	絲 麻	絲 麻
嘉山	桑 麻	絲 麻	絲 麻	絲 麻	絲 麻
永柔	桑 麻	絲 麻	絲 麻	絲 麻	絲 麻
義州	桑 麻	絲 麻	絲 麻	絲 麻	絲 麻
鐵山	桑 麻	絲 麻	絲 麻	絲 麻	絲 麻
龍川	桑 麻	絲 麻	絲 麻	絲 麻	絲 麻
昌城	桑 麻	絲 麻	絲 麻	絲 麻	絲 麻
朔州	桑 麻	絲 麻	絲 麻	絲 麻	絲 麻
龜城		絲 麻	絲 麻	絲 麻	
宣川	桑 麻	絲 麻	絲 麻	絲 麻	絲 麻 木綿
郭山	桑 麻	絲 麻	絲 麻	絲 麻	絲 麻 木綿花
寧邊	桑 麻	絲 麻	絲 麻	絲 麻 雪綿	絲 麻
雲山	桑 麻	絲 麻	絲 麻	絲 麻	絲 麻
熙川	桑 麻	絲 麻	絲 麻	絲 麻	絲 麻

博川	桑 麻	絲 麻	絲 麻	絲 麻	絲 麻
泰川	桑 麻	絲 麻	絲 麻	絲 麻	
成川	桑 麻	絲 麻	絲 麻	絲 麻	絲 麻
德川	桑 麻	絲 麻	絲 麻	絲 麻	絲 麻
价川	桑 麻	絲 麻	絲 麻	絲 麻	絲 麻
慈山	桑 麻	絲 麻	絲 麻	絲 麻	絲 麻
順川	桑 麻	絲 麻	絲 麻	絲 麻	蠶絲 麻
祥原	桑 麻	絲 麻	絲 麻	絲 麻	絲 麻 木綿
三登	桑 麻	絲 麻	絲 麻	絲 麻	絲 麻
陽德	桑	絲 麻	絲 麻	絲 麻	麻 絲
孟山	桑 麻	絲 麻	絲 麻	絲 麻	絲 麻
江東	桑 麻	絲 麻	絲 麻	絲 麻	綿絲
殷山	桑 麻	絲 麻	絲 麻	絲 麻	絲 麻
江界	桑 麻	絲 麻	絲 麻	絲 麻	
渭原	桑 麻	絲 麻	絲 麻	絲 麻	麻絲 木花
理山	桑 麻	絲 麻	絲 麻	絲 麻	絲 麻
碧潼	桑 麻	絲 麻	絲 麻	絲 麻	絲 麻 木綿花
寧遠		麻	麻	麻	麻
麟山	桑 麻				
閭延	麻				
慈城					
茂昌					
虞芮					
隨川	桑 麻				
定寧	桑 麻				

함경도

	世宗實錄地理志	新增東國輿地勝覽	攷事撮要	東國輿地志	輿地圖書
	土宜	土産	土産	土産	物産(土産)
咸興	桑 麻	絲 麻	絲 麻	絲 麻	絲 麻
永興	桑 麻	絲 麻	絲 麻	絲 麻	麻 絲
定平	桑 麻	絲 麻	絲 麻	絲 麻	絲 麻
高原	桑 麻	絲 麻	絲 麻	絲 麻	絲 麻
安邊	麻	絲 麻	絲 麻	絲 麻	麻絲 繭絲 布 綿紬
宜川	麻				
德源		絲 麻	絲 麻	絲 麻	絲 麻
文川	桑 麻	絲 麻	絲 麻	絲 麻	絲 麻
預原	桑 麻				
北青	桑 麻	絲 麻	絲 麻	絲 麻	麻絲 蠶絲
端川		絲 麻	絲 麻	絲 麻	絲 麻
利城		絲 麻	絲 麻	絲 麻	麻絲
洪原		絲 麻	絲 麻	絲 麻	
甲山		麻	麻	麻	麻
三水	桑	麻	麻	麻	麻
鏡城		麻	麻	麻	麻
吉城		絲 麻	絲 麻	絲麻	絲 麻
明川		絲 麻	絲 麻	絲 麻	麻絲
慶源	麻	麻	麻	麻	麻
會寧		麻	麻	麻	麻
鍾城	麻	麻	麻	麻	
穩城	麻	麻	麻	麻	麻
慶興	麻	麻	麻	麻	麻
富寧	麻	麻	麻	麻	麻
茂山					細布

양잠 관련 용어

가상(家桑) : 집에서 재배하는 뽕나무.

고치[繭] : 누에가 번데기로 변할 때에 실을 토하여 제 몸을 둘러싸서 만든
둥글고 길쭉한 모양의 집으로 명주실을 뽑아내는 원료가 된다.

농가월령(農家月令) : 광해군 11년(1619)에 고상안(高尙顔)이 지은 농사 교
본(農事敎本)이다. 서(序)와 농사에 관한 모든 사항, 그리고 1월부터
12월까지의 농가월령, 농가의 행사, 약방(藥方) 등에 관한 내용이 기
술되어 있다. 경상도 상주·문경의 농가 습속이나 농사 관행이 담겨
있다.

농상집요(農桑輯要) : 원(元) 세조의 명을 받아 사농사(司農司)에서 《제민
요술》(齊民要術) 등 옛날부터 전해 내려오는 농서를 두루 참고하여
정리한 농서이다. 고려시대에 들어와 우리나라 농서에 가장 많은 영향
을 주었으며, 《농사직설》(農事直說)이나 《농가집성》(農家集成) 등
에도 영향을 끼쳤다. 태종 14년 태종의 명으로 이행(李行)과 곽존중
(郭存中)에 의해 이두로 번역되었다.

도회잠실(都會蠶室) : 각 도에 설치된 지방잠실을 지칭하는 용어.(《경국대
전》 권2 호전 잠실) 정극인(1401~1481)의 《불우헌집》(不憂軒集; 卷
2 致仕後陳弊疏. "各道都蠶室廢立形止 則臣未之知也 姑以泰仁縣都
蠶室之事 觀之 革之已久 桑木老朽殆盡 桑田盡爲民田 已入於量田之
案 民資以生久矣 今辛卯年爲始 復立都蠶室.";《한국문집총간》9집,

30쪽)에 도잠실(都蠶室)로 일컬어지는 것으로 보아 도잠실로도 불렸다. 황해도 개성, 경기도 양근·가평, 충청도 청풍, 경상도 의성, 전라도 태인, 황해도 수안, 강원도 홍천에 설치되었다.

동해주(東海紬) : 서주(西紬), 동해주(銅海紬)라고도 부르는데, 날실과 씨실이 아주 세밀하여 1필의 부피가 한 주먹에 들어올 정도로 적어 최고의 명주로 손꼽힌다.[《이재난고》(頤齋亂藁) 5책 27권, 11월 18일(甲辰), "所謂西紬者 亦曰銅海紬 經緯極甚細密 一匹之卷 可容一握 在東國冠絶者也."]

명주(明紬) : 명주실로 짠 향직 명주.

뽕[桑] : 양잠의 원료. 신라시대부터 뽕나무를 재배한 것으로 알려지고 있으며, 고려시대에도 마을마다 일정한 수의 뽕나무를 심게 하였다는 기록이 있다. 가지를 상지(桑枝), 잎을 뽕잎[桑葉], 열매인 오디를 상감자(桑椹子), 뿌리껍질을 상백피(桑白皮)라 부르고 약재로도 쓰인다.

사라능단(紗羅綾緞) : 중국에서 수입한 중국산 비단.

사시찬요초(四時纂要抄) : 중국 당대(唐代) 한악(韓鄂)이 지은 《사시찬요》에서 필요한 사항을 발췌하고 조선의 농업과 관련된 사항을 추가하여 편찬한 조선 전기의 농서이다. 강희맹이 편찬하였으며, 곡식류의 재배법에 중점을 둔 《농사직설》과는 달리, 채소·목면·홍화(紅花)·양잠·양봉·가축·과목 등에 관해 상세히 기술하고 있다.

산가요록(山家要錄) : '농촌에 필요한 기록'이라는 뜻으로, 조선전기의 의관(醫官)인 전순의(全循義)가 《농상집요》(農桑輯要)에서 초록한 농서이자 요리책이다.

산림경제(山林經濟) : 조선 숙종 때 실학자 홍만선(洪萬選)이 엮은 농서 겸 가정생활서이다. 내용은 복거(卜居), 섭생(攝生), 치농(治農), 치포(治圃), 종수(種樹), 양화(養花), 양잠(養蠶), 목양(牧養), 치선(治膳), 구급(救急), 구황(救荒), 벽온[陽瘟], 벽충법[陽蟲法], 치약(治藥), 선택(選擇), 잡방(雜方) 등 열여섯 항목에 걸쳐서 서술하고 있다.

삼면잠(三眠蠶) : 세 번 허물을 벗은 뒤에 고치를 짓는 누에를 말하며, 조선시대 누에는 삼면잠이다.

산상(山桑) : 산이나 들의 야생 뽕나무.

상심(桑椹) : 뽕나무의 열매인 오디를 말한다. 상감자(桑堪子)라고도 하며 식용 또는 약재로 쓰인다.

선잠단(先蠶壇) : 선잠제를 지내는 단.

선잠제(先蠶祭) : 조선시대에 양잠(養蠶)을 장려하기 위하여 행하던 의식. 조선시대에는 1400년(정종 2)부터 지냈으며, 매년 3월 초사일(初巳日)에 행한다.

섶(蔟) : 누에를 올리는 도구.

소차(繰車) : 고치 켜는 기구.

수견(收繭) : 고치를 거두어 들이는 일.

수주(水紬) : 최상품의 명주.

양잠경험촬요(養蠶經驗撮要) : 태종 15년(1415)에 태종의 명에 따라 원나라의 농서인 《농상집요》에서 양잠 부분을 발췌하여 이두로 번역한 책이다. 우대언(右代言) 한상덕(韓尙德)이 이두로 번역하였고, 경상도관찰사인 안등(安騰)이 주선하여 경주에서 간행하였다.

영초견직(英綃絹織) : 영초(英綃)는 견직물의 하나로 모초(毛綃)보다 품질은 낮으나 바닥이 곱고 광택이 있다. 여름용 옷감에 많이 사용된다.

오디[桑堪子] : 뽕나무의 열매로 날것으로 먹거나 술을 담가 먹는다. 상감자(桑堪子)라고도 하며 강장제·발모촉진제 및 빈혈 예방 약재로 사용한다.

옹(甕) : 고치를 켜기 위해 뜨거운 물을 담는 단지.

율도(栗島) : 한강 근처 밤섬. 조선시대 궁궐의 잠실에서 소용되는 뽕나무를 재배하는 곳이다.

임원경제지(林園經濟志) : 조선 후기 실학자 서유구(徐有榘)가 저술한 박물학서로 《임원십육지》 또는 《임원경제십육지》라고도 한다. 전원생활을 하는 선비에게 필요한 지식과 기술, 그리고 기예와 취미를 기르는 백과전서로, 생활과학서의 성격을 지니고 있다. 전공지(展功志,

권28~32)에서 뽕나무 재배를 비롯해 옷감과 직조 및 염색 등을 설명하고 있다.

잠농요어(蠶農要語) : 조선 중기 사대부 남급(南礏)이 지었다고 전해지는 양잠 전문서적이다. 《잠농요어》(蠶農要語)는 서명 그대로 양잠의 핵심 기술을 정리한 책으로 생각되는데, 본문은 전해지지 않고 서(序)만 남아 있다.

잠련(蠶連) : 누에가 알을 낳아 놓은 종이. 잠종지(蠶種紙), 잠란지(蠶卵紙)라고도 한다.

잠모(蠶母) : 조선시대 잠실에서 누에를 치던 여성으로, 각사 관노비 가운데에서 선발하였다.

잠박(蠶箔) : 누에를 기르는 채반.

잠분(蠶糞) : 누에똥.

잠실 : 왕비의 양잠을 위해 대궐 내에 설치한 장소로서, 창덕궁·경복궁에 설치하였다. 연희궁·아차산·낙천정·원단동에도 잠실을 설치하여 대궐에서 관리를 하였다.

잠아(蠶蛾) : 누에나방.

잠종(蠶種) : 누에종자. 누에씨.

장종수견의궤(藏種受繭儀軌) : 친잠 후 왕비가 고치를 거두던 의식절차에 대해 기록이다. 1767년 5월 영조 계비 정순후(貞純后)의 수견의식에 대해 기록하였다.

적견(摘繭) : 고치 수확.

적상군(摘桑軍) : 국영잠실에 소속되어 뽕잎을 채취하는 군사를 가리킨다.

정주(鼎紬) : 좋은 품질[上品]의 명주.

종련(種連) : 잠종지(蠶種紙), 잠란지(蠶卵紙)라고도 부르며, 누에나방이 알을 낳아 놓은 종이를 말한다.

직기(織機) : 명주를 짜는 베틀.

촬요신서(撮要新書) : 조선 전기의 문신 박흥생(朴興生)이 《범승지서》(汎勝之書), 《음양서》(陰陽書), 《지림》(志林) 등에서 초록한 책이다. 인간의 출생에서 사망·장례·제사·입택·경가(耕稼)·잠상(蠶桑) 등 일상생활에 관계되는 일에 대해 자세히 서술하였다.

친잠단(親蠶壇) : 왕비가 친잠의식을 거행하는 단. 왕비가 뽕잎을 채취하는 장소라 채상단(採桑壇)이라고도 한다. 1477년(성종 8) 8월에 예문관으로 하여금 친잠하던 선례를 조사하도록 하고, 1478년에 우부승지 손순효(孫舜孝)의 진언에 따라 창덕궁 후원에 채상단을 설치하였다. 그 규모는 둘레가 2장(丈) 3척(尺), 높이 2척 7촌이다.

친잠례(親蠶禮) : 조선시대 왕비가 몸소 누에를 치고 고치를 거두던 일련의 의식. 백성에게 양잠의 중요성을 인식시키고 이를 널리 장려하고자 거행하였다.

친잠의궤(親蠶儀軌) : 왕비의 친잠의식의 절차를 기록한 것으로, 1767년(영조 43) 3월에 만들어졌다. 창덕궁 주합루(宙合樓) 서편에는 왕비가 친히 누에를 기르던 친잠실(親蠶室, 일명 書香閣)이 남아 있어서 순종왕후 윤비가 1924년까지 이곳에서 친잠례를 행하였다는 기록이 있다.

한정록(閑情錄) : 조선 중기에 허균(許筠)이 중국의 여러 책에서 은둔과 한적(閑適)에 관한 내용을 종류에 따라 발췌하여 편찬한 책이다. 권16 치농(治農)은 중국의 농서(農書)와 견문을 바탕으로 직접 저술한 것으로, 양잠 조항이 기술되어 있다.

항라견직(亢羅絹織) : 얇고 통기성이 풍부하여 여름용 옷감으로 많이 쓰였다. 항라는 여러 올의 위사 사이에 경사를 꼬아 위사와 조직하여 짠 비단을 말한다.

참고문헌

1. 사 료

1) 연대기 및 법전류
《各司受教》《受教輯錄》《經國大典》《大典續錄》《大典後續錄》《大典會通》
《增補文獻備考》《高麗史》《朝鮮王朝實錄》《備邊司謄錄》《承政院日記》

2) 문집류
高尙顔(1553~1623) 《泰村集》
金宗直(1431~1492) 《佔畢齋集》
南礏 (1592-1671) 《由由軒遺稿》(국립 古朝43-가-56)
李元翼(1547~1634) 《梧里集》
憑虛閣 李氏(1759~1824) 《閨閤叢書》
徐有榘(1764~1845) 《林園經濟志》
魚叔權(?~?미상) 《攷事撮要》
柳成龍(1542~1607) 《西厓集》
柳彭老(1554~1592) 《月坡集》
李圭景(1788~?) 《五洲衍文長箋散稿》
李山海(1539~1609) 《鵝溪遺稿》
李承召(1421~1484) 《三灘集》
李惟泰(1607~1684) 《庭訓》,《草廬全集》
李瀷(1681~1763) 《星湖僿說》
李珍(1555~1629) 《市隱堂先生文集》
李恒福(1556~1618) 《白沙集》
李滉(1501~1570) 《陶山全書》

丁克仁(1401~1481) 《不憂軒集》
丁壽崗(1454~1527) 《月軒集》

3) 야사류
《大東野乘》《稗林》

4) 일기
權文海(1534~1591) 《草間日記》
權鼈(?~?) 《竹所日記》
金坽(1577~1641) 《溪巖日錄》
남평 조씨(1574~1645) 《丙子日記》
盧尙樞(1746~1829) 《盧尙樞日記》
吳希文(1539~1613) 《瑣尾錄》
柳希春(1513~1577) 《眉巖日記》
李聃命(1646~1701) 《日錄》
李命龍(1708~1789) 《戒日軒日記》
李文楗(1495~1567) 《默齋日記》, 《養兒錄》
李庭檜(1542~1612) 《松澗日記》
李珍(1555~1629) 《市隱堂日記》
李偁(1535~1600) 《篁谷先生日記》
鄭慶雲(1556~?) 《孤臺日錄》
黃胤錫(1729~1791) 《頤齋亂藁》

5) 농서류
姜希孟 《四時纂要抄》(1482~1483), 高尙顔 《農家月令》(1619)
朴興生 《撮要新書》(1415~1429), 徐浩修 《海東農書》
申洬 《農家集成》(1655), 全循義, 《山家要錄》(1450년대)
鄭招 등 《農事直說》(1429), 韓尙德 《養蠶經驗撮要》(1415)
許筠 《閑情錄》(1610~1618?), 洪萬選 《山林經濟》
《農桑輯要》(元, 1273년)

320

6) 간찰류

《순천김씨묘출토 간찰》(16세기)

《진주하씨묘출토 현풍곽씨언간》[선조 35(1602)~인조 24(1646)]

7) 고서류

《御製耕蠶記意》(장K4-1078), 《親蠶儀軌》(규14543)

8) 전국지리지 및 읍지류

《慶尙道地理志》, 《世宗實錄地理志》, 《新增東國輿地勝覽》, 《嶺南地志》

《輿地圖書》, 《東國輿地志》, 《湖山錄》(서산), 《永嘉誌》(안동), 《昇平志》(순천)

《咸州志》(함안), 《一善志》(선산), 《擇里志》

2. 연구논저

1) 저서

姜萬吉, 《朝鮮後期 商業資本의 發達》, 고려대학교출판부, 1973

高承濟, 《近世韓國産業史研究》, 대동문화사, 1959

權丙卓, 《李朝末期의 農村織物手工業研究》, 영남대 산업경제연구소, 1969

權泰檍, 《韓國近代綿業史研究》, 일조각, 1989

金文浹, 《蠶學槪要》, 부민문화사, 1975

金柄夏, 《朝鮮前期 對日貿易 研究》, 한국연구원, 1969

金蓮玉, 《한국의 기후와 문화》, 이화여대출판부, 1985

김대길, 《조선후기 장시연구》, 국학자료원, 1997

金榮鎭, 《農林水産 古文獻 備要》, 한국농촌경제연구원, 1982

김영진, 《朝鮮時代前期農書》, 한국농촌경제연구원, 1984

김영진·이은웅, 《조선시대 농업과학기술사》, 서울대출판부, 2000

金容晩, 《朝鮮時代 私奴婢研究》, 집문당, 1997

金容燮, 《朝鮮後期農業史研究》, 일조각, 1971

———, 《韓國近代農業史研究─農業改革論·農業政策》, 일조각, 1975

———, 《朝鮮後期農學史研究》, 일조각, 1988

──────, 《增補版 朝鮮後期農業史硏究 Ⅱ》, 일조각, 1990

──────, 《韓國中世農業史硏究—土地制度와 農業開發政策》, 지식산업사, 2000

──────, 《新訂 增補版 韓國近代農業史硏究》, 지식산업사, 2004

金泰永, 《朝鮮前期 土地制度史硏究》, 지식산업사, 1983

김현영, 《조선시대의 양반과 향촌사회》, 집문당, 1999

대한잠사회, 《蠶絲會史 25年史》, 1971

閔成基, 《朝鮮農業史硏究》, 일조각, 1988

朴慶龍, 《漢城府硏究》, 국학자료원, 2000

박소동 역, 《(국역) 親耕·親蠶儀軌》, 민족문화추진회, 1999

박평식, 《朝鮮前期商業史硏究》, 지식산업사, 1999

백승철, 《조선후기 상업사 연구》, 혜안, 2000

──────, 《朝鮮後期 商業史硏究—商業論·商業政策》, 혜안, 2000

안병직 외, 《맛질의 농민들》, 일조각, 2001

吳 星, 《朝鮮後期 商人硏究—17·8世紀 人蔘·木材·米穀·鹽商의 活動을 중
       심으로》, 일조각, 1989

위은숙, 《高麗後期 農業經濟硏究》, 혜안, 1998

이범직, 《한국중세 禮사상 연구》, 일조각, 1991

이성주 역주, 《養兒錄—16세기 한 사대부의 체험적 육아일기》, 태학사, 1997

李樹健, 《韓國中世社會史硏究》, 일조각, 1984

──────, 《嶺南學派의 形成과 展開》, 일조각, 1995

이영훈, 《朝鮮後期 社會經濟史》, 한길사, 1988

이은순, 《朝鮮後期黨爭史硏究》, 일조각, 1988

이존희, 《朝鮮時代地方行政制度硏究》, 일지사, 1990

──────, 《조선시대의 한양과 경기》, 혜안, 2001

李宗峯, 《韓國中世度量衡制硏究》, 혜안, 2001

이철수, 《《養蠶經驗撮要》의 이두연구》, 인하대출판부, 1989

이태진, 《韓國社會史—農業技術 發達과 社會變動》, 지식산업사, 1986

──────, 《朝鮮儒敎社會史論》, 지식산업사, 1989

李鎬澈, 《朝鮮前期農業經濟史》, 한길사, 1986

장국종, 《조선농업사》1, 백산자료원, 1998

張存武 저/ 김택중 외 옮김, 《근대 한중무역사》, 교문사, 2001

전석담·허종호·홍희유, 《조선에서 자본주의적 관계의 발생》, 이성과현실, 1989
鄭奭鍾, 《朝鮮後期社會變動研究》, 일조각, 1983
鄭成一, 《朝鮮後期 對日貿易》, 신서원, 2000
조항범 역, 《순천김씨묘 출토간찰》, 태학사, 1998
趙孝順, 《韓國服飾風俗史研究》, 일지사, 1988
池斗煥, 《朝鮮前期 儀禮研究―性理學 正統論을 中心으로》, 서울대출판부, 1994
崔完基, 《朝鮮時代 서울의 經濟生活―서울학敎養叢書 1》, 서울학연구소, 1994
韓永愚, 《朝鮮前期社會經濟研究》(韓國文化叢書 22), 을유문화사, 1983
홍순민, 《우리 궁궐 이야기》, 청년사, 1999
홍희유, 《조선중세수공업사연구》, 지양사, 1989

2) 논문
권병탁, 〈명주짜기〉, 《민족문화논총》 9, 영남대 민족문화연구소, 1988
김건태, 〈16세기 在地士族의 農莊經營에 대하여―안동지방을 중심으로〉, 《성대
　　　사림》 7, 1991
―――, 〈16世紀 兩班地主層의 農業經營과 農民層의 동향〉, 성균관대 대학원 사
　　　학과 박사학위논문, 1997
김경숙, 〈16세기 사대부 집안의 제사설행과 그 성격―李文楗의 묵재일기를 중심
　　　으로〉, 《韓國學報》 98, 2000
김동진, 〈16세기 중엽 星州地方 李文楗家의 水田農業〉, 《지방사와 지방문화》 4
　　　권 1호, 2001
김상태, 《農事直說》과 朝鮮 初期의 農業實態〉, 인하대 대학원 사학과 박사학위
　　　논문, 2000
金盛祐, 〈16세기 農庄의 발달과 士族層의 성장〉, 《大丘史學》 54, 1997
―――, 〈16세기 중반 국가의 軍役동원방식과 星州 士族層의 대응〉, 《조선시대사
　　　학보》 18, 2001
김세은, 〈高宗初期(1863~1873) 國家儀禮 시행의 의미〉, 《조선시대사학보》 31,
　　　2004
김연옥, 〈역사속의 소빙기〉, 《역사학보》 149, 1996
김영진, 〈《농상집요》(農桑輯要)와 《산가요록》(山家要錄)〉, 《농업사연구》 2권 1
　　　호, 2003

──────, 〈《산가요록》 해제〉, 《고농서국역총서(8) 山家要錄》, 농촌진흥청, 2004

김영희, 〈개항후(1876~1905) 잠업진흥책의 일연구〉, 이화여대 대학원 석사학위
　　　논문, 1986

金容燮, 〈農家月令의 農業論〉, 《동방학지》 54·55·56합집, 1987

──────, 〈《農書輯要》의 農業技術〉, 《世宗學硏究》 2, 1987

──────, 〈《農事直說》과 《四時纂要》의 木綿耕種法 증보〉, 《동방학지》 57, 1988

──────, 〈朝鮮後期 兩班層의 農業生産―自作經營의 事例를 중심으로〉, 《동방학
　　　지》 64, 1989

──────, 〈農家月令의 農業論〉, 《동방학지》 54·55·56합집, 1997

──────, 〈세종조의 농업 기술〉, 《세종문화사대계》 2(과학), 세종대왕기념사업회,
　　　2000

김의환, 〈釜山倭館貿易の硏究―15世紀から17世紀にかけての貿易形態を中心
　　　に〉, 《朝鮮學報》 127, 1988

金貞子, 〈騎牛子 李行(1351~1432)의 생애와 학풍〉, 《釜大史學》 19, 1995

김준석, 〈조선후기 국가재조론의 대두와 그 전개〉, 연세대 사학과 박사학위논문,
　　　1990

김지영, 〈《親耕儀軌》 해제〉, 《친경의궤》 규장각자료총서 의궤 편, 규장각, 2001

──────, 〈영조대 친경의식의 거행과 《친경의궤》〉, 《한국학보》 107, 2002

김태영, 〈朝鮮初期 祀典의 成立에 對하여〉, 《역사학보》 58, 1973

──────, 〈朝鮮前期 小農民經營論〉, 《한국고대·중세의 지배체제와 농민》(김용
　　　섭교수정년기념논총 2), 지식산업사, 1997

김항수, 〈조선 전기의 성리학〉, 《한국사》 8, 1994

김해영, 〈朝鮮初期 祀典에 관한 硏究〉, 한국정신문화연구원 박사학위논문, 1994

金炫榮, 〈조선시기 '士族支配體制論'의 새로운 전망―16세기 慶尙道 星州地方을
　　　소재로 하여〉, 《韓國文化》 23, 1999

──────, 〈16세기 한 양반의 일상과 재지사족〉, 《조선시대사학보》 18, 2001

김혜수, 〈日帝下 養蠶農民의 社會的 存在形態―日本 獨占資本의 朝鮮農村支配
　　　와 관련하여〉, 이화여대 대학원 석사학위논문, 1989

김　호, 〈16세기말 17세기 초 '疫病' 발생의 추이와 대책〉, 《한국학보》 71, 1993

김호종, 〈17세기 賑恤廳과 賑恤政策에 관한 연구〉 《國史館論叢》 57, 1994

김훈식, 〈15세기 민본이데올로기와 그 변화〉, 《역사와 현실》 창간호, 1989

남미혜, 〈16世紀 勸蠶政策과 養蠶業에 대한 一考察〉, 《이대사원》 26, 1992

―――, 〈朝鮮前期 綿業政策과 綿布의 生産〉, 《국사관논총》 80, 1998

―――, 〈15・16세기 服飾奢侈의 유행과 국가의 대응책―紗羅綾緞을 중심으로〉, 《이화사학연구》 27, 2000

―――, 〈조선초기 농상정책의 수립과 양잠의례의 정비〉, 《이화사학연구》 29, 2002

―――, 〈16세기 사대부 이문건가의 양잠업경영에 대한 一研究―《默齋日記》를 중심으로〉, 《조선시대사학보》 26, 2003

―――, 〈조선시대 특수직 여성 蠶母〉, 《여성과 역사》 2, 2005

―――, 〈17세기 양잠정책의 추이와 양잠업의 성장〉, 《사학연구》 88, 2007

―――, 〈18세기 蠶桑으로 치산한 전주이씨〉, 《여성과 역사》 9, 2008

―――, 〈18세기 영조대 양잠정책과 양잠업〉, 《한국문화》 16, 이화여대, 2009

민길자, 〈織物의 種類에 關한 研究―古代로부터 朝鮮時代까지〉, 《教育論叢》 6, 국민대, 1986

민성기, 〈《農家月令》과 16세기의 農法〉, 《釜大史學》 9, 1985

朴慶龍, 〈蠶室考〉, 《향토서울》 43, 1985

―――, 〈朝鮮前期의 蠶業 研究〉, 《국사관논총》 12, 1990

박구병, 〈수산업〉, 《한국사》 24, 국사편찬위원회, 1994

박근필, 〈17세기 小氷期 기후 연구의 현황과 과제〉, 《대구사학》 80, 2005

박도식, 〈조선전기 공납제 연구〉, 경희대 대학원 사학과 박사학위논문, 1995

박평식, 〈조선전기의 개성상업과 개성상인〉, 《한국사연구》 102, 1998

―――, 〈조선초기의 상업인식과 억말책〉, 《동방학지》 104, 1999

박현순, 〈16~17세기 貢納制 운영의 변화〉, 《韓國史論》 38, 1997

백두현, 〈진주하씨묘 출토 〈현풍곽씨 언간〉 판독문〉, 《어문논총》 31, 경북어문학회, 1997

白承哲, 〈16세기 富商大賈의 성장과 상업활동〉, 《역사와 현실》 13, 1993

―――, 〈16世紀 地主 剩餘物의 商品化와 流通經濟의 變化〉, 《東方學志》 86, 1994

―――, 〈16세기 商業 발달과 流通構造의 변동〉, 《한국 고대・중세의 지배체제와 농민》(김용섭교수정년기념논총 2), 지식산업사, 1997

서성호, 〈15세기 서울 都城의 상업〉, 《서울학연구총서》 7, 1998

송재선, 〈16世紀 綿布의 貨幣機能〉, 《邊太燮博士華甲紀念史學論叢》, 삼영사, 1985

송재용, 〈여류문인 송덕봉의 생애와 문학〉, 《국문학논집》 15, 단국대, 1997

須川英德, 〈開港期朝鮮における絹業について—その商品生産の實狀の解明〉, 《朝鮮學報》 127, 1988

안승준, 〈16세기 李文楗家의 奴婢使喚과 身貢收取—默齋日記를 중심으로〉, 《古文書研究—南豊鉉·李樹健敎授 停年紀念特輯號》 16·17, 1999

———, 〈朝鮮前期 私奴婢의 社會經濟的 性格〉, 한국정신문화연구원 박사학위논문, 2000

염정섭, 〈15~16세기 水田農法의 전개〉, 《韓國史論》 31, 1994

———, 〈조선시대 일기류 자료의 성격과 분류〉, 《역사와 현실》 24, 1997

———, 〈朝鮮時代 農書 編纂과 農法의 발달〉, 서울대 대학원 국사학과 박사학위논문, 2000

오종록, 〈15세기 자연재해의 특성과 대책〉, 《역사와 현실》 5, 1991

우인수, 〈朝鮮後期 한 士族家의 生活樣式〉, 《朝鮮時代史學報》 12, 2000

이경식, 〈16世紀 場市의 成立과 그 基盤〉, 《韓國史研究》 57, 1987

이광린, 〈鮮初의 養蠶業〉, 《趙明基博士華甲紀念論叢》, 1965

———, 〈養蠶經驗撮要에 대하여〉, 《역사학보》 28, 1965

이배용, 〈유교적 전통과 변형 속의 가족윤리와 여성의 지위〉, 《여성학논집》 12, 1995

이병희, 〈15세기 토지소유와 농민〉, 《역사와 현실》 5, 1991

이성임, 〈조선중기 吳希文家의 商行爲와 그 성격〉, 《朝鮮時代史學報》 8, 1999

———, 〈16세기 李文楗家의 收入과 經濟生活〉, 《국사관논총》 97, 2002

이수건, 〈朝鮮初期 戶口研究〉, 《영남대학교 논문집》 5, 1971

이순구, 〈조선초기 여성의 생산노동〉, 《국사관논총》 49, 1993

———, 〈조선시대 양반가 여성의 일상생활 일례 I —병자일기를 중심으로〉, 《조선시대의 사회와 사상》, 조선사회연구회, 1998

이숭녕, 〈蠶室研究〉, 《한국학 문헌연구의 현황과 전망》, 아세아문화사, 1983

이영학, 〈조선후기 상품작물의 재배〉, 《외대사학》 5, 1993

———, 〈開港期 조선의 農業政策—1876~1894년을 중심으로〉, 《韓國 近現代의 民族問題와 新國家 建設》(김용섭교수정년기념한국사학논총 3), 지식산

업사, 1997

———, 〈조선후기 어업에 대한 연구〉, 《역사와 현실》 35, 2000

이영훈, 〈古文書를 통해 본 朝鮮前期 奴婢의 經濟的 性格〉, 《韓國史學》 9, 1987

———, 〈朝鮮時代의 社會經濟史 硏究에 있어서 몇 가지 基礎的 難題들—小經
營의 歷史的 發展 過程과 관련하여〉, 《국사관논총》 37, 1992

———, 〈朝鮮初期 戶의 構造와 性格〉, 《歷史의 再照明》, 소화, 1995

이　욱, 〈조선시대 親耕禮의 변천과 그 의미〉, 《종교연구》 34, 2004

이의명, 〈15・16세기 養蠶政策과 그 成果〉, 《韓國史論》 24, 1991

이정수, 〈16세기 物價變動과 民의 動向〉, 부산대 대학원 박사학위논문, 1997

———, 〈15・16세기의 對日貿易과 經濟變動〉, 《釜大史學》 22, 1998

이종봉, 〈四時纂要抄의 撰者와 農業技術〉, 《韓國中世社會의 諸問題》(金潤坤敎
授定年紀念論叢), 한국중세사학회, 2001

이지원, 〈16・17세기 전반 貢物防納의 구조와 流通經濟的 性格〉, 《李載襲博士還
曆기념한국사학논총》, 한울, 1990

이태진, 〈16세기 국제교역의 발달과 서울 상업의 성쇠〉, 《서울학연구총서》 7,
1998

이호철, 〈《農書輯要》의 農法과 그 역사적 성격〉, 《經濟史學》 14, 1990

임용한, 〈朝鮮初期 守令의 勸農業務〉, 《백산학보》 40, 1992

장현주・권영숙, 〈조선시대 견직물의 생산과 유통〉, 《服飾》 40, 1998

전경목, 〈日記에 나타나는 朝鮮時代 士大夫의 일상생활—吳希文의 〈瑣尾錄〉을
중심으로〉, 《정신문화연구》 65, 1996

정구복, 〈朝鮮朝 日記의 資料的 性格〉, 《정신문화연구》 19권 4호, 1996

———, 〈朝鮮前期 富農의 財産形成〉, 《한국 고대중세의 지배체제와 농민》(김용
섭교수정년기념논총 2), 지식산업사, 1997

정긍식, 〈默齋日記에 나타난 家祭祀의 實態〉, 《법제연구》 16, 1999

정만조, 〈18세기 조선의 사회체제 동요와 그 대응론〉, 《한국학논총》 27, 2005

鄭亨芝, 〈朝鮮後期 賑恤政策硏究〉, 이화여대 사학과 박사학위논문, 1992

조윤주, 〈朝鮮初期 守令의 勸農役割〉, 《典農史論》 5, 1999

조효숙, 〈조선전기 견직물발달에 관한 연구 I 〉, 《생활과학지》 1, 경원대, 1995

최임순, 〈18세기 영조대의 양잠업 연구〉, 고려대 교육대학원 석사학위논문, 1998

한복려, 〈《산가요록》의 분석 고찰을 통해서 본 편찬 연대와 저자〉, 《농업사연구》

2권 1호, 2003

한상권, 〈16世紀 對中國 私貿易의 展開—銀貿易을 中心으로〉, 《金哲埈博士華甲紀念史學論叢》, 지식산업사, 1983

한영국, 〈朝鮮 初期 戶口統計에서의 戶와 口〉, 《東洋學》 19, 단국대 동양학연구소, 1989

한춘순, 〈朝鮮初期 蠶桑政策에 대한 考察—15세기의 蠶室經營을 중심으로〉, 《慶熙史學》 19, 1995

한형주, 〈朝鮮初期 中祀祭禮의 정비와 그 운영〉, 《震檀學報》 89, 2000

찾아보기